Repenser la République Démocratique du Congo

Anatomie d'un État en Perpétuelle Reconstruction

Logiques sociales

En réunissant des chercheurs, des praticiens et des essayistes, même si la dominante reste universitaire, la collection « Logiques Sociales » entend favoriser les liens entre la recherche non finalisée et l'action sociale.

En laissant toute liberté théorique aux auteurs, elle cherche à promouvoir les recherches qui partent d'un terrain, d'une enquête ou d'une expérience qui augmentent la connaissance empirique des phénomènes sociaux ou qui proposent une innovation méthodologique ou théorique, voire une réévaluation de méthodes ou de systèmes conceptuels classiques.

Dernières parutions

Robert PAGÈS, *Sciences sociales et théorie politique. Textes réunis et présentés par Elysée Sarin*, 2025.

Florent SONG-NABA, David Olivier ILBOUDO et Wendgoudi Appolinaire BEYI (dir.), *L'Afrique et la modernité. Des sciences ou des consciences*, 2025.

Gilles GOLDENBERG, *L'hypermarché, chronique d'un déclin. Enseignements pour un renouveau du commerce*, 2025.

Patricia L. SUNDERLAND, Rita M. DENNY, *Penser la consommation et l'entreprise dans un monde globalisé. L'éclairage de l'anthropologie et des cultural studies*, édition présentée par Dominique Desjeux, 2025.

Édouard ROBIN, *Comment l'argent nous travaille. Usages et représentations de l'argent dans le rapport salarial*, 2025

Francis FARRUGIA, *Le conflit des visions du monde. Idéalisme contre pragmatisme dans les sciences et la politique*, série « Sociologie de la connaissance », 2025.

Jules MAPELA THAMUZI, *Pluralité religieuse et cohésion sociale. Enquête au Bois-l'Abbé (Champigny-sur-Marne)*, 2025.

Anne WUILLEUMIER, Lise DEMAILLY, Denis LAFORGUE, *Tensions aux frontières des institutions*, 2025.

Maxime DUVIAU, *Conduire pour grandir. Sociologie d'une jeunesse automobile*, 2025.

Paul LÉONARD, *Le nouveau récit égalitaire occidental, Les pièges d'un vivre ensemble identitaire*, 2025.

Gerry Bokana et John M. Ulimwengu

Repenser la République Démocratique du Congo

Anatomie d'un État en Perpétuelle Reconstruction

L'Harmattan

5-7, rue de l'École Polytechnique - 75005 Paris
www.editions-harmattan.fr
ISBN : 978-2-336-58823-0
EAN : 9782336588230
Dépôt légal : janvier 2026

PRÉFACE

Ce livre est né d'un double constat et d'un profond appel. Le constat d'abord : celui d'un pays à la fois riche et vulnérable, béni d'abondantes ressources naturelles et humaines, mais enfermé dans un cycle de fragilité institutionnelle, de dépendance économique et de crise de confiance.

L'appel ensuite : celui d'un devoir moral et intellectuel de comprendre, d'expliquer, et surtout de proposer.

La République Démocratique du Congo, depuis son accession à l'indépendance, n'a cessé de se battre pour construire un État digne de ce nom — un État capable de protéger, de servir et d'élever son peuple. Pourtant, l'histoire récente du pays, marquée par des guerres, des transitions inachevées et une gouvernance souvent capturée par des intérêts privés, continue d'interroger la conscience nationale.

Comment transformer cette histoire de souffrance et de résilience en une trajectoire de progrès et de dignité ?

C'est à cette question essentielle que nous avons voulu répondre, non pas comme des observateurs extérieurs, mais comme des témoins et des acteurs de la vie congolaise.

Repenser la République Démocratique du Congo – Anatomie d'un État en Perpétuelle Reconstruction est un projet d'intelligence collective et d'espérance lucide. Il s'adresse à tous ceux qui refusent de se résigner à l'idée d'un Congo condamné à la stagnation. À travers une approche analytique et multidimensionnelle, le livre explore les dynamiques historiques, économiques, politiques et sociales qui façonnent la nation congolaise contemporaine. Mais il va au-delà du diagnostic : il cherche à ouvrir des pistes, à formuler des stratégies, à inspirer une nouvelle génération de réformateurs et de bâtisseurs.

L'objectif n'est pas de juger le passé, mais d'en tirer les leçons pour inventer un avenir différent. La transformation du Congo ne viendra pas d'un miracle extérieur, mais d'une volonté intérieure : celle d'un peuple conscient de sa valeur, d'un leadership éclairé et d'institutions capables de servir le bien commun. Nous croyons que la reconstruction du pays exige une refondation morale autant qu'économique — un réapprentissage de la gouvernance, du travail, et du service de la vérité.

Nous avons voulu que ce livre soit à la fois une analyse et un appel. Une analyse, parce qu'il s'appuie sur des données, des faits et des tendances observées sur plusieurs décennies. Un appel, parce qu'il parle aussi à la conscience : celle des décideurs, des chercheurs, des jeunes et des citoyens qui refusent de se contenter de l'existant.

Dans ses différentes parties, l'ouvrage propose une lecture intégrée des transformations congolaises. Il revisite les fondations historiques de l'État, analyse les dynamiques économiques et sociales contemporaines, examine les défis de la gouvernance et de la transparence, et esquisse une vision d'avenir fondée sur la justice, l'innovation et la redevabilité. Chaque chapitre est conçu comme une invitation à penser autrement — à dépasser les discours de crise pour construire un langage de solutions.

Ce livre ne prétend pas clore le débat. Il espère plutôt l'élargir. Il ne cherche pas à imposer une vérité, mais à susciter un dialogue — entre les générations, les provinces, les acteurs publics et privés, les Congolais de l'intérieur et ceux de la diaspora. Car nous croyons qu'aucune reconstruction durable n'est possible sans une conversation nationale fondée sur la vérité, la mémoire et la responsabilité partagée.

Notre espoir est que ce travail contribue, à sa mesure, à raviver la foi dans un Congo possible : un Congo gouverné par la raison, animé par la justice, et inspiré par la vision d'un avenir commun. Si ces pages parviennent à nourrir ne serait-ce qu'un peu cette conviction, alors elles auront atteint leur but.

Nous dédions ce livre à la jeunesse congolaise, à ceux et celles qui refusent de perdre espoir, à tous les bâtisseurs silencieux qui œuvrent chaque jour pour un pays meilleur.

Dr. Gerry Bokana et Dr. John M. Ulimwengu

INTRODUCTION

Au cœur de l'Afrique, la République démocratique du Congo (RDC) incarne l'un des paradoxes les plus saisissants du continent : un territoire d'une richesse naturelle exceptionnelle, doté d'un potentiel humain considérable, mais prisonnier d'une histoire complexe marquée par la prédation, les crises et la fragilité institutionnelle. Depuis son indépendance, le pays n'a cessé de lutter pour concilier l'abondance de ses ressources avec les exigences d'un développement durable, équitable et souverain. Les décennies d'instabilité politique, de gouvernance défaillante et de conflits récurrents ont façonné un État dont la reconstruction demeure un chantier permanent.

C'est dans ce contexte que s'inscrit le présent ouvrage. Son objectif est d'offrir une lecture structurée et critique des trajectoires historiques, politiques et économiques de la RDC, tout en identifiant les leviers concrets d'une transformation durable. *Repenser la République démocratique du Congo* ambitionne de dépasser les diagnostics habituels pour proposer une vision intégrée, fondée sur l'analyse empirique et la réflexion stratégique. Le livre s'adresse à la fois aux décideurs publics, aux chercheurs, aux acteurs du développement et aux citoyens désireux de comprendre les racines profondes des blocages congolais et les voies possibles de leur dépassement.

L'intérêt de cet ouvrage réside dans sa capacité à articuler rigueur académique et pertinence pratique. Il s'appuie sur des données économiques, des sources institutionnelles fiables et une approche pluridisciplinaire mobilisant l'économie, la politique, la sociologie et la gouvernance. Cette approche holistique permet de saisir la RDC non seulement comme un État en crise, mais aussi comme un espace de potentialités où s'inventent chaque jour les solutions de demain.

L'ouvrage s'articule en plusieurs parties complémentaires. La première retrace l'évolution historique du pays, de la période coloniale à la formation d'un État post-indépendance confronté à ses contradictions internes. La deuxième explore les dynamiques économiques et sociales contemporaines, mettant en lumière les dépendances structurelles, les défis de la diversification et les limites du modèle extractif. La troisième partie aborde les enjeux institutionnels, environnementaux et géopolitiques qui conditionnent la stabilité et la souveraineté de la RDC. Enfin, la dernière partie esquisse une vision prospective d'un Congo réinventé, fondé sur la bonne gouvernance, l'innovation, l'intégration régionale et l'investissement dans le capital humain.

En somme, *Repenser la République démocratique du Congo* est une invitation à la lucidité et à l'espérance. Il plaide pour un renouveau intellectuel et politique capable de transformer les ressources du pays en leviers de prospérité partagée. Plus qu'une analyse, c'est un appel à la reconstruction morale, économique et institutionnelle d'une nation dont le destin, souvent contrarié, peut encore devenir une source d'inspiration pour l'ensemble du continent africain.

PARTIE 1

PAYSAGE HISTORIQUE ET GÉOPOLITIQUE DE LA RDC

HÉRITAGE COLONIAL (1908–1960)

L'histoire coloniale de la RDC sous administration belge, entre 1908 et 1960, est un chapitre central pour comprendre les dynamiques économiques, sociales et politiques qui structurent encore le pays aujourd'hui. Cette période a été marquée par une exploitation systématique des ressources naturelles et humaines, laissant des traces profondes dans les structures étatiques et sociales du pays.

Encadré 1
Chronologie et indicateurs clés (1885–1960)

Période	Événement clé	Conséquence sur la structure économique
1885	Création de l'État Indépendant du Congo par Léopold II	Début du modèle d'exploitation privée, travail forcé et extraction sans redistribution.
1908	Cession à la Belgique : naissance du Congo belge	Institutionnalisation de l'économie minière d'exportation.
1920–1940	Expansion des compagnies coloniales (UMHK, Forminière)	Croissance du PIB colonial, mais aggravation des inégalités territoriales.
1955–1960	Montée du mouvement nationaliste et revendications d'autonomie	Mise à jour du déséquilibre entre croissance économique et stagnation sociale.

Source : Auteurs

Une Administration Coloniale au Service de l'Extraction

En 1908, la Belgique reprend officiellement le Congo en tant que colonie, succédant à l'État Indépendant du Congo (EIC) détenu par le roi Léopold II, célèbre pour ses pratiques brutales. Sous l'administration belge, l'économie congolaise reste focalisée sur l'extraction des ressources naturelles comme le cuivre, le caoutchouc, l'or et le diamant, principalement destinées à l'exportation pour alimenter l'industrialisation européenne. Les infrastructures, telles que les chemins de fer et les ports, sont conçues exclusivement pour relier les zones d'extraction aux marchés internationaux, sans véritable intégration économique locale (Nzongola-Ntalaja 2002 ; Young et Turner 1985).

Les grandes compagnies coloniales bénéficient d'un soutien étatique et imposent des systèmes de travail forcé pour maximiser la production, souvent sous des conditions inhumaines. Ce modèle extractif a exacerbé les disparités régionales, en favorisant des zones riches en ressources, comme les anciennes provinces du Katanga, du Kasaï, et du Kivu tout en marginalisant d'autres régions du pays (Vansina 1990).

Impacts Sociaux Profonds

La société coloniale congolaise était strictement hiérarchisée, avec une ségrégation raciale qui confinait les Congolais à des emplois subalternes. Le système éducatif, dominé par les missions chrétiennes, visait principalement à former une main-d'œuvre peu qualifiée et obéissante, avec un accès limité à l'enseignement secondaire ou supérieur (Nzongola-Ntalaja, 2002).

Les missions catholiques et protestantes jouent néanmoins un rôle crucial dans la fourniture de services de base, comme l'éducation et la santé, souvent en l'absence de l'État belge. Cependant, leur approche paternaliste limite le développement d'une élite locale capable de participer à la gestion du pays après l'indépendance (Young et Turner, 1985).

En outre, le déplacement forcé des populations pour répondre aux besoins des grandes compagnies minières et agricoles déstructure les systèmes sociaux traditionnels. Ces mobilités contraintes aggravent l'insécurité alimentaire et les inégalités socio-économiques, particulièrement dans les zones rurales (Vansina, 1990).

L'Échec d'une Préparation Politique

Sur le plan politique, la colonisation belge laisse un vide institutionnel. Contrairement à d'autres colonies, où des structures politiques locales sont progressivement introduites, les Congolais n'ont pratiquement aucun accès à la gouvernance. En 1960, au moment de l'indépendance, le pays comptait moins de 30 diplômés universitaires pour une population de plus de 15 millions, illustrant l'absence de préparation des élites locales à gérer un État moderne (Nzongola-Ntalaja 2002).

Les politiques coloniales exacerbèrent également les tensions ethniques, en favorisant certaines communautés dans les régions stratégiques, notamment au Katanga et au Kasaï. Ces divisions nourrissent des fractures politiques qui continuent de peser sur la cohésion nationale (Young et Turner, 1985).

Un Héritage Ambivalent

L'héritage de la colonisation belge est complexe. D'un côté, elle introduit des infrastructures modernes et centralise l'administration. De l'autre, elle laisse un modèle économique extractif, des institutions fragiles et une société profondément inégalitaire. Ces dynamiques héritées continuent de façonner la trajectoire de la RDC, notamment dans son incapacité à transformer ses ressources naturelles en un levier de développement durable et inclusif (Nzongola-Ntalaja, 2002).

L'histoire coloniale du Congo belge révèle les racines et les genèses des défis contemporains. Pour imaginer un avenir durable, il est crucial de reconnaître les impacts structurels de cette période et de corriger les inégalités et déséquilibres qu'elle a laissés. Cette réflexion doit inspirer un modèle de développement durable et inclusif où les ressources naturelles ne sont plus une malédiction, mais un atout partagé.

LA GOUVERNANCE POST-INDÉPENDANCE (1960–...)

Depuis son indépendance en 1960, la RDC a traversé des périodes marquées par des crises politiques, des conflits internes, et des luttes pour le pouvoir. Chaque phase de gouvernance a laissé des traces durables sur le tissu politique, économique et social du pays. De Joseph Kasa-Vubu (1960 – 1965), Joseph Desire Mobutu (1965 – 1997), Laurent Desire Kabila (1997 – 2001), Joseph Kabila (2001 – 2018), à Félix Tshisekedi (2019 –...), les dirigeants congolais ont tenté, avec des résultats variés, de répondre aux défis de gouvernance dans un contexte d'instabilité institutionnelle et de pressions externes.

1. L'Indépendance et les Premières Crises (1960–1965)

L'indépendance de la RDC, proclamée le 30 juin 1960, symbolisait l'espoir d'une transition vers un État souverain capable de répondre aux aspirations de son peuple. Cependant, cette période a rapidement été éclipsée par des conflits politiques et des rivalités internes. Joseph Kasa-Vubu devient le premier président de la République, tandis que Patrice Lumumba, une figure charismatique et panafricaniste, est nommé Premier ministre. Leur collaboration, bien qu'historique, se heurte à des visions opposées de la gouvernance. Kasa-Vubu, partisan d'un fédéralisme pragmatique, se méfie des politiques centralisatrices de Lumumba, qui plaide pour une unité nationale forte et un éloignement des influences étrangères.

Encadré 2
Chronologie des crises (1960–1965)

Année	Événement	Portée politique et économique
30 Juin 1960	Indépendance du Congo	Souveraineté formelle, dépendance institutionnelle persistante
5 Juillet 1960	Mutinerie de l'armée	Début de l'effondrement de l'autorité centrale
11 Juillet 1960	Sécession du Katanga	Perte des ressources minières, intervention belge
Septembre 1960	Destitution de Lumumba par Kasa-Vubu	Fracture politique et début du chaos institutionnel
17 Janvier 1961	Assassinat de Lumumba	Échec du nationalisme congolais
1963–1965	Rébellions multiples et instabilité gouvernementale	Montée du rôle politique de l'armée
24 Novembre 1965	Coup d'État de Mobutu	Fin de la Première République, début de l'État autoritaire

Source : Auteurs

La sécession du Katanga en 1960, dirigée par Moïse Tshombe avec le soutien d'entreprises belges et d'intérêts occidentaux, illustre les premières fractures dans l'unité nationale. Cette crise est aggravée par le faible héritage institutionnel laissé par les colons belges, qui avaient maintenu les Congolais éloignés de la gestion étatique. La réponse de Lumumba face à ces crises, notamment son appel à l'aide de l'Union soviétique, le met en opposition avec l'Occident en pleine Guerre froide. En 1961, Lumumba est assassiné, un acte orchestré par des puissances étrangères et des acteurs locaux, privant le pays d'un leader visionnaire. Cet événement tragique marque un tournant, plongeant la RDC dans une instabilité chronique. Les institutions fragiles et la montée des tensions ethniques minent les tentatives de réconciliation nationale. Cette période chaotique est marquée par une série de gouvernements éphémères, culminant avec l'ascension de Mobutu en 1965, qui met fin à l'interminable désordre politique (Nzongola-Ntalaja, 2002 ; De Witte, 2001).

2. L'Ère Mobutu (1965–1997)

Joseph-Désiré Mobutu accède au pouvoir le 24 novembre 1965, consolidant son autorité grâce à un coup d'État militaire soutenu par l'Occident. Présenté comme un stabilisateur, Mobutu met rapidement en place un régime autoritaire centré sur sa personne. Il rebaptise le pays Zaïre en 1971, introduit une idéologie nationaliste appelée « authenticité » et réoriente l'histoire et les traditions nationales pour renforcer son pouvoir. Cependant, derrière ces symboles se cachent des dynamiques de pouvoir fondées sur la centralisation et le clientélisme (Young et Turner 1985; Braeckman, 1991).

Les premières années de Mobutu sont marquées par des projets ambitieux, notamment la nationalisation des entreprises étrangères et le développement d'infrastructures. Ces initiatives, bien qu'innovantes, sont sapées par une gestion inefficace et la corruption. Le Zaïre devient rapidement un exemple de kleptocratie, où les richesses nationales servent à enrichir un cercle restreint de proches du régime. Mobutu établit un système économique extractif, dépendant des ressources naturelles telles que le cuivre et le cobalt, tout en négligeant les besoins de diversification. Cette dépendance rend le pays vulnérable aux fluctuations des prix des matières premières.

Encadré 3
Le système Mobutu en chiffres et symboles

Domaine	Symbole / Indicateur	Interprétation
Durée du régime	32 ans (1965–1997)	Longévité exceptionnelle fondée sur la personnalisation du pouvoir
Structure politique	Parti unique (MPR)	Confusion entre État, parti et chef
Réforme économique	Zaïrianisation (1973)	Redistribution des entreprises au profit des élites du régime
Dette extérieure	>10 milliards USD en 1990	Dépendance chronique vis-à-vis des bailleurs
Indice de corruption	Parmi les plus élevés du monde (*Transparency Int'l*)	Institutionnalisation de la kleptocratie

Source : Auteurs

Dans les années 1980, l'économie zaïroise s'effondre sous le poids d'une dette écrasante et de la chute des cours des matières premières. La pression de la communauté internationale pour des réformes démocratiques, combinée à une montée des tensions internes, conduit à des soulèvements populaires. Dans les années 1990, Mobutu perd son emprise sur le pouvoir, affaibli par des mouvements rebelles soutenus par des puissances régionales comme l'Angola, l'Ouganda, le Rwanda, et le Zimbabwe. En mai 1997, après plus de trois décennies au pouvoir, Mobutu est renversé par une rébellion menée par Laurent-Désiré Kabila. Le régime Mobutu, bien qu'autocratique, laisse un héritage de structures administratives affaiblies et d'une population profondément appauvrie (Nzongola-Ntalaja, 2002 ; Braeckman, 1991).

3. Les Années Laurent Desire Kabila (Père) (1997–2001)

Laurent-Désiré Kabila arrive au pouvoir en mai 1997 avec la promesse de reconstruire le pays et de rétablir son intégrité territoriale. Cependant, son règne est rapidement confronté à une nouvelle guerre, souvent qualifiée de « Deuxième Guerre du Congo » (1998–2003), impliquant plusieurs nations africaines et causant des millions de morts.

Cette guerre transforme la RDC en un champ de bataille pour les intérêts régionaux et internationaux. Kabila se replie sur une gouvernance autoritaire, fermant l'espace politique et concentrant les pouvoirs dans un cercle restreint. Sa tentative de centraliser davantage le pouvoir exacerbe les tensions avec ses alliés régionaux, entraînant l'intervention directe de pays voisins (l'Angola, la Namibie, l'Ouganda, le Rwanda, et le Zimbabwe) dans le conflit. En 2001, Laurent-Désiré Kabila est assassiné, laissant un pays fragmenté et en proie à l'instabilité.

4. Les Années Joseph Kabila (Fils) (2001–2018)

Joseph Kabila, le fils du défunt Laurent Desire Kabila (Père), lui succède dans un contexte de reconstruction post-conflit. Malgré sa jeunesse et son inexpérience, il parvient à stabiliser une partie du territoire grâce à des négociations qui aboutissent à l'accord de Sun City en 2002. Les premières élections démocratiques en 2006, soutenues par la communauté internationale, marquent une avancée symbolique pour la RDC. Cependant, son régime est critiqué pour sa gestion opaque des ressources naturelles et sa répression des opposants. L'administration de Joseph Kabila, bien qu'elle ait permis une certaine stabilité, reste marquée par des accusations de corruption et d'enrichissement personnel de l'élite dirigeante. En 2018, après 17 ans de pouvoir, Joseph Kabila cède la place à Félix Tshisekedi, dans une alternance historique mais contestée (Reyntjens, 2009 ; Trefon, 2013).

5. L'Ère Félix Tshisekedi (2019–...)

Le 30 décembre 2018, la Commission Électorale Nationale Indépendante (CENI) a organisé les élections générales en RDC. Félix Tshisekedi, membre du regroupement politique Cap pour le Changement (CACH), est élu Président de la République au suffrage universel direct, sans que son parti ne dispose d'une majorité parlementaire. Le groupe parlementaire majoritaire restait celui du Front Commun pour le Congo (FCC), derrière l'ancien président Joseph Kabila.

Avant cela, Tshisekedi et Vital Kamerhe avaient signé l'accord CACH à l'hôtel Serena de Nairobi (Kenya), entre leurs partis — l'Union pour la Démocratie et le Progrès Social (UDPS) et l'Union pour la Nation Congolaise (UNC) —, scellant une alliance politique qui faisait de Tshisekedi le candidat unique de l'opposition aux élections de 2018.

En 2019, après consultations politiques, un gouvernement de coalition FCC-CACH est mis en place : le professeur Sylvestre Ilunga Ilunkamba, un proche de Kabila, est nommé Premier Ministre. Le gouvernement, composé de 66 membres, est installé le 6 septembre 2019.

Cette élection marque une rupture historique : pour la première fois, un opposant accède pacifiquement à la magistrature suprême, héritant d'un pays miné par des décennies de mauvaise gouvernance, de conflits à l'Est et d'une économie dépendante des ressources extractives.

Le 27 janvier 2021, une majorité de députés vote une motion de censure contre le Premier Ministre Ilunga, l'accusant de mauvaise gouvernance et de faibles performances socio-économiques. Celui-ci démissionne, conformément à l'article 78 de la Constitution. La coalition FCC-CACH se désagrège, ouvrant la voie à la création de l'Union Sacrée de la Nation, une large plateforme parlementaire acquise au Président Tshisekedi. Le 26 avril 2021, le gouvernement Jean-Michel Sama Lukonde Kyenge est formé, lançant le Programme d'Actions 2021-2023, axé sur la sécurité, la lutte contre la corruption et la relance économique.

Les élections générales du 20 décembre 2023 — présidentielle, législatives et provinciales — sont officiellement remportées par Félix Tshisekedi avec environ 73 % des voix selon la CENI. Il est investi pour un second mandat le 20 janvier 2024 à Kinshasa. Cependant, cette victoire est fortement contestée. Les missions d'observation nationale et internationale, plusieurs partis d'opposition (notamment Ensemble pour la République de Moïse Katumbi, et le LGD de Matata Ponyo), ainsi que la société civile, ont dénoncé une fraude électorale massive, des irrégularités dans la compilation des résultats, et une opacité dans la gestion du processus électoral par la CENI.
Les accusations portaient sur :

- la non-publication des procès-verbaux de dépouillement ;
- des centres de vote fictifs ou inaccessibles ;
- l'absence de transparence dans la transmission électronique des résultats ;
- et un déséquilibre manifeste dans l'accès aux médias publics.

Malgré les contestations et les appels à la reprise du scrutin dans certaines zones, la Cour constitutionnelle a validé les résultats officiels, confirmant la victoire de Félix Tshisekedi. Cette situation a ravivé les tensions politiques et érodé la confiance du public dans le processus électoral.

L'administration Tshisekedi s'est engagée dans la réforme du système judiciaire et dans la lutte contre la corruption, avec quelques avancées symboliques — telles que la modernisation de certaines juridictions et la relance de la Cour des Comptes. Toutefois, les observateurs notent que la justice demeure politisée et que la corruption reste endémique.

Encadré 4
Les paradoxes de la gouvernance congolaise

Domaine	Réalité institutionnelle	Conséquence
Architecture politique	Hyper-présidentialisme	Concentration du pouvoir et paralysie institutionnelle
Décentralisation	Promulguée en 2006, mise en œuvre partielle	Frustrations provinciales et inefficacité budgétaire
Corruption	Endémique à tous les niveaux de l'administration	Détournement des ressources publiques
Administration publique	Fonctionnaires mal payés, recrutements politisés	Faible performance et perte de confiance
Gouvernance locale	Dépendance financière au centre	Absence d'autonomie réelle

Source : Auteurs

Le gouvernement a lancé des programmes de modernisation des routes, des hôpitaux et du réseau énergétique, soutenus par des partenariats avec la Chine, les Émirats arabes unis et des institutions financières internationales. Pourtant, les inégalités sociales persistent, la dépendance au secteur minier demeure, et le taux de chômage des jeunes reste élevé.

Malgré l'instauration de l'état de siège en Ituri et au Nord-Kivu, les groupes armés (notamment l'AFC/M23 et les ADF) continuent de sévir. Les opérations conjointes avec la MONUSCO, la force régionale de l'EAC, puis de la SADC, ont eu un impact limité. La situation humanitaire reste alarmante, avec plus de 6 millions de déplacés internes en 2025 selon l'OCHA.

En dépit de quelques progrès institutionnels et diplomatiques, le second mandat de Félix Tshisekedi demeure entaché par une crise de légitimité, une fragilité sécuritaire chronique, et des résultats économiques mitigés. L'administration Tshisekedi, actuellement au pouvoir jusqu'en 2028, représente ainsi un pari fragile entre espoir démocratique et désillusion électorale, dont l'issue dépendra de sa capacité à restaurer la confiance des citoyens et à transformer les promesses de réforme en réalisations concrètes.

5. Enjeux et Perspectives de la Gouvernance

La gouvernance post-indépendance de la RDC est caractérisée par une succession de crises politiques et institutionnelles, de régimes autoritaires et de transitions démocratiques incomplètes, et de la mauvaise gouvernance. Les défis persistants incluent la dépendance à une économie extractive, la corruption, et l'insécurité dans certaines anciennes provinces notamment dans l'Est, l'Equateur, le Bandundu, le Kasaï, et le Katanga. Pour construire un avenir stable et inclusif, un développement durable, la RDC doit investir dans le renforcement des institutions, la stabilité politique, la bonne gouvernance, la lutte contre la corruption et l'impunité, l'inclusion des populations marginalisées dans les communautés affectées, et la restauration d'une paix positive. L'histoire de la gouvernance en RDC offre de précieuses leçons, soulignant l'importance d'une gouvernance participative et transparente pour transformer le potentiel du pays en prospérité durable.

POSITION GÉOPOLITIQUE ET DÉFIS ADMINISTRATIFS INTERNES ET STRUCTURELS

La RDC, située au cœur du continent Africain, est un pays d'une importance géopolitique majeure. Avec ses vastes ressources naturelles, sa biodiversité unique et ses neuf pays voisins : Angola, Burundi, Centrafrique, République du Congo, Rwanda, Soudan du Sud, Tanzanie, Ouganda et Zambie, elle joue un rôle clé dans les dynamiques politiques, économiques, et géopolitique de la région. Cependant, cette position stratégique, combinée à des défis administratifs internes, a souvent exposé la RDC à des rivalités, tant régionales qu'internationales, tout en mettant en lumière ses fragilités institutionnelles. L'analyse de la position géopolitique et des défis administratifs de la RDC permet de comprendre son rôle complexe en Afrique.

Une Position Géopolitique et Stratégique au Cœur de l'Afrique

La RDC, deuxième plus grand pays d'Afrique par sa superficie, est souvent appelée « le cœur de l'Afrique ». Cette appellation reflète non seulement sa position géographique, mais également son rôle écologique, économique et politique. La forêt tropicale congolaise, qui s'étend sur environ 1,6 million de kilomètres carrés, est l'une des plus importantes du monde après l'Amazonie. Elle joue un rôle essentiel dans la régulation climatique mondiale et représente une réserve de biodiversité inestimable, mais elle est également menacée par la déforestation et l'exploitation illégale.

Le fleuve Congo, deuxième plus long d'Afrique après le Nil, traverse le pays et constitue une voie de transport essentielle. Ce réseau fluvial, bien que sous-exploité, pourrait devenir un pilier du commerce transfrontalier et de l'intégration régionale. Toutefois, le manque d'infrastructures modernes limite son potentiel. Sur le plan économique, la RDC possède des ressources naturelles abondantes, notamment le cobalt, le cuivre, l'or, les diamants, le colombo-tantalite, et le niobium, qui jouent un rôle stratégique dans les industries technologiques et énergétiques mondiales. Ces ressources font de la RDC un acteur incontournable, mais elles attirent également des convoitises internationales et exacerbent les tensions internes.

Sa position centrale lui permet de partager des frontières avec ses neuf pays voisins. Cette situation géographique confère à la RDC un rôle de carrefour en Afrique centrale, orientale et australe. Cependant, cette proximité avec des régions politiquement instables, comme l'est de la Centrafrique, l'Ouganda, le Rwanda, et le Soudan du Sud, complique ses efforts pour maintenir une gouvernance stable et l'intégrité de son territoire national. Par ailleurs, cette position expose le pays à des flux migratoires massifs, des mouvements transfrontaliers de groupes armés, et des réseaux de contrebande, posant ainsi des défis sécuritaires majeurs.

Relations avec les Pays Voisins

Les relations régionales de la RDC sont façonnées par des intérêts économiques, des conflits transfrontaliers et des alliances stratégiques. Les tensions avec certains voisins, notamment le Rwanda et l'Ouganda, sont particulièrement marquées. Ces deux pays jouent un rôle controversé dans les conflits de l'Est de la RDC, en soutenant des groupes armés et en participant à l'exploitation illégale des ressources naturelles congolaises. L'Armée Patriotique Rwandaise (APR) et l'Armée Ougandaise (Uganda People's Defence Force - UPDF) se sont affrontées en plein cœur de la ville de Kisangani dans le nord-est de la RDC, du lundi 5 au 10 juin 2000, une guerre des Six Jours avec une succession d'affrontements meurtriers faisant fi des conventions internationales et de la vie des milliers des civils congolais. Ces interventions, souvent motivées par des ambitions économiques et sécuritaires, ont intensifié les guerres congolaises des années 1990 et continuent d'alimenter les tensions (Reyntjens 2009).

D'autres pays voisins, comme l'Angola, la République du Congo, la Tanzanie, et la Zambie, entretiennent des relations plus stables avec la RDC, principalement axées sur la coopération économique. L'Angola est un partenaire clé dans le secteur pétrolier, tandis que la Zambie partage avec la RDC des intérêts communs dans l'exploitation du cuivre et d'autres minerais. Cependant, même ces relations sont parfois fragiles, comme en témoignent les différends frontaliers sur des zones riches en ressources.

Défis Administratifs Internes et Structurels

La taille immense et la diversité culturelle de la RDC représentent un défi majeur pour sa gestion administrative. Depuis la réforme de décentralisation des pouvoirs de 2015, le pays est divisé en 26 provinces, ce qui visait à rapprocher l'administration des citoyens et à encourager le développement local. Cependant, cette décentralisation des pouvoirs a été largement entravée par un manque de financement et de capacités institutionnelles.

Le pays souffre également d'un déficit d'infrastructures modernes. De nombreuses provinces restent isolées les unes des autres, en raison d'un réseau routier insuffisant, d'un réseau fluvial sous-exploité, d'un réseau aérien inexistant, et d'un système ferroviaire obsolète. Cette fragmentation limite non seulement l'intégration économique nationale, mais aussi la capacité de l'État à exercer un contrôle effectif sur l'ensemble du territoire, laissant certaines régions, notamment dans l'Est, sous le contrôle, l'administration et l'influence de groupes armés actifs en RDC grâce au soutien de l'Ouganda et du Rwanda.

La centralisation excessive des pouvoirs à Kinshasa, malgré les réformes annoncées, exacerbe ces défis. Les gouvernements provinciaux dépendent fortement des fonds transférés par le gouvernement central dans le cadre de la caisse nationale de péréquation (CNP). Les textes de la Constitution disent que les provinces ont droit à 40% des recettes à caractère national allouées aux provinces mais cela ne s'est jamais fait en termes de rétrocession ni de retenue à la source. Ce qui limite leur autonomie et leur capacité à répondre aux besoins locaux. Par ailleurs, la corruption, profondément enracinée dans les institutions publiques, mine la confiance des citoyens envers leurs dirigeants et entrave la fourniture de services essentiels.

Influences et Rivalités Internationales

En raison de ses richesses naturelles et de sa position stratégique, la RDC est un terrain de rivalités entre puissances étrangères. La Chine, en particulier, est devenue un acteur dominant, en finançant des projets d'infrastructure en échange d'un accès privilégié aux ressources minières. Parallèlement, les États-Unis et les pays les plus importants de l'Europe tentent de maintenir une influence en promouvant des initiatives de stabilité et de bonne gouvernance, souvent conditionnées à des aides financières.

Ces influences étrangères soulèvent des questions sur la souveraineté de la RDC et sur l'équilibre à trouver entre attirer des investissements internationaux et protéger ses ressources naturelles pour la prospérité de ses populations actuelles et futures. La compétition entre grandes puissances pour le contrôle des minerais critiques tels que le cobalt, le cuivre, l'or, les diamants, le colombo-tantalite et le niobium, reflète l'importance croissante de la RDC dans les chaînes d'approvisionnement mondiales, mais accentue également les pressions sur ses institutions fragiles et la propension actuelle de ses dirigeants à s'engager dans la corruption (Trefon, 2013).

Malgré ces défis, la position géopolitique de la RDC offre un potentiel énorme. En tant que carrefour régional et détenteur de ressources stratégiques, le pays pourrait jouer un rôle clé dans la croissance économique de l'Afrique centrale et au-delà. Cependant, pour tirer pleinement parti de ces opportunités, la RDC doit investir dans des réformes institutionnelles, renforcer ses infrastructures et s'engager dans une coopération régionale fondée sur des intérêts communs.

Un État stable et bien gouverné, capable de gérer efficacement ses ressources et d'améliorer les conditions de vie de sa population, pourrait transformer la RDC en un acteur incontournable du développement durable des pays africains.

ÉVOLUTION JURIDIQUE ET CONSTITUTIONNELLE

Depuis son indépendance en 1960, la RDC a traversé plusieurs étapes marquantes dans l'évolution de son cadre juridique et constitutionnel. Ces changements reflètent les défis constants auxquels le pays a été confronté pour établir un État de droit, renforcer la démocratie et promouvoir une gouvernance efficace. Les principaux jalons constitutionnels et les efforts de décentralisation témoignent des tensions entre centralisation et autonomisation locale, tout en mettant en évidence les luttes pour construire un système institutionnel inclusif.

1. La Constitution de Luluabourg (1964) : Une tentative de fédéralisme

Encadré 5
Les Constitutions de la RDC en perspective

Année	Nom / Texte	Régime instauré	Caractéristiques principales
1960	Loi fondamentale	Parlementaire	Inspirée de la Belgique, dualité Kasa-Vubu/Lumumba
1964	Constitution de Luluabourg	Présidentiel	Tentative d'équilibre, échec face aux rébellions
1974	Charte du MPR	Autoritaire	Parti unique, fusion État-parti, culte du chef
1990–2003	Textes transitoires	Instable	Tentatives de pluralisme, guerres et divisions
2006 (rév. 2011)	Constitution actuelle	Semi-présidentiel	Décentralisation, droits fondamentaux, réforme judiciaire

Source : Auteurs

Après l'indépendance de la RDC en 1960, le pays plonge rapidement dans une crise institutionnelle et politique majeure. La Constitution adoptée au moment de l'indépendance, appelée « Loi fondamentale », s'avère inadaptée pour gérer un État aussi vaste et diversifié. Les conflits entre le président Joseph Kasa-Vubu et le Premier ministre Patrice Lumumba, exacerbés par la sécession du Katanga et la fragilité des institutions, conduisent à l'élaboration d'une nouvelle Constitution en 1964, dite de Luluabourg.

Cette Constitution introduit une structure fédérale, accordant une autonomie significative aux provinces. L'objectif principal était de répondre aux revendications régionalistes tout en préservant l'unité nationale. Cependant, en pratique, le fédéralisme de Luluabourg a accentué les divisions internes et a été perçu par certains leaders comme un obstacle à la centralisation nécessaire pour consolider l'autorité de l'État. En 1965, le coup d'État de Mobutu met fin à cette expérience fédérale et amorce une phase de centralisation autoritaire (Nzongola-Ntalaja 2002).

2. La Constitution de 1967 : Le Zaïre sous Mobutu

Avec l'arrivée de Joseph Mobutu au pouvoir, une nouvelle Constitution est adoptée en 1967, marquant un tournant vers un régime hyper-centralisé. Cette Constitution institue un État unitaire, plaçant l'ensemble des pouvoirs politiques et administratifs entre les mains du président. Mobutu devient le « père de la nation » et consolide son autorité en interdisant les partis politiques d'opposition et en transformant le Mouvement Populaire de la Révolution (MPR) en parti unique.

La Constitution de 1967 établit un système juridique rigide, dans lequel les libertés fondamentales sont limitées et les institutions sont subordonnées à la volonté du chef de l'État. La centralisation extrême caractérisant cette période a exacerbé les inégalités régionales, marginalisant les provinces périphériques au profit de Kinshasa. Par ailleurs, le cadre juridique est largement utilisé pour légitimer la répression politique et renforcer le clientélisme (Young and Turner 1985). Ce modèle centralisé restera en place jusqu'à l'effondrement du régime Mobutu en 1997.

3. La Transition Constitutionnelle sous Laurent-Désiré Kabila (1997–2001)

Avec la chute de Mobutu en 1997, Laurent-Désiré Kabila promet de rompre avec les pratiques autoritaires du passé et de reconstruire un État démocratique. Cependant, son régime maintient une approche centralisée, et les réformes constitutionnelles annoncées tardent à se concrétiser. En 1998, une nouvelle guerre éclate, connue sous le nom de « Deuxième Guerre du Congo », qui implique plusieurs nations africaines et plonge le pays dans le chaos.

Malgré ces défis, Laurent-Désiré Kabila introduit une Constitution de transition en 1998. Celle-ci prévoit une restructuration des institutions, mais ses dispositions restent largement inappliquées en raison de l'instabilité politique et militaire. Kabila gouverne de manière autoritaire, concentrant les pouvoirs entre les mains de l'exécutif. Son assassinat en 2001 met fin à cette phase de transition chaotique, laissant la tâche de réformes à son successeur, son fils, Joseph Kabila (Reyntjens 2009).

4. La Constitution de 2006 : Une ouverture démocratique

La période de transition sous Joseph Kabila aboutit à l'adoption d'une nouvelle Constitution en 2006, marquant un jalon majeur dans l'histoire juridique de la RDC. Cette Constitution, toujours en vigueur, est le fruit des accords de paix de Sun City (2002) et des négociations entre les différentes factions politiques et militaires. Elle vise à instaurer une République démocratique, un État de droit et une gouvernance décentralisée.

La Constitution de 2006, modifiée par la Loi n° 11/002 du 20 janvier 2011 portant révision de certains articles, introduit plusieurs innovations importantes :

- **Système semi-présidentiel** : Elle établit un équilibre relatif entre le pouvoir exécutif, le pouvoir législatif et le pouvoir judiciaire, bien que le président conserve des prérogatives importantes.
- **Décentralisation des pouvoirs** : Elle divise le pays en 26 provinces, avec des gouvernements provinciaux dotés de pouvoirs significatifs pour gérer les ressources locales et les services publics.
- **Protection des droits fondamentaux** : La Constitution garantit les libertés fondamentales et les droits humains, bien que leur application reste souvent limitée en pratique.

Malgré ses avancées, la mise en œuvre de cette Constitution est entravée par des tensions politiques et des résistances au sein de l'administration centrale. La décentralisation, en particulier, reste incomplète, avec des provinces sous-financées et dépendantes de Kinshasa pour leurs budgets.

5. Défis Constitutionnels Actuels et Perspectives

La Constitution de 2006, modifiée par la Loi n° 11/002 du 20 janvier 2011 portant révision de certains articles, a apporté des améliorations significatives, mais les défis persistent. La centralisation excessive demeure un obstacle à la décentralisation effective. Les gouvernements provinciaux peinent à exercer leurs compétences en raison d'un manque de ressources et d'ingérences de la part du pouvoir central. La procédure de révision de la Constitution est prévue par la Constitution elle-même. Par ailleurs, les révisions constitutionnelles proposées, notamment celles visant à prolonger les mandats présidentiels et l'organisation d'une présidentielle à tour unique, ont souvent provoqué des tensions politiques.

Les efforts pour renforcer l'État de droit en RDC doivent inclure une mise en œuvre complète de la décentralisation, le renforcement des institutions judiciaires et une lutte accrue contre la corruption. La RDC possède un potentiel immense pour développer un cadre juridique inclusif et fonctionnel, mais cela nécessite une volonté politique ferme et un engagement envers la démocratie.

DÉFIS SÉCURITAIRES, CONFLITS ET FRAGILITÉ : ANALYSE ET CONSÉQUENCES SUR LE DÉVELOPPEMENT

Depuis son indépendance en 1960, la RDC a été le théâtre de conflits récurrents qui ont marqué son histoire politique et socio-économique. Ces conflits, particulièrement intenses dans l'Est du pays, sont alimentés par une combinaison de tensions historiques, d'intérêts économiques autour des ressources naturelles, et de rivalités régionales. Les conséquences de cette instabilité prolongée sont profondes, affectant le développement national, fragilisant les institutions de l'État et exacerbé les souffrances humaines.

1. Origines et Dynamiques des Conflits dans l'Est de la RDC

Les conflits dans l'Est de la RDC, principalement concentrés dans les provinces du Nord-Kivu, du Sud-Kivu et de l'Ituri, trouvent leurs origines dans des dynamiques historiques et géopolitiques complexes. La colonisation belge, en favorisant certains groupes ethniques et en délimitant arbitrairement les frontières, a semé les germes de tensions communautaires. Ces rivalités ont été exacerbées après l'indépendance, lorsque l'État congolais, fragile et centralisé, n'a pas su répondre aux revendications locales sur l'accès à la terre et aux ressources (Nzongola-Ntalaja, 2002).

Un tournant majeur intervient le 6 avril 1994, date à laquelle le président du Rwanda, Juvénal Habyarimana, est tué lorsque son avion est abattu au-dessus de la capitale Kigali. Au cours des jours qui suivront, le Rwanda sera déchiré par une guerre entre les Forces Armées Rwandaises (FAR) et le Front Patriotique Rwandais (FPR) issue de la diaspora rwandaise en Ouganda. Cette guerre prit fin avec la victoire militaire et la prise du contrôle du Rwanda par le FPR, Cette victoire pousse des centaines de milliers de réfugiés rwandais à traverser la frontière vers le Kivu et d'autres villes de l'est de la RDC. Parmi eux se trouvent le gouvernement intérimaire, des membres des anciennes FAR, des miliciens Interahamwe, mais aussi des milliers des civils. Leur présence en RDC entraîne des tensions avec les communautés locales et donne lieu à l'émergence de groupes armés, tels que les Forces Démocratiques de Libération du Rwanda (FDLR), qui continuent d'opérer dans la région (Reyntjens 2009).

Ces dynamiques locales sont amplifiées par les ambitions régionales de pays voisins comme le Rwanda, l'Ouganda et le Burundi, qui soutiennent des milices locales ou interviennent directement à l'intérieur de la RDC pour contrôler les ressources minières. Cette situation transforme l'Est de la RDC en un théâtre de guerre transfrontalière, aggravé par l'incapacité de l'État central à imposer son autorité dans ces régions éloignées. La prolifération de plus de 100 groupes armés locaux et étrangers illustre cette fragmentation, où les conflits se nourrissent de l'exploitation illégale des ressources naturelles et des tensions ethniques.

2. Conséquences Humanitaires et Sociales

Les conséquences humanitaires des conflits, principalement dans l'Est de la RDC, sont catastrophiques. Depuis les années 1990, ces affrontements ont causé la mort de plus de 5 millions de personnes, directement ou indirectement, par la violence, la famine et les épidémies. Les violations des droits humains sont omniprésentes, notamment les violences sexuelles, qui sont utilisées comme arme de guerre pour terroriser les communautés et briser les structures sociales (Braeckman, 2020).

Les déplacements massifs de populations aggravent la crise humanitaire. Environ 5,6 millions de personnes sont actuellement déplacées internes, vivant souvent dans des conditions précaires dans des camps surpeuplés. Ces déplacements perturbent l'accès à la terre, désorganisent l'agriculture locale et plongent des familles entières dans une pauvreté chronique. Les enfants sont particulièrement vulnérables, avec des millions de jeunes privés d'éducation en raison de la destruction des écoles et de l'insécurité persistante.

L'impact des conflits sur la cohésion sociale est également considérable. Les tensions ethniques, exacerbées par les rivalités pour le contrôle des terres et des ressources, ont divisé des communautés qui cohabitaient auparavant pacifiquement. Cette fragmentation sociale constitue un obstacle majeur à la réconciliation et à la reconstruction des régions touchées par la guerre.

3. Impact Économique et Développemental

Les conflits, principalement concentrés dans l'Est de la RDC, ont également des conséquences économiques profondes. Bien que cette région soit l'une des plus riches du pays en termes de ressources naturelles, elle demeure l'une des plus pauvres. L'exploitation illégale des minerais, tels que l'or, le coltan et le tantale, alimente les groupes armés, mais prive également l'État de revenus fiscaux essentiels. Selon Global Witness, environ 70 % des minerais exploités dans l'Est de la RDC sont extraits de manière artisanale et échappent au contrôle de l'État.

La destruction des infrastructures par les combats, notamment les routes, les ponts et les centres de santé, paralyse le commerce local et limite l'accès aux services de base. Les investisseurs étrangers, découragés par l'insécurité et l'instabilité chronique, sont réticents à développer des projets dans cette région, malgré son potentiel économique immense (Trefon, 2013).

Les conflits empêchent également l'intégration économique régionale. Le commerce transfrontalier, qui pourrait être une source de croissance pour les provinces orientales, est entravé par l'insécurité et les pratiques illégales, telles que la contrebande de minerais. Ces blocages freinent le développement économique de la RDC et accentuent les disparités entre les régions.

4. Fragilité de l'État et Défis Institutionnels

La persistance des conflits met en lumière la fragilité de l'État congolais, incapable de répondre aux besoins de ses citoyens ou d'assurer la sécurité sur son territoire. Les Forces Armées de la République Démocratique du Congo (FARDC), bien que présente dans l'Est, est souvent accusée de manquer de discipline et de participer elle-même à des violations des droits humains et à des trafics illégaux. La corruption endémique au sein des institutions de sécurité mine la confiance des populations locales envers le gouvernement central (Englebert, 2019).

La Mission de l'Organisation des Nations Unies pour la Stabilisation en RD Congo (MONUSCO), la mission de maintien de la paix des Nations unies, déployée en RDC depuis 1999, a joué un rôle dans la protection des civils et le soutien aux forces congolaises. Cependant, son efficacité est régulièrement remise en question. Les critiques pointent son incapacité à neutraliser les groupes armés ou à restaurer une paix durable, malgré ses ressources importantes et son mandat élargi (Braeckman 2020).

5. Perspectives de Paix et Développement

Pour surmonter les défis posés par les conflits, principalement concentrés dans l'Est, la RDC doit mettre en œuvre des solutions à long terme. Cela implique le renforcement de l'autorité de l'État dans les zones reculées, la régulation transparente de l'exploitation des ressources naturelles et la promotion de la justice et de la réconciliation communautaire. Par ailleurs, une coopération régionale renforcée est essentielle pour réduire les tensions transfrontalières et lutter contre les groupes armés non étatiques.

L'engagement de la communauté internationale doit être mieux coordonné pour soutenir les réformes institutionnelles, renforcer les capacités des forces armées congolaises et encourager une meilleure gouvernance des ressources naturelles. Enfin, un effort soutenu pour investir dans l'éducation, les infrastructures et la santé est nécessaire pour briser le cercle vicieux des conflits et favoriser un développement inclusif.

PARTIE 2

ANALYSE DE L'EQUILIBRE MACROECONOMIQUE ET CARACTERISTIQUES SAILLANTES DE L'ECONOMIE DE LA RDC

INTRODUCTION

Depuis son indépendance en 1960, la RDC a traversé des périodes de croissance économique, entrecoupées de crises prolongées et de conflits armés. Ces fluctuations ont laissé une empreinte indélébile sur les fondements économiques du pays, caractérisés par une dépendance excessive aux exportations de matières premières, un déficit chronique d'investissements productifs et une faible diversification économique. Les défis institutionnels, tels que la corruption, la mauvaise gouvernance et l'absence de politiques macroéconomiques cohérentes, ont aggravé ces problèmes, limitant la capacité du pays à atteindre un développement durable.

En dépit de ces difficultés, les dernières décennies montrent des signes d'amélioration relative, portés par une stabilisation politique partielle et une augmentation des investissements dans le secteur minier. Néanmoins, les progrès restent fragiles et insuffisants pour répondre aux besoins d'une population croissante, dont une grande majorité vit encore dans la pauvreté. Cette partie du livre analyse les agrégats macroéconomiques et certaines caractéristiques saillantes de l'économie de la RDC en tenant compte des défis actuels, des opportunités disponibles et des expériences réussies observées dans d'autres pays. Les indicateurs macroéconomiques analysés, notamment le PIB par habitant, les niveaux d'investissement, les réserves de change et les flux d'aide extérieure, mettent en évidence les faiblesses structurelles qui continuent de freiner l'économie congolaise. Dans ce contexte, l'objectif de cette analyse est de dégager une compréhension globale des tendances macroéconomiques en RDC et d'en tirer des leçons pertinentes pour orienter l'avenir.

ANALYSE DE L'ÉQUILIBRE MACROÉCONOMIQUE

Les principaux objectifs macroéconomiques de la RDC sont de soutenir : (1) la croissance économique pour élever le niveau de vie face à une population croissante, (2) la stabilité des prix associer avec la réduction de l'inflation, (3) le plein emploi enlacer avec une réduction des périodes de chômage élevé, (4) un équilibre entre importations et exportations, et (5) une répartition socialement acceptable des revenus et ressources en favorisant une réduction massive de la pauvreté et en faisant face aux disparités croissantes de revenus.

A travers l'examen des données économiques et des politiques en place, cette étude vise à identifier les principaux défis et opportunités auxquels le pays est confronté. Sur base des résultats, elle propose des orientations stratégiques pour bâtir une économie résiliente, inclusive et durable, capable de transformer le potentiel immense de la RDC en prospérité réelle pour sa population.

1. CONSOMMATION FINALE DES MÉNAGES (C) ET INVESTISSEMENT (I)

Graphique 1

Évolution des dépenses de consommation finale des ménages et du Gouvernement par rapport en pourcentage du PIB, 2000-2009

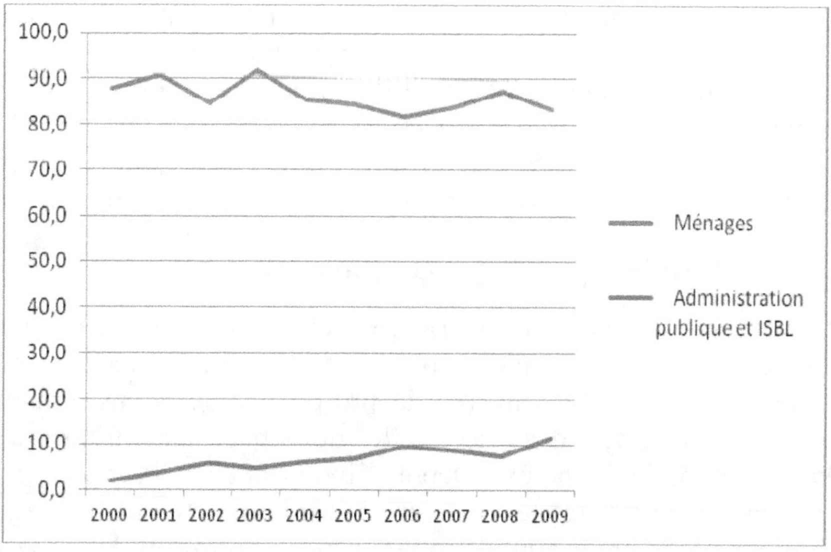

Source : Institut National de la Statistique (INS).

Les dépenses de consommation finale des ménages représentent les dépenses des ménages résidents en RDC (ou faites lorsqu'ils sont temporairement à l'étranger) pour satisfaire leurs besoins quotidiens : nourriture, vêtements, logement (loyers), énergie, transport, biens durables (voitures, groupe électrogène), santé, éducation, loisirs et services divers dans l'année suivant leur achat. Le graphique 1 présente les dépenses de consommation finale des ménages de 2000 à 2009.

Le graphique 1 indique que les dépenses de consommation finale des ménages représentent environ 85 % du PIB et a enregistré une croissance moyenne annuelle de 3.7% durant la période entre 2000 à 2009 (INS, 2013). Contrairement aux autres pays réputés pour la gratuité des soins de santé et la gratuité de l'éducation, en RDC, certaines consommations, comme la santé et l'éducation, sont payées directement par les ménages. Les dépenses de consommation finale des ménages sont, en RDC, le moteur essentiel de la croissance économique et donc une variable essentielle pour l'analyse micro économétrique de la demande. Si la RDC veut stimuler sa consommation intérieure et donc sa demande, il faudrait qu'elle mène une politique sociale de grande ampleur. Notamment en mettant en place un système de protection sociale, de façon à ce que l'épargne de précaution des congolais diminue.

Analyse des dynamiques de l'épargne et investissement

La différence entre la production et la consommation est égale à l'épargne. Le graphique 2 présente l'évolution de l'épargne intérieure brute exprimée en pourcentage du PIB en RDC de 1960 à 2021. Cet indicateur, qui mesure la part du revenu national non consommée et donc disponible pour l'investissement, est essentiel pour évaluer la capacité d'un pays à financer son propre développement durable.

Analyse des tendances de l'épargne intérieure brute

L'évolution de l'épargne intérieure brute en RDC offre un miroir fidèle de l'histoire économique, politique et institutionnelle du pays. Elle révèle, au-delà des chiffres, la profondeur des transformations structurelles, les effets des crises et les défis persistants d'un État en quête d'autonomie financière. Depuis l'indépendance, la trajectoire de cet indicateur illustre les tensions entre ambition nationale et fragilité institutionnelle, entre accumulation de capital et érosion des capacités productives.

Durant les trois premières décennies après 1960, la RDC a connu une relative stabilité de son épargne intérieure brute, oscillant entre vingt et vingt-cinq pour cent du produit intérieur brut. Cette stabilité apparente traduisait un certain équilibre macroéconomique, malgré les failles d'une gouvernance centralisée et souvent arbitraire. Les politiques publiques, largement inspirées des modèles d'industrialisation par substitution aux importations, cherchaient à mobiliser les ressources internes pour financer des projets de développement et d'infrastructure. Cependant, cette volonté d'accumulation restait bridée par une gestion économique inefficace, des institutions faibles et des mécanismes budgétaires peu transparents. L'épargne nationale, bien qu'importante en proportion, ne se traduisait pas en investissements productifs soutenables.

Graphique 2
La tendance de l'évolution de l'épargne intérieure brute en pourcentage du PIB en RDC, 1960-2021

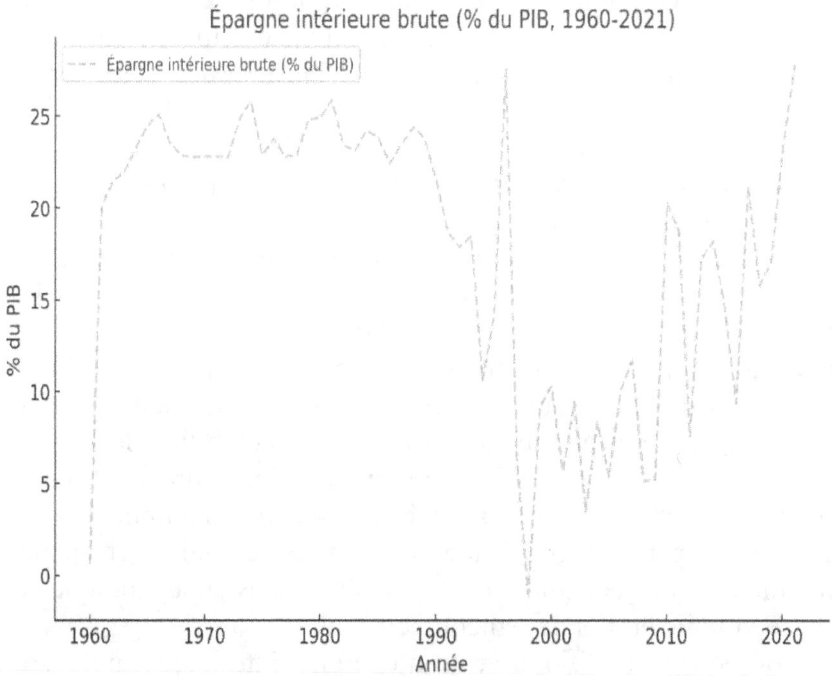

Source : Auteurs avec les données de la Banque Mondiale

Ce fragile équilibre vola en éclats dans les années 1990. L'effondrement de l'État, la multiplication des conflits armés et la désintégration du système administratif plongèrent l'économie congolaise dans une spirale de désorganisation totale. L'épargne intérieure brute s'effondra à des niveaux inférieurs à cinq pour cent du PIB, reflet d'une économie exsangue. Les infrastructures furent détruites, la production minière s'effondra, et la fuite des capitaux priva le pays de toute base d'accumulation interne. À cette époque, la population, confrontée à une hyperinflation galopante et à une précarité extrême, substitua les mécanismes informels de survie à toute logique d'épargne. L'économie congolaise entra alors dans une ère de subsistance, dominée par la perte de confiance, l'érosion du capital humain et la marginalisation des institutions économiques formelles.

À partir du début des années 2000, la RDC connut une lente mais perceptible reprise de son épargne intérieure brute. Ce redressement coïncidait avec un retour progressif à la stabilité politique, la fin des guerres de grande ampleur et la réouverture du pays à la coopération internationale. En 2021, l'épargne intérieure atteignait de nouveau près de vingt pour cent du PIB, signe d'une reconstitution partielle des capacités macroéconomiques. Cette amélioration s'explique en partie par la remontée des prix des minerais, notamment du cuivre et du cobalt, qui soutiennent les recettes d'exportation. Néanmoins, cette reprise reste profondément dépendante des fluctuations des marchés mondiaux et de la demande extérieure. L'économie congolaise demeure dominée par le secteur extractif, avec une faible valeur ajoutée locale et une redistribution inégale des revenus.

L'évolution de l'épargne intérieure brute est également révélatrice des faiblesses structurelles du système institutionnel congolais. Les conflits politiques récurrents, la corruption généralisée et la faible efficacité de l'administration fiscale limitent la capacité de l'État à mobiliser et à canaliser les ressources internes. De plus, la dépendance aux matières premières entretient un cycle de vulnérabilité : lorsque les prix miniers baissent, les recettes publiques s'effondrent, réduisant l'épargne et compromettant la stabilité macroéconomique. Cette relation de dépendance, héritée du passé colonial et jamais véritablement corrigée, maintient le pays dans une logique de croissance volatile et d'endettement récurrent.

Les conséquences d'un niveau d'épargne intérieure faible sont multiples et profondes. D'une part, elles restreignent la capacité du pays à financer ses propres investissements, en particulier dans les infrastructures essentielles telles que les routes, les écoles, les hôpitaux et les réseaux énergétiques. D'autre part, elles renforcent la dépendance vis-à-vis des financements extérieurs, qu'ils proviennent de l'aide publique au développement ou des emprunts internationaux. Cette dépendance réduit l'autonomie stratégique de l'État et expose l'économie nationale aux conditionnalités imposées par les bailleurs de fonds. Enfin, la corrélation étroite entre épargne et revenus miniers rend la conjoncture congolaise extrêmement sensible aux chocs externes, accentuant la volatilité économique et la précarité sociale.

Pourtant, la RDC possède un potentiel considérable d'accumulation interne, encore largement inexploité. Le développement d'une épargne nationale robuste suppose d'abord une diversification économique ambitieuse. L'investissement dans des secteurs non extractifs, tels que l'agriculture, l'agro-industrie et la transformation locale des ressources, permettrait de stabiliser les revenus et de réduire la vulnérabilité aux cycles miniers. Ensuite, le renforcement des institutions publiques, notamment en matière de gestion des finances et de transparence budgétaire, demeure indispensable. Une gouvernance plus efficace et une fiscalité équitable pourraient accroître les recettes domestiques et renforcer la capacité d'épargne publique. Enfin, la promotion de l'épargne privée — à travers la bancarisation, les incitations fiscales et le développement des institutions financières locales — représente un levier essentiel pour canaliser les ressources disponibles vers des investissements productifs.

L'histoire de l'épargne intérieure brute en RDC est donc celle d'une alternance entre promesses et fragilités, entre résilience et dépendance. Elle montre que la richesse nationale ne se mesure pas seulement à la valeur de ses minerais, mais surtout à la capacité de l'État et de sa population à transformer cette richesse en capital durable. Si la reprise observée depuis les années 2000 témoigne d'un certain renouveau économique, elle demeure précaire tant que la structure de l'économie restera dominée par les exportations brutes et la faiblesse institutionnelle. Le véritable défi du pays réside désormais dans la construction d'un modèle de développement endogène, fondé sur la diversification, la gouvernance et la stabilité macroéconomique. C'est à ce prix que la RDC pourra transformer sa richesse potentielle en prospérité réelle et bâtir une économie capable d'assurer son propre financement, condition première d'un développement souverain et durable.

Analyse des dynamiques de la formation brute de capital

Le graphique 3 présente l'évolution de la formation brute de capital (FBC) en pourcentage du PIB en RDC de 1960 à 2021, exprimées en dollars américains constants de 2015.

Graphique 3
Evolution de la formation brute de capital (FBC) en pourcentage du PIB en RDC, 1960-2021

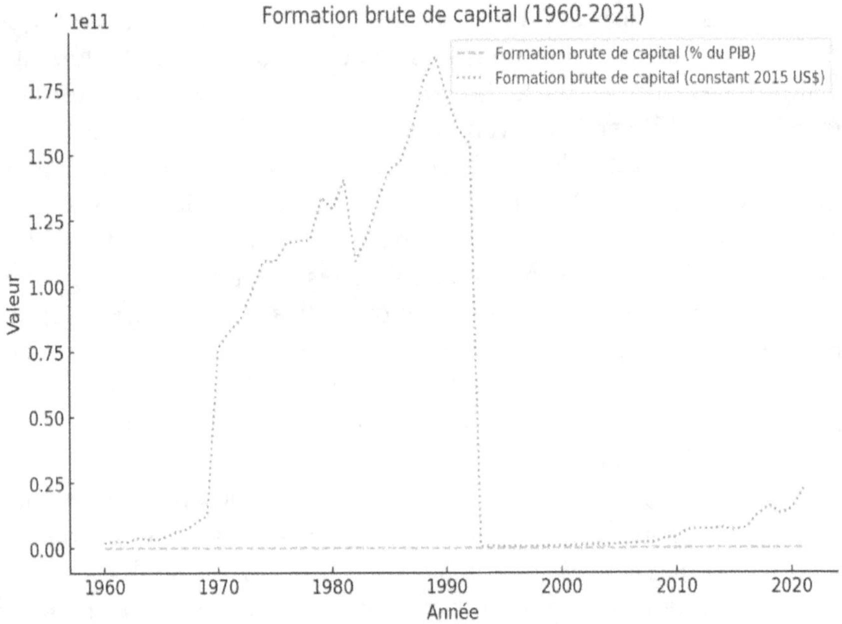

Source : Auteurs avec les données de la Banque Mondiale

Le graphique 3 montre que dans les années 1960 et 1970, la formation brute de capital en RDC augmente de manière significative. En termes constants, elle atteint un pic en 1980, dépassant 1,75 milliard de dollars. Cette période est marquée par des investissements massifs dans des infrastructures, soutenus par des politiques de substitution aux importations et des financements externes. L'augmentation de la part de la formation brute de capital dans le PIB reflète un effort concerté pour moderniser l'économie et développer des capacités industrielles.

Après 1980, une chute spectaculaire de la formation brute de capital est observée, particulièrement dans les années 1990. Les niveaux d'investissement atteignent pratiquement zéro en termes absolus et restent négligeables par rapport au PIB. Cette période coïncide avec une crise économique prolongée, des conflits armés, et un effondrement institutionnel, qui ont gravement perturbé l'effort d'investissement public et privé.

Depuis les années 2000, une reprise progressive de la formation brute de capital est visible, bien que les niveaux restent largement inférieurs à ceux des années 1970. Cette augmentation, en partie alimentée par la reconstruction post-conflit et les investissements dans l'exploitation minière, reflète un redémarrage de l'effort d'investissement, mais à un rythme encore limité. La part de la formation brute de capital dans le PIB reste relativement stable et faible, ce qui suggère une faible priorisation des investissements dans le développement des infrastructures et des actifs productifs.

L'évolution de la formation brute de capital en RDC témoigne des dynamiques complexes qui ont façonné la trajectoire économique du pays depuis son indépendance. Cet indicateur, qui reflète la capacité d'une économie à investir dans la création d'actifs productifs, a connu d'importantes fluctuations au fil des décennies, sous l'effet combiné de facteurs politiques, institutionnels et structurels. L'histoire récente montre à quel point les périodes de crise ont fragilisé les fondements de l'investissement national, tandis que les phases de stabilisation ont permis une reprise souvent timide et inégale.

L'un des premiers facteurs explicatifs de ces variations réside dans l'instabilité politique et les conflits armés. Les guerres des années 1990 et du début des années 2000 ont provoqué une désintégration quasi totale de l'appareil productif, entraînant la destruction d'infrastructures vitales et la fuite des capitaux. La chute brutale de la formation brute de capital durant cette période est directement liée à l'effondrement de la confiance des investisseurs et à la paralysie des institutions publiques. En l'absence de sécurité juridique et physique, les entreprises locales et étrangères ont interrompu leurs projets, plongeant le pays dans une décennie de désinvestissement massif dont les effets se font encore sentir aujourd'hui.

À cette fragilité politique s'ajoute une longue histoire de mauvaise gestion économique. Les politiques menées dans les années 1970 et 1980, notamment la politique de « zaïrianisation » qui visait à transférer les entreprises étrangères aux nationaux, ont profondément déstabilisé le tissu économique. Ce processus, mal préparé et exécuté dans un contexte de clientélisme politique, a désorganisé les circuits d'investissement privé et conduit à la faillite de nombreuses entreprises.

Parallèlement, la faiblesse de la planification publique et la mauvaise allocation des ressources ont limité l'efficacité des investissements publics. Ainsi, même durant les périodes de relative stabilité, la formation de capital restait entravée par des choix économiques incohérents et une gouvernance déficiente.

La dépendance structurelle du pays à l'égard des ressources naturelles constitue un autre frein majeur à une formation de capital diversifiée et durable. Les investissements récents se concentrent essentiellement dans le secteur minier, en particulier dans l'extraction du cuivre, du cobalt et du coltan. Si ces activités génèrent des recettes importantes, elles ne contribuent que marginalement à la création de valeur ajoutée locale. La faible intégration entre le secteur extractif et le reste de l'économie empêche la diffusion des bénéfices vers l'agriculture, l'industrie manufacturière ou les services. Ce déséquilibre sectoriel perpétue une économie rentière, vulnérable aux fluctuations des prix internationaux et incapable de bâtir une base productive solide.

Les limites institutionnelles amplifient cette fragilité. L'État congolais, en dépit des réformes engagées depuis les années 2000, peine encore à mobiliser efficacement les ressources fiscales nécessaires pour financer les investissements publics. Les failles dans la gouvernance budgétaire, la corruption et l'absence de mécanismes rigoureux d'évaluation des projets réduisent la rentabilité économique de la dépense publique. Cette situation entrave la capacité du gouvernement à conduire des projets d'envergure capables de transformer durablement les structures productives du pays.

Les conséquences de ces faiblesses cumulées sont profondes. L'économie congolaise demeure marquée par une faible résilience face aux chocs externes et par une dépendance persistante à l'aide internationale. L'effondrement de la formation brute de capital dans les années 1990 a durablement compromis la capacité du pays à soutenir une croissance soutenue. Malgré une reprise économique partielle observée après 2000, les niveaux d'investissement actuels restent insuffisants pour compenser des décennies de sous-investissement chronique. L'insuffisance des infrastructures — routes, énergie, eau potable — limite la productivité, renchérit les coûts de transaction et réduit la compétitivité du pays sur les marchés régionaux et mondiaux.

Cette situation engendre un paradoxe : un pays immensément riche en ressources naturelles, mais pauvre en capital productif. Les opportunités de diversification économique ont été largement manquées, et les tentatives de relance industrielle demeurent sporadiques. Pour sortir de cette impasse, la RDC doit s'engager résolument sur la voie d'une stratégie d'investissement plus cohérente, articulant action publique et initiative privée. L'État devrait prioriser les investissements dans les infrastructures essentielles — transport, énergie, accès à l'eau —, non seulement comme levier de croissance, mais aussi comme condition préalable à la compétitivité et à l'intégration régionale.

Parallèlement, la mobilisation de l'investissement privé, national et étranger, exige un climat des affaires plus stable, fondé sur la prévisibilité des politiques, la sécurité juridique et la lutte contre la corruption. La diversification des investissements doit devenir un impératif stratégique : stimuler les secteurs à forte valeur ajoutée tels que l'agriculture, l'industrie manufacturière et les services contribuerait à réduire la vulnérabilité du pays aux cycles miniers et à créer des emplois durables. Enfin, l'amélioration de la gouvernance des investissements publics, à travers la transparence, l'évaluation et le suivi rigoureux des projets, est essentielle pour maximiser l'impact des ressources allouées.

Ainsi, l'histoire de la formation brute de capital en RDC est celle d'une économie en quête d'équilibre entre dépendance et autonomie, entre potentiel et réalisations. Le défi pour les décennies à venir consistera à transformer la richesse naturelle en capital durable, par une stratégie intégrée qui lie stabilité politique, diversification économique et gouvernance efficace. Seule une telle approche permettra au pays de rompre avec le cycle des désinvestissements et de bâtir les fondations d'un développement véritablement soutenable.

Analyse de la structure de la formation brute de capital fixe (FBCF)

Le graphique 4 présente l'évolution de la formation brute de capital fixe (FBCF) en pourcentage du PIB en RDC de 1960 à 2021, exprimées en dollars américains constants de 2015. Cet indicateur reflète les investissements dans des actifs fixes tels que les infrastructures, les bâtiments, les machines et les équipements, éléments essentiels pour soutenir la croissance économique à long terme.

Graphique 4
Évolution de la formation brute de capital fixe (FBCF) en pourcentage du PIB en RDC, 1960-2021

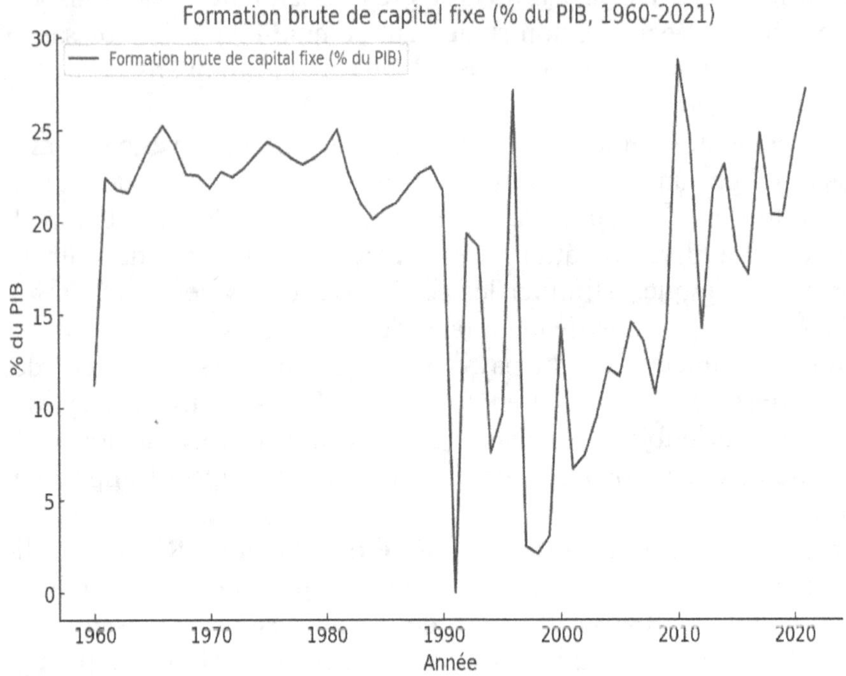

Source : Auteurs avec les données de la Banque Mondiale

L'analyse de la formation brute de capital fixe (FBCF) en RDC offre un éclairage essentiel sur la capacité du pays à investir durablement dans la croissance et le développement. Cet indicateur, qui mesure l'accumulation d'actifs productifs tels que les infrastructures, les équipements et les bâtiments, permet de saisir l'évolution de la dynamique d'investissement depuis l'indépendance. L'histoire de la FBCF congolaise révèle trois grandes phases : une période de stabilité relative entre 1960 et 1980, un effondrement dramatique entre 1980 et 2000, puis une reprise fragile et volatile depuis le début des années 2000.

Entre 1960 et la fin des années 1970, la formation brute de capital fixe représentait environ 20 à 25 % du produit intérieur brut. Cette période de stabilité reflète un effort soutenu des autorités congolaises pour moderniser l'économie dans un contexte post-indépendance marqué par un optimisme national fort. Les politiques publiques visaient alors à doter le pays d'infrastructures de base et à renforcer les capacités industrielles. Des investissements importants furent engagés dans les secteurs des transports, de l'énergie et de l'industrie, traduisant la volonté de bâtir une économie intégrée et autosuffisante. Cette orientation, bien qu'ambitieuse, s'inscrivait dans un environnement international encore favorable et reposait sur l'idée que l'État devait jouer un rôle central dans la planification économique.

Toutefois, cette dynamique s'essouffla brutalement à partir des années 1980. Les politiques de nationalisation et la « zaïrianisation », censés renforcer la souveraineté économique, se révélèrent désastreux. La mauvaise gestion des entreprises reprises par l'État, la corruption systémique et le désengagement progressif des investisseurs privés affaiblirent profondément la structure productive. La formation de capital chuta à des niveaux historiquement bas, atteignant moins de 10 % du PIB dans les années 1990. Cette dégradation s'accompagna d'un effondrement institutionnel : la capacité du gouvernement à mobiliser des ressources fiscales diminua drastiquement, tandis que les guerres civiles détruisirent les infrastructures et désorganisèrent l'ensemble de l'économie. Les décennies 1980-2000 représentent ainsi un tournant dans la trajectoire du pays : la période où la RDC cessa pratiquement d'investir dans son avenir.

Le début du XXIe siècle marqua néanmoins une phase de reconstruction progressive. Après la fin des grands conflits et la réouverture du pays à la communauté internationale, la formation brute de capital fixe commença à se redresser, oscillant entre 15 % et 25 % du PIB selon les années. Cette reprise traduisait une volonté politique de relancer les investissements et de réhabiliter les infrastructures endommagées par les guerres. Les programmes de reconstruction, souvent soutenus par les partenaires internationaux, permirent une amélioration relative de l'environnement économique. Cependant, cette reprise demeura inégale et étroitement liée aux fluctuations des revenus miniers. La dépendance du pays à l'égard des cours mondiaux du cuivre et du cobalt rendit la FBCF particulièrement volatile, révélant la fragilité d'un modèle de croissance dominé par l'exploitation des ressources naturelles.

Les déterminants structurels de cette évolution mettent en lumière les faiblesses persistantes de l'économie congolaise. Le déficit chronique en infrastructures — routes, électricité, eau potable — freine les investissements dans les secteurs non miniers et empêche la diversification de l'économie. Par ailleurs, la concentration des investissements dans le secteur extractif limite la création d'emplois productifs et maintient le pays dans une dépendance rentière. À cela s'ajoute un environnement des affaires peu attractif, marqué par la corruption, l'instabilité politique et un cadre juridique incertain, autant d'éléments qui découragent les investisseurs privés, nationaux comme étrangers. Enfin, la faible mobilisation des ressources fiscales entrave la capacité de l'État à financer les grands projets publics, réduisant ainsi son rôle moteur dans la formation de capital à long terme.

Ces contraintes ont des conséquences majeures sur le développement durable du pays. Le retard accumulé dans les investissements infrastructurels continue de limiter la productivité et la compétitivité de la RDC. La concentration des investissements dans le secteur minier empêche l'émergence d'une économie diversifiée capable de résister aux chocs externes. Par ailleurs, la forte dépendance aux investissements étrangers rend la croissance vulnérable aux décisions et aux stratégies des acteurs extérieurs, souvent motivés par des logiques d'exploitation à court terme plutôt que par un engagement durable dans le développement local. Cette situation entretient une forme de dépendance structurelle, où la croissance repose davantage sur les apports extérieurs que sur l'accumulation de capital domestique.

Pour inverser cette tendance, la RDC doit adopter une stratégie d'investissement intégrée et ambitieuse. L'État a un rôle déterminant à jouer en augmentant les investissements publics dans les infrastructures essentielles — routes, ports, électricité, et réseaux d'eau — afin de créer les conditions d'une croissance inclusive. La diversification économique constitue également une priorité stratégique : le développement de l'agriculture, de l'industrie manufacturière et des énergies renouvelables permettrait de réduire la vulnérabilité de l'économie aux cycles des matières premières. Dans le même temps, la réforme du climat des affaires, la lutte contre la corruption et la clarification du cadre juridique sont indispensables pour restaurer la confiance des investisseurs. Enfin, la mobilisation accrue des ressources nationales, combinée à la promotion de partenariats public-privé, offrirait un levier durable pour financer les projets structurants sans alourdir indéfiniment la dette publique.

Ainsi, l'évolution de la formation brute de capital fixe en RDC illustre les défis d'un pays riche en ressources mais pauvre en infrastructures. Si la reprise observée depuis le début des années 2000 est encourageante, elle demeure fragile et exposée aux aléas politiques et économiques. Le véritable enjeu réside dans la capacité du pays à transformer cette reprise conjoncturelle en un processus soutenu d'accumulation productive. Seule une vision de long terme, fondée sur la diversification, la bonne gouvernance et l'investissement dans les capacités humaines et matérielles, permettra à la RDC de convertir sa richesse potentielle en développement durable.

2. LES DÉPENSES DE CONSOMMATION FINALE DU GOUVERNEMENT (G)

Finances publiques et dépenses publiques

En macroéconomie, si les dépenses de consommation finale du gouvernement sont supérieures aux prélèvements obligatoires et taxes, il y a un déficit des finances publiques. Si la RDC a un déficit public, mais que son épargne est supérieure à l'investissement, cet excès d'épargne peut être placé en titres publics pour financer le déséquilibre des finances publiques. Le graphique 5 présente l'évolution des dépenses de consommation finale du gouvernement de la RDC de 1960 à 2021, exprimées en dollars américains constants de 2015. Ces dépenses comprennent les ressources allouées par l'État pour fournir des biens et services publics essentiels, tels que l'éducation, la santé et la sécurité.

Analyse des tendances des dépenses de consommation finale du Gouvernement

Le graphique 5 révèle trois phases distinctes dans l'évolution des dépenses de consommations finales gouvernementales. Entre 1960 et la fin des années 1980, les dépenses de consommation finale augmentent régulièrement, atteignant un sommet historique d'environ 250 milliards de dollars constants de 2015. Cette période coïncide avec une relative stabilité institutionnelle sous le régime de Mobutu, marquée par des politiques axées sur le développement d'infrastructures publiques, bien que souvent inefficaces et mal gérées.

Graphique 5
Évolution des dépenses de consommation finale du Gouvernement de la RDC, 1960-2021

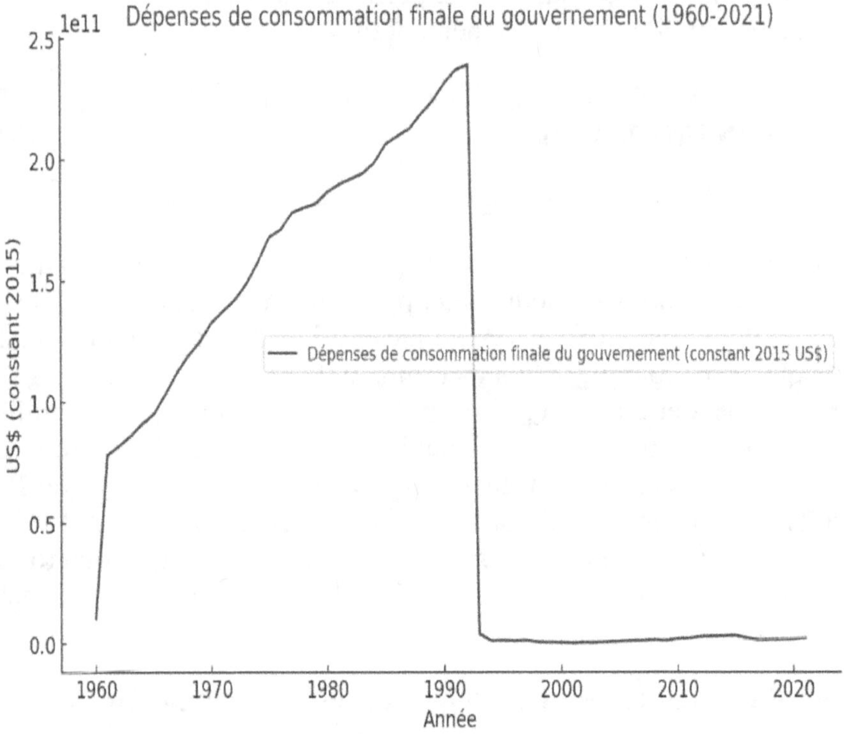

Source : Auteurs avec les données de la Banque Mondiale

Dans les années 1990, une chute brutale est observée. Cette période correspond à une déstabilisation politique et économique extrême, amplifiée par des conflits armés et des crises financières. Les dépenses publiques s'effondrent presque entièrement, témoignant de la désorganisation complète des institutions publiques et de la perte de contrôle de l'État sur les ressources publiques.

Depuis les années 2000, les dépenses de consommation finale du gouvernement restent à des niveaux très faibles, autour de 10 à 20 milliards de dollars constants. Cette stagnation reflète les défis persistants auxquels fait face le gouvernement en matière de mobilisation des ressources fiscales, de gestion budgétaire et de lutte contre la corruption.

L'évolution des dépenses publiques en RDC reflète l'histoire tourmentée d'un État confronté à la fragilité institutionnelle, à l'instabilité politique et à des choix économiques souvent incohérents. Le graphique consacré à cette variable met en évidence une détérioration dramatique des dépenses publiques à partir des années 1990, suivie d'une reprise lente et inégale au cours des deux dernières décennies. Cette trajectoire illustre la difficulté persistante du pays à mobiliser des ressources internes et à garantir la fourniture de services publics essentiels. Restaurer la capacité de l'État à jouer son rôle de moteur du développement suppose des réformes profondes en matière de gestion budgétaire, de gouvernance et de mobilisation des recettes fiscales.

Les causes de cette évolution trouvent leurs racines dans la combinaison de facteurs politiques, économiques et institutionnels. L'instabilité politique, d'abord, a constitué un frein majeur. La chute spectaculaire des dépenses publiques dans les années 1990 coïncide avec une période d'extrême turbulence marquée par la première (1996-1997) et la deuxième guerre du Congo (1998-2003). Ces conflits internes et régionaux ont dévasté le tissu économique, détruit les infrastructures administratives et désorganisé les mécanismes de collecte des recettes publiques. L'État, affaibli et fragmenté, perdit alors sa capacité à financer les services de base, aggravant la pauvreté et la précarité sociale.

À ces crises politiques s'ajoute une longue tradition de mauvaise gestion économique. Sous le régime de Mobutu, les dépenses publiques étaient relativement élevées, mais leur impact réel sur le développement restait limité. L'inefficacité des politiques économiques, la corruption systémique et la gestion clientéliste des ressources ont conduit à un épuisement rapide des fonds publics. La logique prédatrice qui a prévalu durant cette période a progressivement érodé la crédibilité de l'État et sapé les fondements d'une économie productive. Ainsi, même lorsque les dépenses semblaient importantes en proportion du PIB, elles servaient davantage à entretenir les réseaux de pouvoir qu'à promouvoir le bien-être collectif.

La faible mobilisation des ressources fiscales a également joué un rôle déterminant dans la dégradation des finances publiques. Malgré la stabilisation relative observée dans les années 2000, la RDC peine encore à collecter efficacement l'impôt. Le poids considérable du secteur informel, la faiblesse de l'administration fiscale et la persistance d'exonérations injustifiées limitent la capacité de l'État à élargir sa base de revenus. En conséquence, la part des recettes domestiques dans le budget national demeure faible, réduisant la marge de manœuvre pour des investissements publics significatifs. Cette dépendance structurelle entrave la souveraineté économique du pays et renforce son exposition aux aléas de l'aide extérieure.

De fait, la dépendance croissante à l'égard de l'aide internationale constitue un autre trait marquant du système de dépenses publiques congolais. L'appui budgétaire des partenaires extérieurs, bien qu'indispensable pour maintenir certaines fonctions essentielles de l'État, a souvent été accompagné de conditionnalités contraignantes, orientant les priorités nationales selon des agendas exogènes. Ce modèle de financement, s'il permet une certaine stabilité conjoncturelle, n'a pas favorisé la construction d'une autonomie financière durable. Il entretient, au contraire, une logique de dépendance qui affaiblit la responsabilité interne et retarde la consolidation d'un système fiscal solide et équitable.

Les conséquences économiques et sociales de cette situation sont profondes. La chute des dépenses publiques dans les années 1990, suivie d'une stagnation prolongée, a eu des effets dévastateurs sur le développement humain. Les secteurs vitaux tels que l'éducation, la santé et les infrastructures ont subi des décennies de sous-financement, compromettant les perspectives de croissance inclusive et aggravant les inégalités sociales. Le recul de l'investissement public dans ces domaines a également affaibli la productivité globale et freiné la diversification de l'économie. Au-delà des chiffres, cette contraction budgétaire a entamé la confiance des citoyens envers l'État, nourrissant un sentiment de méfiance qui mine la légitimité du pouvoir public et complique toute tentative de mobilisation accrue des ressources domestiques.

Pour rompre avec cette dynamique, une réforme en profondeur des finances publiques s'impose. Le premier axe de transformation concerne la mobilisation des ressources fiscales. L'élargissement de la base d'imposition, la modernisation de l'administration fiscale et la réduction de l'évasion doivent permettre d'accroître les revenus de l'État, ouvrant la voie à une plus grande autonomie financière. La lutte contre la corruption, quant à elle, constitue une condition indispensable à la réussite de ces réformes. Une gestion transparente et rigoureuse des fonds publics renforcerait la confiance des citoyens et des partenaires internationaux, tout en assurant une utilisation plus efficace des ressources disponibles.

Parallèlement, il est crucial de redéfinir les priorités budgétaires en faveur des secteurs sociaux et productifs. L'augmentation des investissements dans la santé, l'éducation et les infrastructures doit être perçue non comme une dépense, mais comme un investissement dans le capital humain et la compétitivité nationale. Enfin, la diversification des sources de financement, notamment à travers les partenariats public-privé, pourrait compléter les ressources publiques tout en favorisant l'innovation et la participation du secteur privé à la modernisation du pays.

En définitive, l'évolution des dépenses publiques en RDC révèle l'ampleur du défi à relever pour reconstruire un État capable de soutenir son propre développement. La restauration d'une gestion budgétaire crédible et la réhabilitation du rôle économique de l'État constituent des conditions incontournables pour sortir du cycle de fragilité et de dépendance. Plus qu'une réforme technique, il s'agit d'un projet politique et institutionnel fondé sur la transparence, la responsabilité et la volonté de faire de la dépense publique un levier de transformation durable et inclusive.

3. LES EXPORTATIONS (X) ET LES IMPORTATIONS (M) DE LA RDC

Analyse des tendances du commerce extérieur

Le graphique 6 présente les tendances des exportations et des importations de biens et services en RDC de 1960 à 2021, exprimées en dollars américains constants de 2015. Ces données révèlent la place centrale du commerce extérieur dans l'économie congolaise et mettent en lumière les fluctuations de la balance externe au fil des décennies.

Graphique 6
Évolution des exportations et importations des biens et services en RDC, 1960-2021

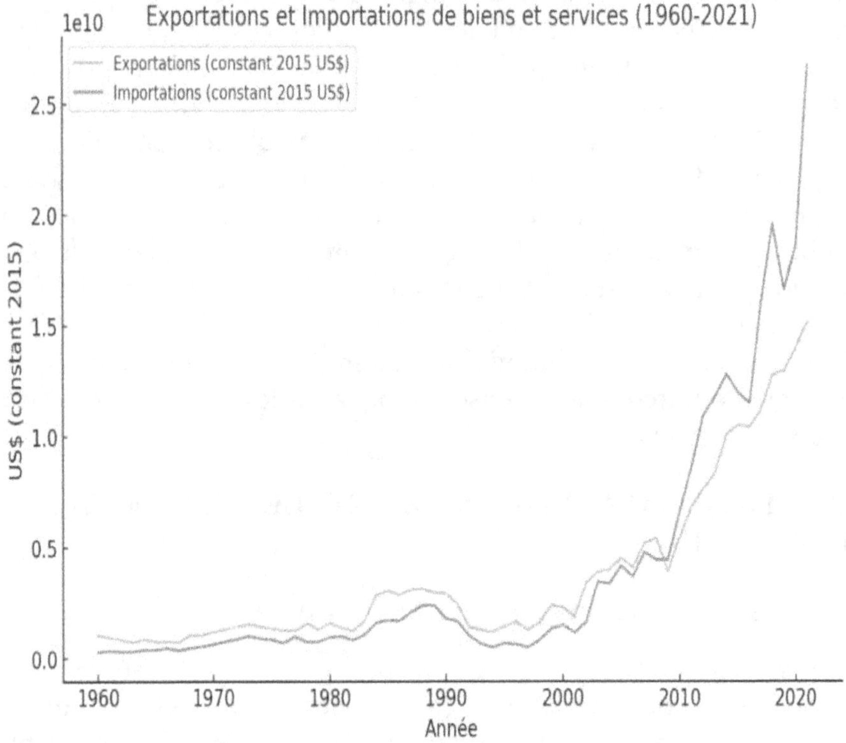

Source : Auteurs avec les données de la Banque Mondiale

Une trajectoire marquée par la dépendance et la vulnérabilité

Ce graphique 6 présentant l'évolution des exportations, des importations et de la balance externe en pourcentage du PIB de la RDC entre 1960 et 2021 révèle qu'entre 1960 et 1990, les échanges commerciaux restent relativement faibles et stagnants. Cette période est caractérisée par une économie dépendante des exportations de matières premières, notamment le cuivre et le cobalt. Les exportations dépassent les importations à partir de 2015, signalant un excédent commercial croissant. Cette tendance coïncide avec l'augmentation des prix des matières premières, en particulier le cuivre et le cobalt, moteurs essentiels des exportations congolaises. Cependant, les importations restent également élevées, principalement composées de biens d'équipement, de produits manufacturés et de denrées alimentaires, traduisant une dépendance structurelle de la RDC aux produits étrangers.

En général, les exportations et les importations évoluent de manière parallèle, mais leur faiblesse reflète une économie nationale isolée, marquée par des infrastructures limitées, des politiques économiques inefficaces, et des crises politiques. Il y a eu une évolution marquée par des décennies de stagnation suivies d'une forte accélération depuis les années 2000. Après 2000, une transition notable est observée, avec une forte croissance des exportations et des importations, soulignant les dynamiques économiques sous-jacentes du pays.

Les enjeux d'une économie dominée par les ressources naturelles

La RDC tire l'essentiel de ses revenus d'exportation de ses ressources minières. Si cette spécialisation a permis une hausse des revenus commerciaux dans les années 2000 et 2010, elle expose l'économie à plusieurs vulnérabilités. La volatilité des prix mondiaux des matières premières peut entraîner des chocs économiques majeurs, comme observé lors des baisses de prix en 2008 et 2015. De plus, cette concentration sur quelques produits limite les opportunités de développement d'autres secteurs, tels que l'agriculture et l'industrie manufacturière.

La dynamique des importations révèle, quant à elle, une faiblesse structurelle de l'économie congolaise. La forte dépendance aux importations de biens essentiels, y compris alimentaires, souligne l'incapacité de l'économie locale à répondre aux besoins internes. Cela reflète un secteur agricole sous-développé et un secteur industriel embryonnaire.

L'évolution des exportations et des importations

Les exportations représentent une part significative du PIB de la RDC sur toute la période analysée. Jusqu'aux années 1990, leur part oscille autour de 20 % du PIB, traduisant une économie principalement tournée vers les ressources naturelles, comme le cuivre et le cobalt. Cette relative stabilité est rompue à partir des années 2000, période marquée par une forte augmentation des exportations, atteignant environ 40 % du PIB dans les années 2010. Cette croissance est largement attribuable à la reprise des activités minières et à la hausse des prix des matières premières sur le marché international.

Les importations, quant à elles, suivent une tendance similaire, bien qu'elles soient légèrement inférieures aux exportations après 2015. La hausse des importations reflète principalement la demande croissante de biens d'équipement pour soutenir le secteur minier, ainsi que de produits manufacturés et alimentaires destinés à une consommation locale qui ne peut être satisfaite par la production nationale.

La balance externe : de la fragilité à l'excédent

La balance des paiements retrace l'ensemble des flux économiques (biens, services, capitaux, l'or, etc.) et est aussi un outil pour analyser l'équilibre macroéconomique dans une économie ouverte. Le graphique 7 présente les tendances de la balance externe en RDC de 1960 à 2021, exprimées en dollars américains constants de 2015. La balance externe de la RDC, qui représente la différence entre les exportations et les importations en pourcentage du PIB, a évolué de manière contrastée.

Ce graphique 7 illustre que de 1960 aux années 1990, la balance externe de la RDC demeure proche de zéro ou légèrement négative, reflétant une économie fragile et souvent déficitaire. Cependant, à partir des années 2000, une amélioration notable s'observe, avec des excédents significatifs après 2015. Ces excédents sont le résultat direct de la forte demande mondiale pour les ressources minières stratégiques de la RDC, telles que le cobalt, essentiel pour la transition énergétique mondiale.

Malgré cette performance positive, la dépendance aux exportations de ressources naturelles pose un risque majeur. Les fluctuations des prix mondiaux des matières premières peuvent rapidement inverser cette tendance, comme cela a été observé lors des crises de 2008 et 2015. Par ailleurs, la concentration des exportations sur quelques produits réduit les bénéfices potentiels pour l'économie globale, tandis que les revenus générés ne semblent pas suffisamment réinvestis dans des secteurs structurants.

Graphique 7
Évolution du commerce et de la balance externe en % du PIB en RDC, 1960-2021

Source : Auteurs avec les données de la Banque Mondiale

Analyse des tendances de la balance courante de la RDC

Le graphique 8 présente l'évolution de la balance courante exprimée en pourcentage du PIB de la RDC entre 1960 et 2021. La balance courante mesure la différence entre les exportations et les importations de biens et services, en intégrant également les revenus primaires (comme les intérêts et dividendes) et les transferts courants (par exemple, les envois de fonds).

Graphique 8
Évolution de la balance courante de la RDC, 1960-2021

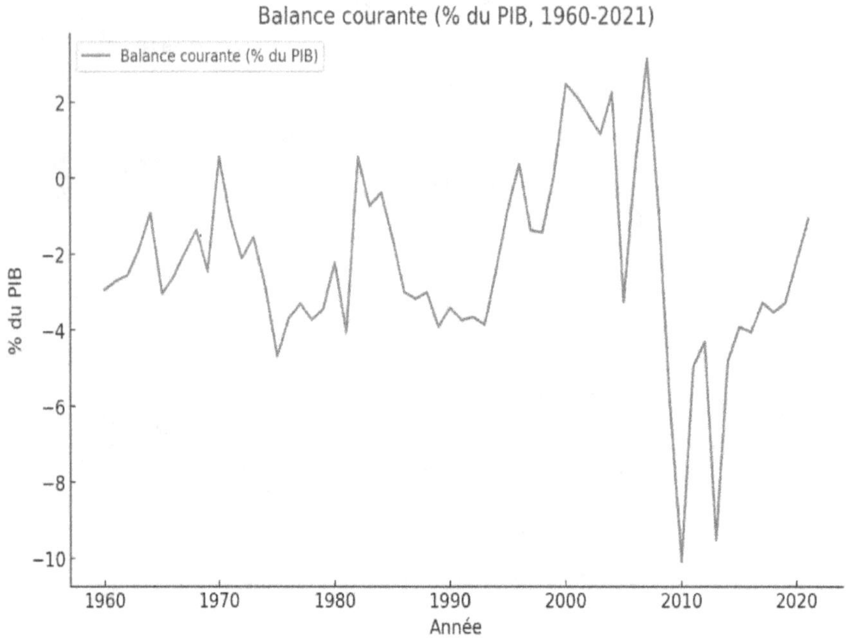

Source : Auteurs avec les données de la Banque Mondiale

Analyse des tendances de la balance courante

Le graphique 8 illustre que dans les années 1960 et 1970, la balance courante est négative mais relativement stable, oscillant entre -2 % et -5 % du PIB. Cette période correspond à une économie dominée par les exportations de cuivre et de cobalt, mais avec une faible diversification économique et une forte dépendance aux importations de biens manufacturés et de services.

Les années 1980 montrent des fluctuations plus prononcées, avec une légère amélioration au début de la décennie, suivie d'un retour au déficit. Cette volatilité est attribuée aux variations des prix des matières premières, combinées à une détérioration des infrastructures et des politiques économiques inefficaces.

À partir des années 2000, la balance courante connaît des variations extrêmes. En particulier, on observe des déficits massifs dépassant -10 % du PIB en 2010. Cette chute coïncide avec une augmentation des importations liées aux investissements dans le secteur minier et une reprise limitée des exportations. Depuis 2015, une amélioration progressive est visible, bien que la balance reste légèrement déficitaire, signe d'un ajustement commercial et d'une meilleure performance des exportations.

L'évolution de la balance courante de la RDC met en évidence les fragilités structurelles d'une économie fortement dépendante des exportations de matières premières et confrontée à des déséquilibres persistants entre ses capacités productives et ses besoins d'importation. Sur la période étudiée, la balance courante demeure majoritairement déficitaire, traduisant le fait que le pays importe plus qu'il n'exporte, ou que les sorties nettes de capitaux — sous forme de paiements de revenus et de transferts — excèdent les entrées. Ce déséquilibre chronique révèle les contraintes profondes qui pèsent sur la structure économique nationale et les défis que pose la soutenabilité extérieure du développement congolais.

L'un des principaux facteurs expliquant cette situation réside dans la forte dépendance du pays à l'égard des exportations de ressources naturelles, notamment le cuivre, le cobalt et d'autres minerais stratégiques. Ces produits représentent la quasi-totalité des recettes d'exportation, rendant la balance courante extrêmement sensible aux fluctuations des prix mondiaux des matières premières. Lorsque les cours sont favorables, les recettes augmentent temporairement, réduisant le déficit commercial. Mais en période de baisse des prix, les revenus d'exportation chutent brutalement, tandis que les besoins d'importation demeurent constants, creusant le déséquilibre extérieur. Cette volatilité souligne la vulnérabilité d'un modèle de croissance dominé par l'extraction, où les chocs exogènes dictent largement la trajectoire macroéconomique du pays.

Un second facteur déterminant tient à la structure même des importations congolaises. L'économie du pays dépend fortement des importations pour satisfaire la demande intérieure en biens d'équipement, produits alimentaires et biens manufacturés. Cette dépendance s'est accentuée depuis les années 2000 avec la montée des investissements miniers, qui nécessitent des intrants technologiques et logistiques souvent importés. En l'absence d'un tissu industriel local capable de produire ces biens, le pays se trouve dans une position de déséquilibre structurel : il exporte des produits bruts à faible valeur ajoutée et importe des produits finis à prix élevé, aggravant ainsi le déficit commercial.

La faiblesse de la diversification économique accentue ce déséquilibre. L'absence d'un secteur manufacturier compétitif et le faible rendement du secteur agricole empêchent la RDC de substituer une partie de ses importations par une production locale. Les opportunités de diversification existent pourtant : le pays dispose d'un potentiel agricole considérable et de ressources énergétiques abondantes, mais les investissements dans ces domaines restent limités par des contraintes d'infrastructures, de financement et de gouvernance. En outre, l'instabilité politique et institutionnelle, récurrente depuis plusieurs décennies, a amplifié la fragilité du système économique. Les périodes de déficits extérieurs les plus prononcés coïncident souvent avec des épisodes de guerre ou de crise politique, au cours desquels la production nationale s'effondre et la confiance des investisseurs s'érode.

Les conséquences économiques de ces déséquilibres sont multiples et préoccupantes. Le déficit persistant de la balance courante accroît la vulnérabilité externe du pays. Pour financer ce déséquilibre, la RDC dépend des flux de capitaux étrangers, sous forme de prêts, d'investissements directs étrangers (IDE) ou d'aide internationale. Si ces ressources peuvent soutenir temporairement la balance des paiements, elles exposent le pays à un risque élevé en cas de retrait soudain des capitaux ou de détérioration des conditions financières mondiales. Cette dépendance entraîne également un risque de surendettement, particulièrement lorsque les emprunts extérieurs ne sont pas compensés par une hausse durable des exportations.

Dans ce contexte, la diversification économique apparaît comme une nécessité stratégique. Le développement de nouveaux secteurs exportateurs, notamment l'agriculture et l'industrie manufacturière, permettrait de réduire la dépendance au secteur minier et d'accroître la résilience face aux chocs des prix internationaux. La transformation locale des ressources naturelles constitue également une piste majeure pour améliorer la balance courante. En investissant dans la production de valeur ajoutée — par exemple à travers le raffinage du cuivre, la production de cathodes ou la fabrication de batteries à base de cobalt —, la RDC pourrait augmenter les revenus tirés de ses exportations tout en réduisant la part des produits transformés importés.

Le renforcement de la production nationale est un autre levier crucial. Investir dans l'agriculture et dans les industries locales permettrait de diminuer la dépendance aux importations alimentaires et manufacturières tout en stimulant l'emploi et la demande intérieure. Une telle politique nécessite toutefois un cadre institutionnel stable et des incitations adaptées pour favoriser les investissements productifs.

Parallèlement, une amélioration de la gouvernance économique demeure indispensable. La gestion prudente des revenus d'exportation, associée à une discipline budgétaire rigoureuse, réduirait les besoins de financement externe et contribuerait à stabiliser la balance courante.

Ainsi, les tendances observées dans la balance courante de la RDC mettent en lumière à la fois les progrès réalisés et les vulnérabilités persistantes. Depuis les années 2000, la situation s'est partiellement améliorée grâce à la reprise des exportations minières et à l'ouverture du pays aux investissements étrangers. Néanmoins, cette croissance repose sur des bases fragiles, dominées par une dépendance excessive aux ressources naturelles et par un manque de diversification structurelle. Pour que les échanges commerciaux deviennent un moteur de développement durable, la RDC doit s'engager dans une stratégie économique intégrée fondée sur la transformation locale, la diversification productive et le renforcement des capacités institutionnelles. Seule une telle approche permettra de transformer la richesse minière en prospérité partagée et de consolider la position extérieure du pays de manière durable et souveraine.

4. ANALYSE DE LA CROISSANCE ÉCONOMIQUE ET DU PIB PAR HABITANT

Le graphique 9 souligne une évolution dramatique du PIB par habitant en RDC sur une période de six décennies (1960-2021) en dollars américains constants de 2015.

Dans les années 1960 et au début des années 1970, le PIB par habitant était relativement élevé, autour de 1400 dollars américains, témoignant d'une économie qui bénéficiait des infrastructures héritées de l'époque coloniale et d'une relative stabilité politique. Cependant, à partir de la moitié des années 1970, on observe une baisse spectaculaire, atteignant son point le plus bas autour des années 2000 avec moins de 400 dollars. Cette chute est due à des facteurs tels que des politiques économiques inefficaces, une corruption généralisée et les conflits armés. Après 2000, une lente reprise est visible, mais le niveau du PIB par habitant reste bien en dessous de celui des années 1960, signe d'un potentiel économique encore largement inexploité. Cette tendance montre une forte instabilité, caractérisée par une phase initiale de relative prospérité suivie d'un déclin prolongé, avant une timide reprise récente.

Graphique 9
La tendance du PIB par habitant en RDC, 1960-2021

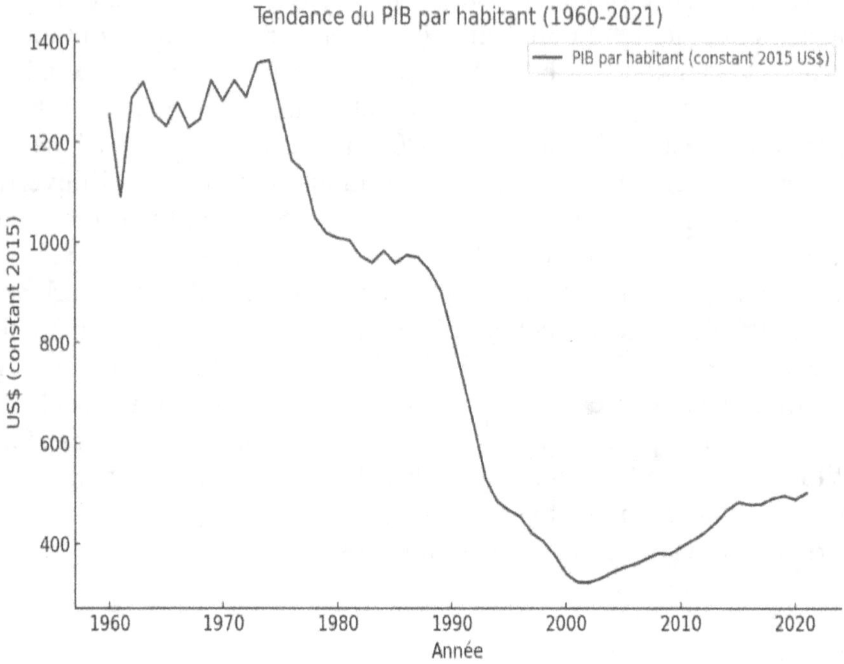

Source : Auteurs avec les données de la Banque Mondiale

Cette trajectoire met en lumière les défis structurels de la RDC : une dépendance excessive aux ressources naturelles, des institutions faibles, absence d'un leadership visionnaire, et une instabilité politique persistante.

Pour inverser cette tendance, il est impératif de mettre en œuvre des réformes qui favorisent la diversification économique, l'investissement dans le capital humain, et l'amélioration des infrastructures. Une comparaison avec des économies africaines comme l'Afrique du Sud, la Tanzanie, et l'Éthiopie, qui ont connu des progrès significatifs grâce à des réformes structurelles, montre que ces transformations sont possibles avec un leadership et des politiques appropriées.

ANALYSE DES CARACTÉRISTIQUES SAILLANTES DE L'ÉCONOMIE DE LA RDC

1. ANALYSE DE L'ÉVOLUTION DES CONTRIBUTIONS AU PIB PAR SECTEUR ÉCONOMIQUE

Le PIB étant la somme de la demande intérieure (consommation et investissement des agents économiques résidents) et du solde extérieur (les échanges avec l'extérieur dans une économie ouverte), la macroéconomie parle de contributions à la croissance du PIB. La performance sectorielle permet de connaître, pour une année donnée, ce qui a pu favoriser (les moteurs) ou freiner (limitatifs) la croissance économique. En clair, cette performance sectorielle permet de mesurer le poids des différentes composantes du PIB dans la croissance économique et dans l'augmentation des richesses disponibles. Le graphique 10 présente l'évolution des contributions des trois principaux secteurs économiques — agriculture, industrie, et services — au produit intérieur brut (PIB) de la RDC entre 1960 et 2021. Ces variations reflètent les mutations structurelles de l'économie congolaise, influencées par des dynamiques économiques, sociales, et politiques.

Le graphique 10 présente l'évolution de la valeur ajoutée de l'industrie manufacturière en RDC entre 1960 et 2021, exprimée en dollars constants de 2015. Il illustre les phases de croissance, de déclin et de stagnation du secteur manufacturier, reflet des transformations économiques et politiques du pays. Il devient donc possible de savoir si la croissance économique en RDC repose principalement sur la demande intérieure, et plus précisément sur la consommation finale ou sur l'investissement, ou bien si cette croissance est « tirée » par les exportations, c'est-à-dire par le reste du monde. Connaître ces différents éléments permet d'ajuster les politiques économiques de la RDC.

L'agriculture : Dans les années 1960, l'agriculture représentait plus de 40 % du PIB, faisant de ce secteur le moteur principal de l'économie. Les exportations de produits agricoles, tels que le café, le cacao, et l'huile de palme, jouaient un rôle crucial. Cependant, à partir des années 1970, sa contribution décroît rapidement, atteignant moins de 15 % dans les années 2000 et 2010. Cette chute est le résultat de plusieurs facteurs : le manque de modernisation, la faible mécanisation, les conflits armés et l'abandon des politiques agricoles efficaces. Malgré cette diminution, l'agriculture reste essentielle pour la survie de la majorité des ménages ruraux.

Graphique 10
Les contributions au PIB par secteur en RDC, 1960-2021

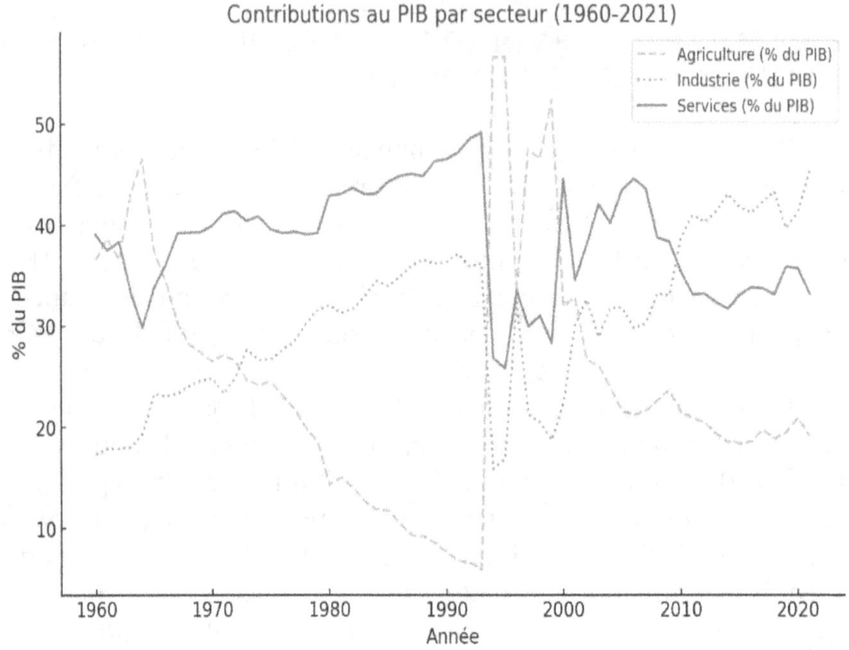

Source : Auteurs avec les données de la Banque Mondiale

L'industrie : Le secteur industriel, qui inclut les mines, la construction, et la production manufacturière, montre une trajectoire ascendante jusqu'aux années 1990, atteignant près de 30 % du PIB. Cependant, cette progression est interrompue par une chute brutale dans les années 2000, coïncidant avec les conflits armés et la dégradation de l'environnement économique. Depuis, l'industrie oscille entre 15 % et 20 % du PIB, sa croissance étant fortement limitée par la dépendance à l'exploitation minière, sans industrialisation substantielle.

Les services : Le secteur des services est le seul à connaître une augmentation constante de sa contribution, passant de 30 % du PIB dans les années 1960 à plus de 50 % dans les années 2010. Cette croissance s'explique par le développement des activités commerciales, administratives et financières dans les centres urbains. Toutefois, cette domination des services reflète aussi une vulnérabilité structurelle : elle repose largement sur l'informalité et une faible diversification.

Analyse des dynamiques sectorielles et la Valeur Ajoutée Brute (VAB) par Secteur Économique

Sous l'angle macroéconomique, le PIB s'obtient à partir de la somme des valeurs ajoutées brutes au prix de base des différents secteurs institutionnels ou des différentes branches d'activité, en ajoutant les impôts sur les produits (TVA, impôts sur les importations et autres impôts sur les produits tels que les taxes sur les tabacs, sur les alcools, etc.) et en retirant les subventions correspondantes.

Le graphique 11 représente la valeur ajoutée brute (VAB) de l'industrie manufacturière en RDC de 1960 à 2021, exprimée en dollars américains constants de 2015.

Le graphique 11 met en lumière qu'au cours des années 1960, la valeur ajoutée de l'industrie manufacturière en RDC connaît une forte croissance, passant de niveaux modestes à plus de 2 milliards de dollars en 1970. Cette période marque l'effort post-indépendance pour développer une industrie nationale, soutenu par des politiques de substitution aux importations et des investissements dans des industries telles que la transformation alimentaire, le textile, et les matériaux de construction.

Après son apogée au début des années 1970, le secteur manufacturier entre dans une phase de déclin progressif. La mauvaise gestion économique sous le régime de Mobutu, la corruption généralisée et le désinvestissement progressif dans les infrastructures industrielles expliquent cette tendance. Les politiques de « zaïrianisation » ont également perturbé les entreprises privées, entraînant une chute significative de la production industrielle.

Graphique 11
La valeur ajoutée de l'industrie manufacturière en RDC, 1960-2021

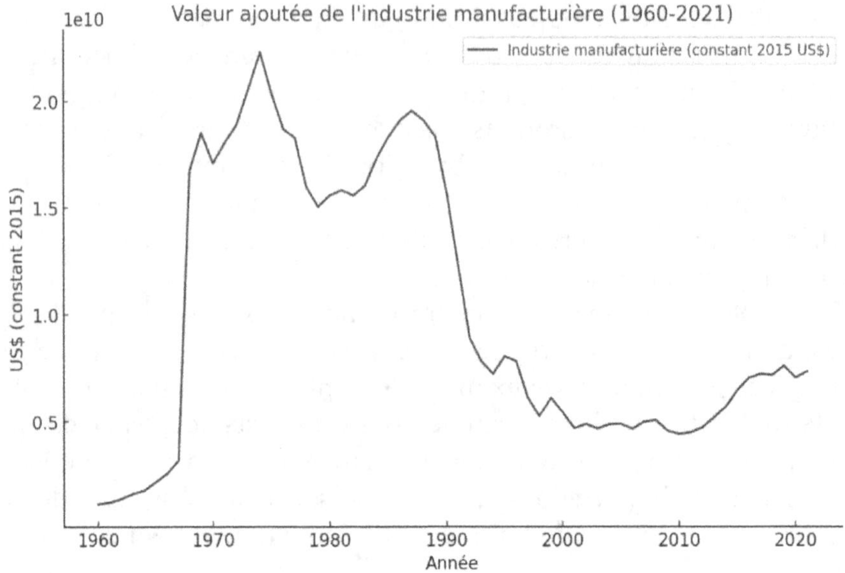

Source : Auteurs avec les données de la Banque Mondiale

Dans les années 1990, l'industrie manufacturière subit un effondrement dramatique, coïncidant avec les guerres civiles et l'instabilité politique. À cette période, la valeur ajoutée industrielle tombe à moins de 500 millions de dollars. La destruction des infrastructures, la fuite des capitaux et l'effondrement de l'administration publique ont contribué à ce déclin.

Depuis les années 2000, l'industrie manufacturière montre une légère reprise, atteignant environ 700 millions de dollars en 2021. Cette reprise reste limitée et inégale, reflétant un environnement d'affaires encore peu attractif, des infrastructures insuffisantes, et une forte dépendance à l'exploitation minière.

Analyse de la Valeur Ajoutée Brute (VAB) par Secteur Economique

Le graphique 12 représente la valeur ajoutée brute (VAB) par secteur économique en RDC de 1960 à 2021, exprimée en dollars américains constants de 2015.

Le graphique 12 met en évidence les contributions des trois principaux secteurs économiques : l'agriculture, l'industrie (y compris la construction) et les services à la croissance économique de la RDC.

Le secteur des services domine la contribution économique de la RDC sur la période, avec une forte montée jusqu'à 1970, suivie d'une chute brutale. Cette baisse est synchronisée avec les crises politiques et économiques des années 1970. Après un creux marqué pendant les années 1990, ce secteur connaît une reprise constante depuis les années 2000, atteignant de nouveaux sommets récents. Les services, bien qu'importants, restent fragilisés par le manque d'infrastructure et une faible diversification.

Le secteur de l'industrie, autrefois moteur de l'économie congolaise, montre une forte volatilité. La chute marquée de l'industrie dans les années 1970 coïncide avec la dégradation de l'environnement économique, la politique de la « Zaïrianisation[1] » et l'effondrement des infrastructures. Depuis 2000, une reprise notable est visible, mais le secteur reste loin de son potentiel. L'industrie minière, principale composante de ce secteur, demeure essentielle, mais la diversification industrielle, notamment dans la transformation et la construction, reste limitée.

L'agriculture, souvent perçue comme le pilier économique des populations rurales, affiche une croissance plus modérée mais constante à partir des années 1980. Ce secteur ne semble pas avoir pleinement profité des récentes reprises économiques, ce qui reflète un manque de mécanisation et d'accès au financement pour les agriculteurs.

[1] Cette politique a consisté au transfert forcé des capitaux appartenant aux étrangers, aux privés Congolais.

Graphique 12
La valeur ajoutée brute par secteur en RDC, 1960-2021

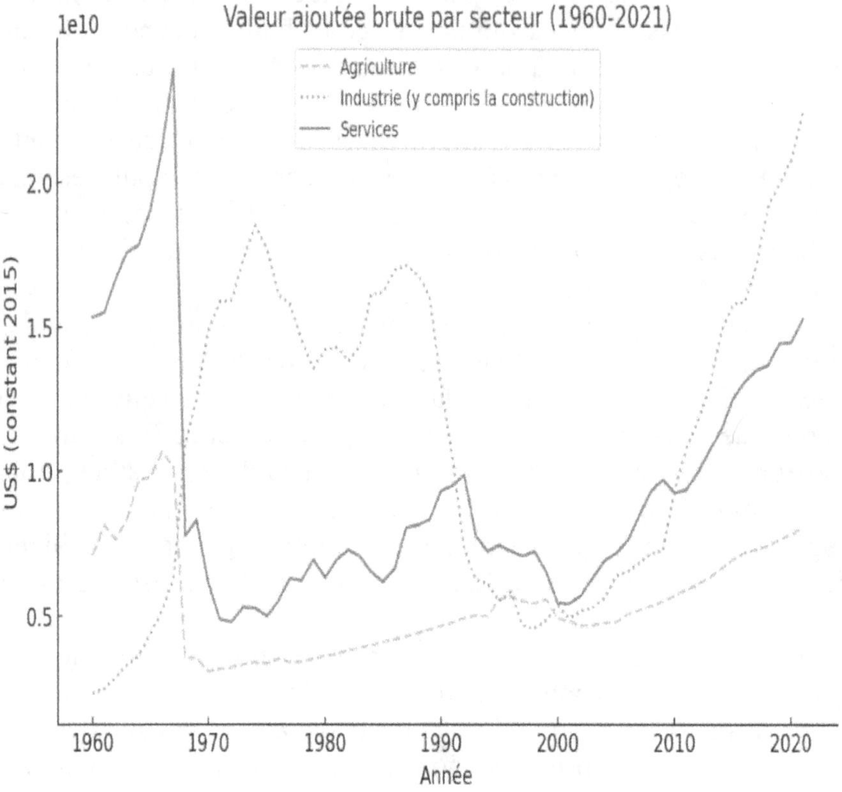

Source : Auteurs avec les données de la Banque Mondiale

Analyse de l'évolution des Investissements Directs Etrangers nets (IDE) en RDC

L'Investissement Direct Etranger (IDE) représente des investissements en actions en RDC par des sociétés multinationales privées. Étant donné que la majorité des pays en sous-développement ont historiquement enregistré des déficits de leur balance courante, un afflux net continu de ressources financières étrangères représente un élément important de leurs stratégies de développement à long terme (Todaro et Smith, 2015).

Le graphique 13 présente l'évolution des investissements directs étrangers nets (IDE) en RDC de 1960 à 2021, exprimés en dollars courants. Ce flux d'investissement est un indicateur clé de l'attractivité économique du pays et de sa capacité à mobiliser des ressources étrangères pour soutenir son développement durable.

Graphique 13
Investissements directs étrangers nets en RDC, 1960-2021

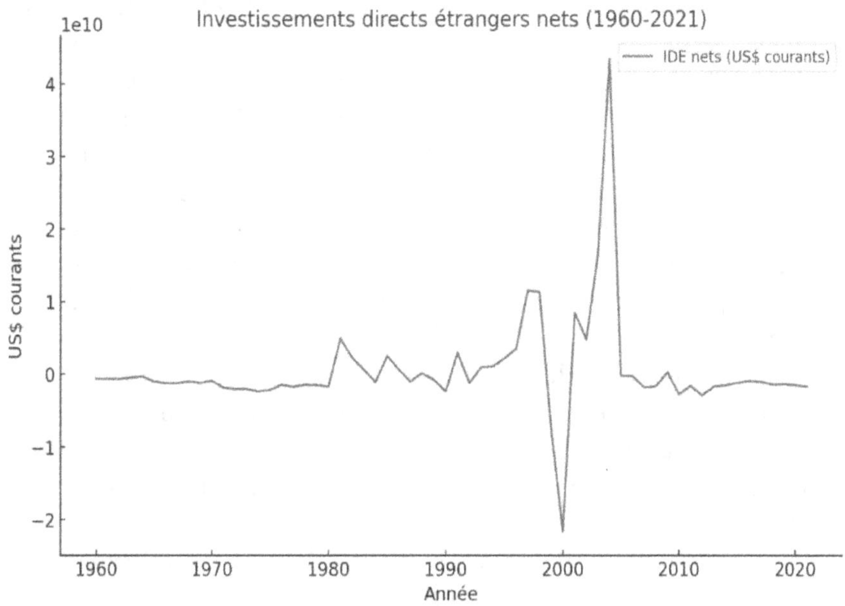

Source : Auteurs avec les données de la Banque Mondiale

Le graphique 13 met en lumière l'évolution des IDE de 1960 aux années 1990. Les IDE nets en RDC demeurent faibles et relativement stables, oscillant autour de zéro. Cette stagnation reflète une économie marquée par une instabilité politique chronique, une faible diversification et des infrastructures limitées. Pendant cette période, les conflits internes et les crises économiques ont dissuadé les investisseurs étrangers, en dépit du potentiel minier considérable du pays.

Une transition notable intervient à partir des années 1990 et 2000. Un pic spectaculaire est observé au début des années 2000, atteignant près de 4 milliards de dollars. Ce pic coïncide avec la fin de la deuxième guerre du Congo (1998-2003) et une reprise de l'activité minière, accompagnée de réformes qui ont facilité les investissements étrangers, notamment dans le secteur des ressources naturelles. Cependant, ce pic est suivi d'une chute brutale, reflétant l'instabilité politique persistante et les défis liés à la gouvernance.

Après 2010, les flux d'IDE demeurent modestes, oscillant entre 0 et 1 milliard de dollars, indiquant une certaine reprise, mais à un rythme limité. Cela illustre les difficultés du pays à maintenir un climat favorable aux investissements étrangers, notamment en raison de la persistance de la corruption, de l'insécurité et d'un environnement réglementaire peu attractif.

L'évolution des investissements directs étrangers (IDE) en RDC illustre à la fois l'attractivité potentielle d'un pays riche en ressources naturelles et les limites structurelles d'une économie encore insuffisamment diversifiée. Depuis les années 2000, la RDC a connu une augmentation notable des flux d'IDE, principalement à la faveur du redressement du secteur minier et de l'ouverture progressive du pays aux capitaux internationaux. Cependant, cette tendance demeure marquée par une forte concentration sectorielle, une grande volatilité et des obstacles persistants liés au déficit d'infrastructures et à l'instabilité politique.

La caractéristique la plus marquante du profil des IDE en RDC réside dans leur dépendance quasi exclusive au secteur minier. Les investissements étrangers sont principalement orientés vers l'extraction du cuivre, du cobalt, du coltan et du diamant, faisant de la RDC l'un des pôles miniers les plus stratégiques au monde, notamment dans le contexte de la transition énergétique globale. Si cette concentration sectorielle a permis de relancer la production et d'accroître les recettes d'exportation, elle présente toutefois un risque majeur : l'exposition aux fluctuations des prix internationaux des matières premières. Les cycles de boom et de récession minière se répercutent directement sur les flux d'IDE, créant une instabilité structurelle dans le financement du développement. Par ailleurs, cette spécialisation renforce la dépendance du pays à un modèle extractif peu générateur d'emplois et faiblement intégré au reste de l'économie nationale.

Les variations brusques et la volatilité des flux d'IDE témoignent également de la fragilité du cadre politique et institutionnel congolais. Les périodes d'instabilité gouvernementale, de tensions électorales ou de conflits armés, notamment à l'est du pays, ont régulièrement entraîné des retraits d'investisseurs ou la suspension de grands projets. À cela s'ajoute un environnement des affaires encore caractérisé par le manque de transparence dans la gestion des ressources naturelles, la faiblesse de l'État de droit et la lourdeur administrative. Ces facteurs alimentent la perception d'un risque élevé, décourageant les investissements à long terme et favorisant des opérations spéculatives de court terme, souvent concentrées dans des zones minières à forte rentabilité immédiate.

La faiblesse des infrastructures constitue un autre frein majeur à l'attraction et à la pérennité des investissements étrangers. Les carences dans les réseaux de transport, d'énergie et de communication augmentent considérablement les coûts d'exploitation pour les entreprises étrangères et limitent les opportunités d'investissement en dehors des zones minières enclavées. Cette situation crée un effet d'enclavement économique : les investisseurs privilégient les zones dotées d'infrastructures spécifiques à l'extraction, tandis que le reste du territoire reste largement déconnecté des circuits économiques modernes. L'absence de politiques publiques cohérentes en matière d'aménagement du territoire et d'infrastructure limite ainsi la diffusion des bénéfices des IDE à l'ensemble de l'économie nationale.

Dans ces conditions, les IDE, bien qu'importants pour la croissance, n'ont pas encore produit les effets multiplicateurs escomptés. Leur impact sur le développement demeure limité par leur faible diversification sectorielle et leur intégration insuffisante avec le tissu économique local. Pour transformer ces investissements en moteur durable de croissance, la RDC doit s'engager dans une double stratégie : d'une part, élargir la base sectorielle des IDE en favorisant les investissements dans l'agriculture, l'industrie manufacturière et les services ; d'autre part, améliorer le climat des affaires par la stabilité institutionnelle, la transparence et la prévisibilité des politiques économiques.

La mise en place de zones économiques spéciales, associée à une meilleure gouvernance du secteur minier, pourrait constituer un levier efficace pour attirer des capitaux orientés vers la transformation locale et la création d'emplois. De même, le développement d'infrastructures intégrées — routes, énergie, télécommunications — renforcerait la compétitivité du pays et favoriserait l'émergence de chaînes de valeur régionales. Enfin, une politique d'investissement axée sur le long terme, fondée sur des partenariats équilibrés entre acteurs publics et privés, permettrait de réduire la dépendance aux cycles miniers et de poser les bases d'une industrialisation progressive.

En définitive, les tendances des IDE en RDC révèlent un paradoxe : un potentiel exceptionnel d'attraction lié à la richesse naturelle, mais un cadre institutionnel encore trop fragile pour en tirer pleinement parti. Le défi consiste désormais à transformer l'investissement étranger en instrument de diversification économique, de transfert technologique et de développement humain. Une telle transformation exige une vision stratégique, une gouvernance exemplaire et un engagement durable de l'État pour faire des IDE non plus un simple flux de capitaux, mais un pilier du développement national.

Analyse de l'évolution d'Aide Publique au Développement (APD) en RDC

L'Aide Publique au Développement (APD) correspond aux décaissements nets de dons bilatéraux, de prêts concessionnels et d'assistance technique, ainsi que de flux multilatéraux, effectués à des conditions concessionnelles par des organismes officiels, historiquement par des pays à revenu élevé tels que les pays membres de l'Organisation de Coopération et de Développement Economiques (OCDE) pour accroître l'aide au pays en sous-développement à la suite du retard persistant du développement humain dans les pays d'Afrique subsaharienne (Todaro et Smith, 2015).

Le graphique 14 donne l'évolution de l'aide publique au développement (APD) et des aides officielles reçues par la RDC de 1960 à 2021, exprimées en dollars courants. L'APD, qui comprend les dons et les prêts concessionnels des pays développés et des institutions internationales, a joué un rôle crucial dans l'histoire économique et sociale de la RDC, notamment dans les périodes de crise et de reconstruction.

Une dépendance croissante aux flux d'aide

Le graphique 14 indique qu'au cours des premières décennies après l'indépendance, l'aide reçue par la RDC reste modeste. Les années 1960 et 1970 marquent une relative stabilité des flux d'APD, reflétant des relations bilatérales traditionnelles et un financement limité de projets d'infrastructures et d'appui institutionnel. Cependant, cette aide est insuffisante pour prévenir la détérioration progressive des infrastructures et des services publics.

Les années 1990 représentent une phase de déclin sévère des flux d'aide, alors que la RDC plonge dans des conflits armés et des crises institutionnelles. L'APD nette par habitant atteint ses niveaux les plus bas, témoignant du désengagement de nombreux bailleurs face à l'instabilité politique et au chaos économique.

Graphique 14
Évolution d'aide publique au développement et aide officielle en RDC, 1960-2021

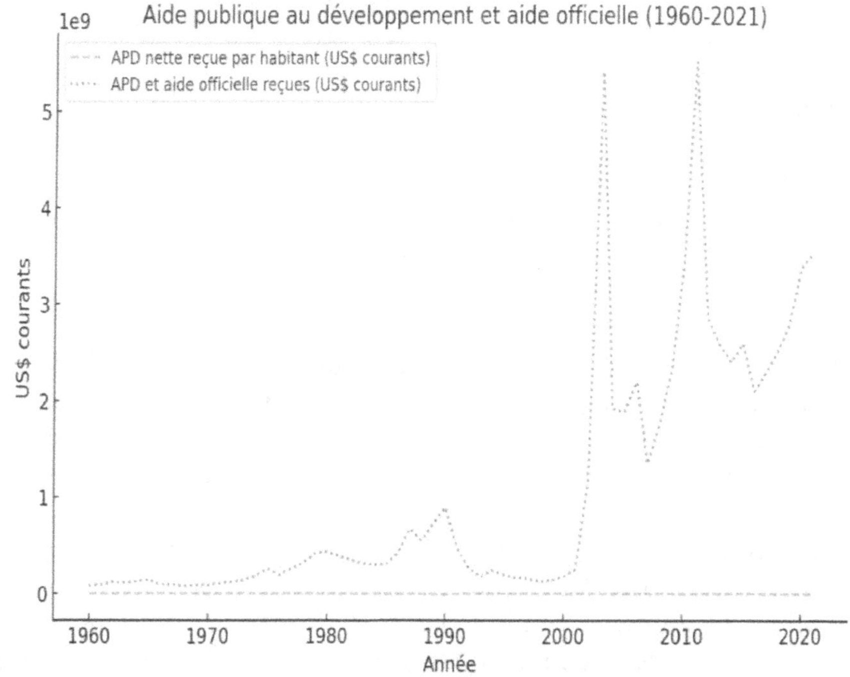

Source : Auteurs avec les données de la Banque Mondiale

Après 2000, une reprise spectaculaire de l'APD est observée, culminant dans les années 2010. Cette période coïncide avec les efforts internationaux pour stabiliser le pays après les guerres civiles. Les bailleurs de fonds, tels que la Banque mondiale et les Nations unies, intensifient leurs interventions pour financer des programmes de reconstruction, d'urgence humanitaire et de renforcement institutionnel. L'APD nette par habitant reste toutefois marginale par rapport aux besoins d'une population en forte croissance.

Depuis 2015, une stabilisation relative est observée, bien que les flux restent élevés. Cette situation traduit un engagement continu des partenaires internationaux pour soutenir le développement et la gouvernance en RDC.

L'aide publique au développement (APD) a occupé une place centrale dans le financement du développement de la RDC depuis les années 2000, particulièrement après la fin des grands conflits et la réintégration du pays dans les circuits internationaux de coopération.

Elle a permis de soutenir la reconstruction nationale, de financer les secteurs sociaux et d'accompagner les réformes institutionnelles. Cependant, malgré l'ampleur des flux reçus, l'efficacité de cette aide demeure limitée. Les progrès socio-économiques enregistrés restent modestes et fragiles, tandis que la dépendance à l'égard de l'aide extérieure continue d'entraver la consolidation d'une économie autonome et résiliente.

L'un des principaux défis réside dans la concentration excessive de l'APD sur les interventions d'urgence. Une grande partie de l'aide reçue a été affectée à des actions humanitaires et à la gestion des crises — guerres, catastrophes sanitaires, déplacements de populations — au détriment des investissements structurels de long terme. Cette approche, souvent dictée par la logique des bailleurs de fonds, a certes permis de répondre à des besoins immédiats, mais elle a laissé en suspens la question de la transformation économique durable. Les programmes ponctuels, déconnectés d'une vision nationale cohérente, ont contribué à fragmenter l'action publique et à affaiblir la planification du développement.

Un second obstacle majeur à l'efficacité de l'APD concerne la gestion inefficace des ressources et les faiblesses institutionnelles. La corruption, la lourdeur administrative et le manque de coordination entre les différentes agences publiques ont considérablement réduit l'impact réel des financements extérieurs. Une part non négligeable des fonds d'aide est souvent détournée ou utilisée à des fins non productives, réduisant la crédibilité de l'État et alimentant la méfiance des partenaires internationaux. De plus, la faible capacité technique des institutions nationales à planifier, exécuter et évaluer les projets financés par l'aide limite l'absorption des ressources disponibles.

L'accroissement de la dépendance structurelle à l'APD constitue un autre défi. Depuis le début des années 2000, la RDC s'est progressivement habituée à financer une grande partie de ses programmes publics grâce aux dons et aux prêts concessionnels. Si cette dépendance a permis de compenser la faiblesse de la mobilisation des ressources internes, elle a aussi affaibli les incitations à développer des solutions endogènes. L'économie congolaise s'est ainsi retrouvée piégée dans un cycle où l'aide remplace la fiscalité et où la planification nationale dépend de la disponibilité des fonds extérieurs. Cette dépendance freine la consolidation des institutions économiques locales et retarde l'émergence d'un État pleinement souverain dans ses choix budgétaires et stratégiques.

Les inégalités dans l'allocation géographique et sectorielle de l'APD accentuent également ses limites. L'aide tend à se concentrer dans certaines régions ou autour de projets emblématiques, sans coordination nationale véritable. Cette approche fragmentée réduit son effet multiplicateur et laisse de vastes zones du pays à l'écart des dynamiques de développement. L'absence de mécanismes efficaces de planification et de suivi empêche en outre d'évaluer correctement l'impact de l'aide sur la croissance, la réduction de la pauvreté ou la cohésion territoriale.

Les conséquences économiques et sociales de cette situation sont ambivalentes. Certes, l'augmentation des flux d'APD a permis de financer des secteurs vitaux tels que la santé, l'éducation et les infrastructures de base. Des progrès notables ont été observés dans la réduction de la mortalité infantile, l'accès à l'éducation primaire et la réhabilitation de certaines routes et hôpitaux. Toutefois, ces avancées demeurent fragiles et inégalement réparties. Les périodes d'intense aide internationale ont coïncidé avec des améliorations modestes des indicateurs sociaux, mais sans véritable changement structurel. En outre, la dépendance prolongée à l'aide a contribué à maintenir la RDC dans une posture d'attente, freinant la construction d'une économie nationale capable de se financer par ses propres moyens.

Pour améliorer l'efficacité et l'impact de l'APD, plusieurs orientations stratégiques s'imposent. La première consiste à renforcer la gouvernance et la transparence dans la gestion des flux d'aide. L'instauration de mécanismes de contrôle rigoureux, la publication des budgets et la participation accrue de la société civile peuvent restaurer la confiance des citoyens et des partenaires. La seconde orientation appelle à diversifier les sources de financement du développement. La RDC doit réduire sa dépendance à l'aide extérieure en mobilisant davantage de ressources internes, notamment par une réforme fiscale ambitieuse et une gestion plus efficace des revenus issus des ressources naturelles.

De plus, l'APD doit être réorientée vers des secteurs à fort effet d'entraînement, tels que l'agriculture, l'énergie et les infrastructures productives. Ces investissements, en stimulant la production locale et l'emploi, peuvent renforcer la base économique nécessaire à une croissance autonome. Une meilleure coordination entre les bailleurs de fonds et les institutions nationales est également indispensable. Aligner les projets d'aide sur les priorités du pays, plutôt que sur les agendas extérieurs, garantirait une plus grande cohérence des interventions et un meilleur suivi des résultats. Enfin, l'aide devrait viser explicitement le renforcement des capacités locales : former les administrations, moderniser les institutions et soutenir la gouvernance territoriale constituent des conditions essentielles pour que la RDC devienne progressivement moins dépendante de l'assistance internationale.

En définitive, l'aide publique au développement a joué un rôle crucial dans la reconstruction et le redressement post-conflit de la République Démocratique du Congo, mais son efficacité reste compromise par des faiblesses institutionnelles, une gouvernance déficiente et une dépendance prolongée. Le véritable enjeu n'est pas tant la quantité d'aide reçue que la qualité de son utilisation. Faire de l'APD un levier de développement durable suppose une réforme profonde de la gouvernance publique et un recentrage de l'aide sur le renforcement des capacités internes. C'est à cette condition que la RDC pourra transformer l'aide internationale en catalyseur d'autonomie économique plutôt qu'en substitut permanent à ses propres efforts de développement.

L'évolution de l'aide publique nette reçue par habitant en RDC

Le graphique 15 présente l'évolution de l'aide publique au développement (APD) nette reçue par habitant en RDC entre 1960 et 2021, exprimée en dollars américains courants. Ce type de financement reflète le soutien des bailleurs internationaux pour répondre aux besoins économiques, sociaux, et humanitaires du pays.

L'analyse de l'aide publique au développement (APD) reçue par habitant en RDC révèle les interactions complexes entre les dynamiques internes du pays et les priorités fluctuantes de la communauté internationale. Les tendances observées entre 1990 et 2021 traduisent à la fois la sensibilité de l'aide aux crises humanitaires et politiques, et les limites structurelles d'un modèle de développement dépendant des financements extérieurs. L'APD en RDC, loin de suivre une trajectoire linéaire, oscille selon les cycles de conflit, de reconstruction et de réforme, illustrant une relation ambivalente entre aide, stabilité et souveraineté économique.

Les années 1990 marquent une augmentation drastique de l'APD par habitant, culminant à environ 100 dollars en 2000. Ce pic exceptionnel s'explique principalement par la conjonction de deux phénomènes majeurs : les conflits armés internes et les crises humanitaires de grande ampleur. Les guerres civiles qui ont ravagé le pays à la fin des années 1990 — notamment la première guerre du Congo (1996–1997) et la deuxième (1998–2003) — ont suscité une mobilisation internationale sans précédent. L'effondrement des institutions publiques, les déplacements massifs de populations, la destruction des infrastructures et la multiplication des épidémies ont conduit à un afflux massif d'aides humanitaires. Les bailleurs internationaux, soucieux de stabiliser la région, ont concentré leurs efforts sur l'assistance d'urgence, la reconstruction post-conflit et le soutien aux opérations de maintien de la paix.

Graphique 15
L'aide publique nette reçue par habitant en RDC, 1960-2021

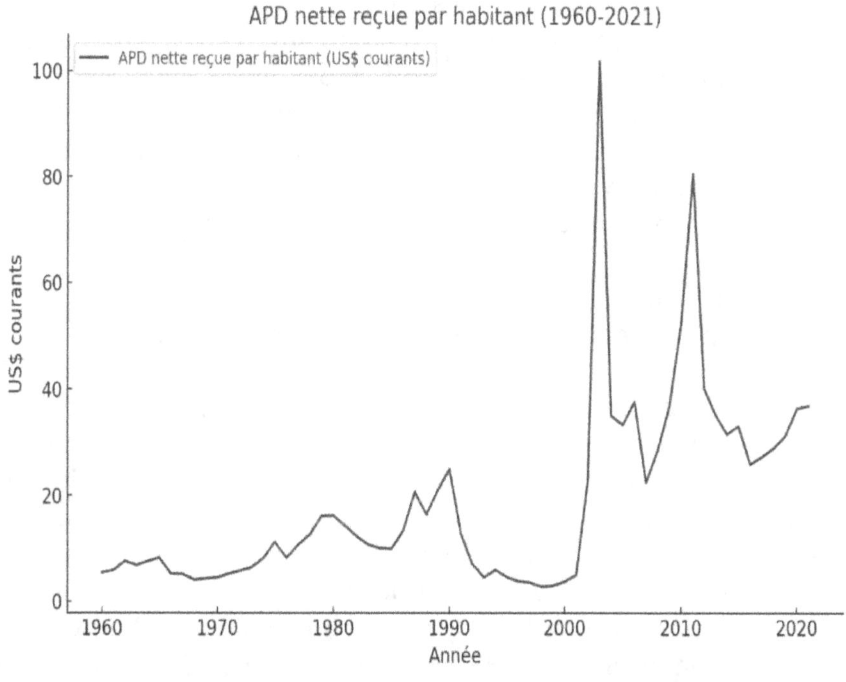

Source : Auteurs avec les données de la Banque Mondiale

Cependant, cette explosion de l'aide ne s'est pas traduite par une amélioration durable des conditions de vie. La majorité des fonds reçus pendant cette période étaient destinés à des interventions d'urgence, souvent temporaires et faiblement intégrées dans une stratégie nationale de développement. L'APD, bien que quantitativement élevée, a ainsi joué un rôle de stabilisation conjoncturelle plutôt qu'un levier structurel de transformation.

À partir des années 2000, l'APD par habitant entre dans une phase de volatilité marquée, caractérisée par des cycles alternant hausses et baisses, selon les priorités des bailleurs et le contexte politique interne. Ces fluctuations traduisent d'abord les changements dans les stratégies d'allocation des donateurs. Après les premières années de reconstruction, une part croissante de l'aide a été réorientée vers des programmes de long terme, tels que la gouvernance, la réforme institutionnelle, la lutte contre la pauvreté et la promotion de la paix. Cette mutation a permis de stabiliser les flux, mais au prix d'une baisse des ressources disponibles pour les besoins immédiats.

La volatilité de l'aide s'explique également par la dépendance persistante de la RDC aux situations de crise. Les pics d'APD coïncident presque toujours avec des épisodes de tension politique, de conflits régionaux ou de catastrophes humanitaires — par exemple les crises de l'est du pays ou les flambées d'épidémies telles qu'Ebola. À l'inverse, les périodes de relative accalmie entraînent une réduction des financements, révélant le caractère réactif plutôt que préventif de l'aide internationale. Cette dynamique conjoncturelle limite la prévisibilité budgétaire et complique la planification du développement à moyen terme.

Plusieurs facteurs structurels expliquent ces variations de l'APD. Les crises humanitaires et les conflits demeurent les déclencheurs principaux des pics d'aide, car ils mobilisent rapidement la solidarité internationale. Toutefois, l'instabilité politique chronique du pays réduit l'efficacité de cette aide et décourage certains donateurs, malgré l'ampleur des besoins. Par ailleurs, les réformes internationales jouent un rôle non négligeable : les priorités des bailleurs, influencées par les agendas géopolitiques, les politiques de sécurité ou les stratégies régionales, déterminent en grande partie les flux destinés à la RDC. Ainsi, l'aide humanitaire ou la coopération bilatérale tend à suivre les logiques de stabilisation régionale plutôt que les plans de développement nationaux.

Enfin, la forte croissance démographique du pays atténue considérablement l'impact de l'APD par habitant. Même lorsque les flux totaux d'aide augmentent, leur effet réel sur les conditions de vie reste limité, car la population croît à un rythme plus rapide que les ressources disponibles. L'aide, diluée par la démographie, peine donc à produire un effet visible sur les indicateurs sociaux tels que la pauvreté, la santé ou l'éducation.

En définitive, l'évolution de l'APD par habitant en RDC met en lumière une dépendance cyclique et une efficacité limitée. L'aide internationale a été cruciale pour répondre aux urgences et accompagner la reconstruction post-conflit, mais elle n'a pas permis de transformer les structures économiques et institutionnelles du pays. La durabilité du développement congolais ne peut reposer indéfiniment sur des interventions externes réactives. Elle nécessite la mise en place d'un cadre national de développement cohérent, capable d'orienter l'aide vers des objectifs de long terme, tout en renforçant la mobilisation des ressources domestiques.

Seule une articulation équilibrée entre assistance internationale, stabilité politique et renforcement des capacités internes permettra à la RDC de sortir du cycle d'urgence et de dépendance. L'enjeu, pour les décennies à venir, est de faire de l'APD non plus un instrument de survie, mais un catalyseur d'autonomie et de résilience nationale.

Analyse de la Croissance des Subventions en RDC

Le graphique 16 présente l'évolution des subventions (hors coopération technique) et des subventions pour la coopération technique reçues par la RDC entre 1960 et 2021, exprimées en dollars américains courants. Ces subventions reflètent des flux financiers et de soutien technique fournis par des bailleurs de fonds internationaux pour appuyer le développement économique, institutionnel et social du pays.

L'évolution des subventions extérieures, qu'elles soient ou non liées à la coopération technique, constitue un indicateur clé de la trajectoire du financement du développement en RDC. Ces transferts, principalement octroyés par les bailleurs internationaux, traduisent la manière dont la communauté internationale a soutenu — ou délaissé — le pays à travers les cycles d'instabilité, de reconstruction et de réforme. Le graphique 16 met en évidence une tendance marquée : une croissance spectaculaire des subventions hors coopération technique à partir des années 2000, contrastant avec la relative stabilité des subventions de coopération technique. Cette évolution reflète la transformation du rôle de l'aide extérieure, passée d'un appui institutionnel modeste à un financement massif de la reconstruction post-conflit et des projets d'infrastructure.

Graphique 16
Les subventions et coopération technique en RDC, 1960-2021

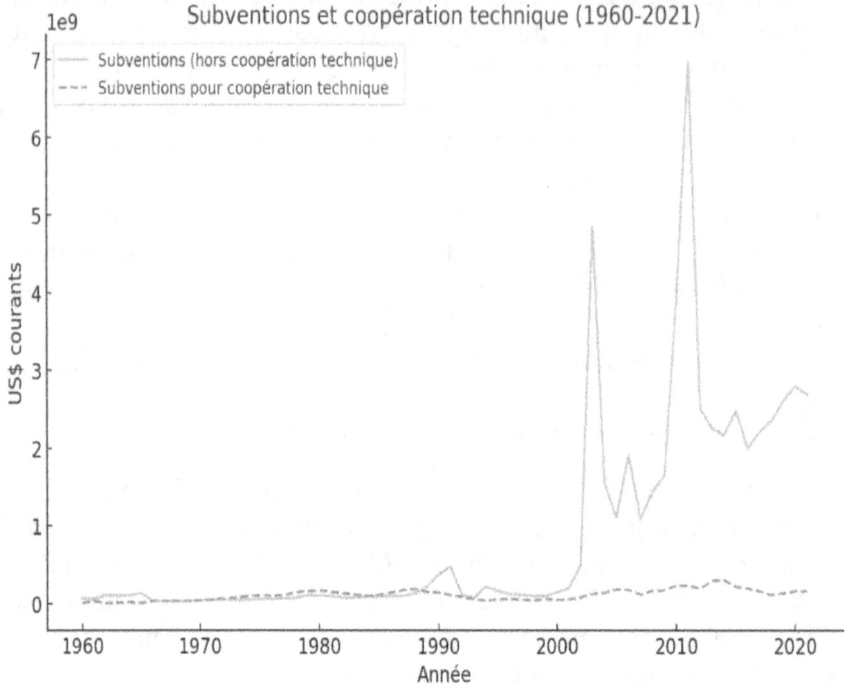

Source : Auteurs avec les données de la Banque Mondiale

Entre 1960 et 1980, les flux de subventions se caractérisent par une stabilité relative. Durant les deux premières décennies post-indépendance, la RDC bénéficie d'un volume modeste mais régulier de transferts financiers, essentiellement destinés à des projets ciblés dans les domaines de l'infrastructure, de l'éducation et de l'appui institutionnel. L'économie, bien qu'encore fragile, reste fonctionnelle, et les subventions accompagnent les efforts de structuration de l'État et de modernisation des institutions publiques. Les subventions liées à la coopération technique, telles que celles destinées à la formation de cadres ou à l'assistance administrative, demeurent limitées mais cohérentes, traduisant une volonté de consolider les compétences locales plutôt que d'injecter massivement des capitaux.

Cette dynamique s'effondre au cours de la décennie suivante. Entre 1990 et 2000, les flux de subventions, notamment hors coopération technique, connaissent une chute drastique. Les crises politiques et économiques, la corruption systémique et surtout les guerres civiles successives provoquent un désengagement presque total des bailleurs de fonds. Les institutions multilatérales suspendent de nombreux programmes, et les partenaires bilatéraux réduisent leurs engagements, privilégiant les interventions humanitaires d'urgence au détriment des projets de développement. La coopération technique subsiste, mais à un niveau marginal, souvent limité à des actions ponctuelles menées par des ONG ou des agences spécialisées. Cette période symbolise la rupture du contrat de confiance entre la RDC et ses partenaires internationaux.

La tendance s'inverse radicalement après 2000. Les années 2000 à 2010 constituent une phase d'explosion sans précédent des subventions hors coopération technique, qui atteignent près de sept milliards de dollars autour de 2010. Ce bond spectaculaire coïncide avec la fin des grands conflits, la signature des accords de paix et la mise en place d'un gouvernement de transition soutenu par la communauté internationale. Les bailleurs multilatéraux et bilatéraux relancent leurs programmes de coopération et injectent des ressources considérables pour financer la reconstruction des infrastructures, la stabilisation des institutions et le renforcement des services publics. Ces subventions massives deviennent alors un pilier central du financement public congolais, compensant la faiblesse des recettes domestiques et le manque de capitaux privés.

Toutefois, cette phase d'expansion rapide s'accompagne de nouveaux défis. Si les subventions hors coopération technique ont permis de réhabiliter des routes, des hôpitaux et des écoles, leur impact structurel reste limité. L'essentiel de ces fonds est orienté vers des projets spécifiques — souvent à court terme — sans intégration dans une stratégie de développement global. L'absence de coordination entre bailleurs et institutions nationales entraîne une fragmentation des interventions, tandis que la faiblesse des capacités administratives compromet la mise en œuvre et le suivi des projets.

Depuis 2010, la tendance se stabilise à des niveaux élevés, bien que légèrement décroissants après 2015. Cette relative stabilisation traduit un ajustement des bailleurs, désormais plus sélectifs dans leurs engagements, privilégiant les programmes sectoriels et les mécanismes de financement conditionnel. En revanche, les subventions pour la coopération technique demeurent faibles et stables sur l'ensemble de la période. Leur rôle reste complémentaire : elles fournissent une expertise, soutiennent la formation et appuient la réforme des institutions, mais leur poids financier est marginal face aux transferts massifs orientés vers les projets d'infrastructure et de reconstruction.

Les implications de cette évolution sont multiples. D'abord, la focalisation accrue sur des projets spécifiques — souvent liés aux urgences humanitaires ou à la reconstruction post-conflit — a permis d'obtenir des résultats visibles à court terme, mais au détriment d'un impact durable sur les capacités productives et institutionnelles du pays. Ensuite, le rôle limité de la coopération technique souligne une faiblesse structurelle : la dépendance de la RDC à des financements directs pour répondre à des besoins immédiats, plutôt qu'à des investissements destinés à renforcer les compétences nationales et la gouvernance publique. Enfin, la gestion et l'absorption de ces fonds constituent un défi récurrent. L'explosion des subventions hors coopération technique a souvent dépassé la capacité administrative du pays à les planifier, à les suivre et à en garantir la transparence. La corruption, la mauvaise gestion et la faible coordination interinstitutionnelle ont réduit l'efficacité de ces ressources, limitant leur contribution au développement à long terme.

En somme, la croissance des subventions à partir des années 2000 illustre à la fois la générosité internationale et la fragilité de la gouvernance congolaise. Si ces transferts ont été essentiels pour la stabilisation du pays et la relance des services publics après des décennies de crise, ils n'ont pas permis de bâtir une base économique autonome ni de renforcer suffisamment les institutions. L'enjeu, aujourd'hui, est de passer d'une logique d'assistance à une logique de partenariat, dans laquelle les subventions ne remplacent pas les ressources internes, mais les complètent dans le cadre d'une stratégie nationale de développement cohérente et durable.

Analyse de l'évolution des Réserves et paramètres financiers

Analyse de l'évolution des Réserves

Le graphique 17 présente l'évolution des réserves en mois d'importations de la RDC entre 1960 et 2021. Cet indicateur mesure la capacité du pays à financer ses importations grâce aux réserves de devises étrangères disponibles. Il est essentiel pour évaluer la stabilité économique d'un pays et sa capacité à résister aux chocs externes, comme les variations des prix des matières premières ou les crises économiques mondiales.

Graphique 17
Les réserves en mois d'importations en RDC, 1960-2021

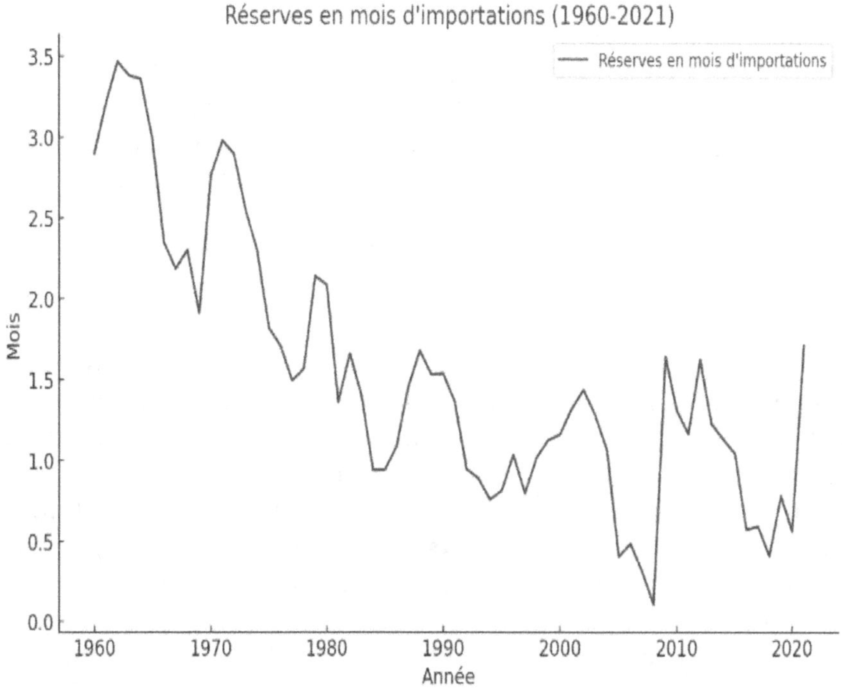

Source : Auteurs avec les données de la Banque Mondiale

L'évolution des réserves internationales de la RDC offre un miroir fidèle de son parcours économique depuis l'indépendance, reflétant à la fois les cycles d'expansion et de crise, les chocs externes liés aux prix des matières premières et les conséquences des choix politiques internes. Le graphique 17 met en évidence une trajectoire marquée par de fortes fluctuations, où les périodes de stabilité apparente cèdent régulièrement la place à des phases de déclin abrupt, avant une reprise fragile et dépendante des aléas du marché mondial. Ces réserves, mesurées en mois d'importations, traduisent la capacité du pays à faire face à ses obligations extérieures et constituent un indicateur clé de sa résilience macroéconomique.

Entre 1960 et 1980, la RDC connaît une période de relative stabilité, durant laquelle ses réserves oscillent entre 2,5 et 3,5 mois d'importations. Ce niveau, considéré comme satisfaisant pour une économie à forte composante minière, témoigne d'un équilibre global de la balance des paiements. Les recettes d'exportation issues du cuivre, du cobalt et d'autres minerais assurent un approvisionnement régulier en devises étrangères, permettant de financer les importations et de stabiliser la monnaie. Cette période correspond également à un moment où l'État conserve encore une certaine discipline budgétaire et où la production minière reste soutenue par les infrastructures héritées de l'époque coloniale. Malgré une gouvernance déjà centralisée et peu transparente, les excédents commerciaux liés aux exportations de minerais permettent de maintenir un niveau de réserves jugé robuste pour un pays à revenu intermédiaire.

À partir des années 1980, cette stabilité s'effrite progressivement. Les réserves internationales commencent à diminuer, tombant en dessous de deux mois d'importations dans les années 1990. Ce déclin progressif s'explique par la conjonction de plusieurs facteurs structurels et conjoncturels. D'abord, la chute des prix des matières premières sur le marché mondial, notamment du cuivre, entraîne une forte contraction des recettes d'exportation. Ensuite, la mise en œuvre de politiques économiques inefficaces, telles que la « zaïrianisation » — politique de nationalisation mal préparée et mal exécutée —, désorganise profondément le secteur privé et affaiblit l'appareil productif. Enfin, les crises politiques et les conflits armés de la décennie 1990 achèvent de désarticuler l'économie nationale : la production s'effondre, les infrastructures sont détruites et les investisseurs étrangers fuient un environnement devenu totalement imprévisible. Les réserves chutent alors à des niveaux critiques, illustrant la perte de contrôle de l'État sur les équilibres macroéconomiques fondamentaux.

Le début des années 2000 marque une période d'effondrement et de volatilité extrême. Les réserves de change atteignent parfois des niveaux inférieurs à un mois d'importations, signalant une vulnérabilité aiguë de la position extérieure du pays. Cette situation découle non seulement de la lenteur de la reprise post-conflit, mais aussi de la faiblesse chronique de la mobilisation des ressources fiscales et d'une gestion budgétaire inefficace. L'État, dépendant de l'aide internationale et des financements concessionnels, peine à stabiliser la monnaie et à garantir la continuité des paiements extérieurs. L'économie congolaise évolue alors dans un contexte d'instabilité monétaire, marqué par la dollarisation partielle, la fuite des capitaux et une confiance limitée dans les institutions financières nationales.

À partir de 2010, une reprise progressive des réserves s'observe, avec un retour à environ deux mois d'importations en 2021. Cette amélioration relative s'explique par plusieurs facteurs. D'une part, la stabilisation politique et institutionnelle issue des accords de paix favorise un regain de confiance des partenaires extérieurs et la reprise de certains flux d'investissement. D'autre part, la hausse des prix mondiaux du cuivre et du cobalt — stimulée par la demande internationale, notamment dans les industries de la transition énergétique — permet d'accroître les recettes d'exportation et d'alimenter les réserves en devises. Enfin, l'intervention du Fonds monétaire international (FMI), notamment à travers l'allocation de droits de tirage spéciaux (DTS), contribue ponctuellement à renforcer la position extérieure du pays. Cette amélioration, bien que significative, reste toutefois fragile, car elle repose essentiellement sur des facteurs externes et non sur un renforcement durable des fondements économiques internes.

Les facteurs explicatifs de ces variations révèlent la dépendance structurelle de la RDC à ses exportations minières. Les recettes tirées du secteur extractif constituent la principale source de devises, rendant le pays extrêmement vulnérable aux fluctuations des prix des matières premières. L'absence de diversification économique — en particulier le faible développement de l'agriculture industrielle, du tourisme et des services — empêche la création de sources alternatives de revenus en devises. Par ailleurs, les cycles de conflit et d'instabilité politique ont gravement perturbé les chaînes de production et désorganisé les échanges commerciaux, réduisant la capacité du pays à accumuler des réserves. Enfin, les reprises ponctuelles observées dans les années 2010 doivent beaucoup à l'appui financier extérieur et à la coopération multilatérale, soulignant la dépendance persistante de la RDC à l'aide internationale pour maintenir sa stabilité macroéconomique.

Ainsi, l'évolution des réserves internationales de la RDC illustre une économie marquée par une instabilité chronique, tiraillée entre des périodes de prospérité minière et des phases d'effondrement institutionnel. Si la reprise récente témoigne d'un retour à une certaine normalité financière, elle demeure précaire et tributaire des dynamiques mondiales sur lesquelles le pays exerce peu de contrôle. Le véritable défi réside désormais dans la capacité de la RDC à renforcer sa résilience externe à travers la diversification de ses exportations, la gestion prudente de ses recettes minières et le développement de secteurs générateurs de devises stables. C'est à cette condition qu'elle pourra stabiliser durablement ses réserves et consolider son autonomie économique dans un environnement mondial de plus en plus incertain.

Analyse de l'évolution des paramètres financiers

Le graphique 18 présente l'évolution des investissements en portefeuille et des investissements en actions en RDC entre 1960 et 2021, exprimés en dollars courants. Ces flux d'investissement sont des indicateurs cruciaux pour évaluer l'attractivité économique et financière du pays sur la scène internationale.

L'évolution des investissements en portefeuille et en actions en RDC reflète l'instabilité chronique de son environnement économique et institutionnel, ainsi que la faiblesse persistante de son intégration dans les marchés financiers internationaux. Les données du graphique 18 montrent une trajectoire dominée par la stagnation, le déclin et la volatilité, avec seulement quelques épisodes de reprise liés à des facteurs conjoncturels. Cette évolution met en évidence la fragilité du système financier congolais et l'incapacité du pays à mobiliser durablement les capitaux privés étrangers pour financer son développement.

Entre 1960 et 1990, la RDC traverse une longue période de stagnation durant laquelle les investissements en portefeuille et en actions demeurent pratiquement nuls. Cette situation découle d'une économie peu ouverte aux flux financiers internationaux et dépourvue de marchés financiers locaux structurés. Le cadre politique et économique de l'époque, marqué par une forte centralisation du pouvoir et une intervention massive de l'État dans l'économie, ne favorisait pas la création d'un environnement propice à l'investissement privé. Les politiques de nationalisation mises en œuvre sous la « zaïrianisation », censées promouvoir la souveraineté économique, se sont révélées inefficaces, entraînant la désorganisation du secteur productif et la fuite progressive des capitaux. Dans ce contexte, les acteurs financiers étrangers évitaient d'investir dans un pays où la réglementation était instable, la gouvernance déficiente et les perspectives de rentabilité incertaines.

Graphique 18
Les investissements en portefeuille et en actions en RDC, 1960-2021

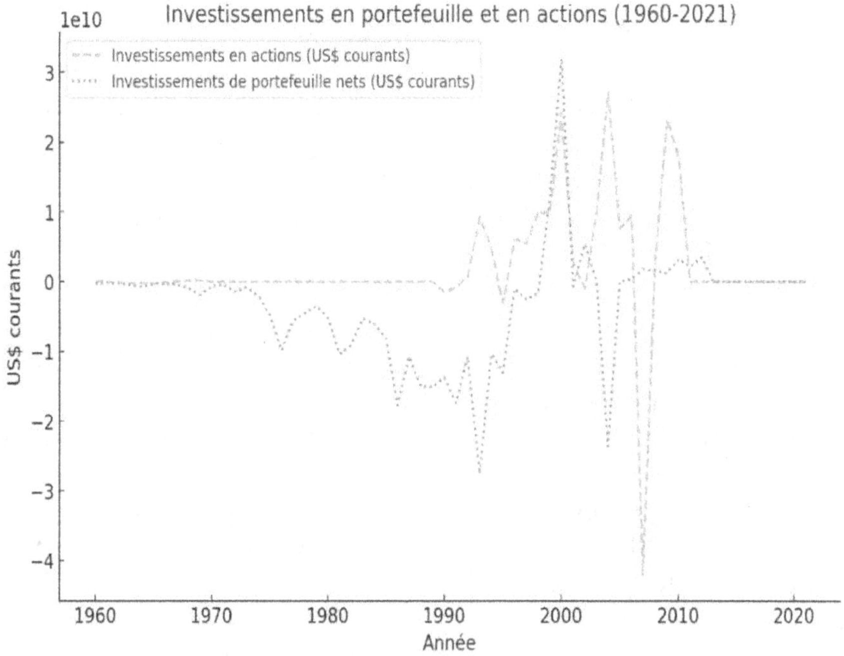

Source : Auteurs avec les données de la Banque Mondiale

La décennie 1990–2000 marque un déclin prononcé des investissements financiers, traduisant une perte totale de confiance des investisseurs dans l'économie congolaise. Les investissements en portefeuille nets deviennent négatifs, tombant à des niveaux inférieurs à deux milliards de dollars. Les guerres civiles, la corruption généralisée et l'effondrement des institutions publiques provoquent une fuite massive des capitaux. La dévaluation du zaïre, l'hyperinflation et la dégradation du climat des affaires réduisent encore davantage l'attractivité du pays. La RDC, en proie à une instabilité politique aiguë, se retrouve isolée des marchés financiers internationaux et dépendante de l'aide extérieure pour sa survie économique. Ces années de chaos laissent des séquelles profondes : une infrastructure financière quasi inexistante, un système bancaire affaibli et une économie informelle prédominante.

À partir des années 2000, une reprise progressive des investissements est observable, notamment dans le secteur des actions, bien que cette embellie demeure ponctuelle et volatile. Cette phase coïncide avec la fin des grands conflits, la réintégration du pays dans les circuits économiques internationaux et la mise en place de réformes visant à restaurer la stabilité macroéconomique. Le retour relatif de la paix, combiné à la hausse spectaculaire des prix des matières premières — en particulier du cuivre et du cobalt —, attire de nouveaux investisseurs, principalement orientés vers le secteur minier. Les entreprises étrangères s'impliquent alors dans des projets de grande envergure, souvent soutenus par des partenariats publics-privés ou des accords bilatéraux. Cependant, cette reprise reste étroitement liée à la conjoncture internationale et à la dynamique du secteur extractif, confirmant la dépendance structurelle de la RDC à l'exploitation de ses ressources naturelles. Les flux d'investissement demeurent instables, oscillant en fonction des cours mondiaux des minerais et de la perception du risque politique.

Depuis 2010, la tendance s'oriente vers une stagnation relative, avec des niveaux d'investissement en portefeuille et en actions demeurant faibles. Cette situation révèle les limites du modèle de croissance congolais et la difficulté du pays à diversifier ses sources de financement. Malgré une croissance économique soutenue par le secteur minier, la RDC ne parvient pas à établir un cadre institutionnel et financier capable d'attirer des capitaux à long terme. L'absence d'un marché boursier fonctionnel, d'instruments financiers modernes et de mécanismes de régulation crédibles empêche le développement d'un marché de capitaux dynamique. Par ailleurs, les incertitudes politiques récurrentes, la corruption persistante et la lourdeur administrative dissuadent les investisseurs institutionnels étrangers, même dans les périodes où les prix des matières premières sont favorables.

Les facteurs structurels expliquant ces tendances sont multiples et interdépendants. L'instabilité politique et les cycles de conflit ont profondément altéré la perception du pays en tant que destination sûre pour les investissements. La dépendance exclusive aux ressources naturelles, en particulier au secteur minier, concentre les capitaux dans un seul segment de l'économie, limitant ainsi la diffusion des bénéfices à d'autres secteurs tels que l'agriculture, les services ou l'industrie manufacturière. L'absence de marchés financiers domestiques fonctionnels — aucune bourse active, peu de sociétés cotées, et un cadre réglementaire embryonnaire — restreint la possibilité pour les investisseurs étrangers d'engager des fonds dans des actifs financiers locaux. Enfin, les problèmes structurels de gouvernance, la faiblesse de l'État de droit et la prévisibilité limitée des politiques publiques continuent de compromettre la confiance des acteurs économiques.

Ainsi, l'évolution des investissements en portefeuille et en actions en RDC illustre la fragilité persistante du système financier national et la dépendance du pays à des capitaux volatils liés à l'exploitation minière. Malgré les efforts de stabilisation engagés depuis les années 2000, la RDC reste en marge des flux financiers mondiaux, faute d'institutions solides et d'une stratégie claire d'intégration financière. Le défi consiste désormais à bâtir les fondations d'un marché de capitaux local, à renforcer la transparence du cadre réglementaire et à encourager la diversification sectorielle. Seule une telle transformation permettra de canaliser l'investissement financier vers des projets productifs et durables, capables de soutenir la croissance économique et de réduire la vulnérabilité du pays face aux cycles internationaux.

L'évolution des flux d'Aide bilatéral et multilatéral en RDC

L'aide étrangère est le transfert international de fonds publics sous forme de prêts ou de subventions soit directement d'un gouvernement à un autre (assistance bilatérale) soit indirectement par l'intermédiaire d'une agence d'assistance multilatérale telle que la Banque mondiale ou le Fonds Monétaire International (FMI) (Todaro et Smith, 2015).

Le graphique 19 présente l'évolution des flux d'aide bilatérale accordée à la RDC par trois principaux donateurs : l'Allemagne, la Belgique, et les institutions de l'Union européenne (UE), entre 1960 et 2021. Ces flux, exprimés en dollars courants, mettent en évidence les dynamiques d'assistance financière internationale et leur corrélation avec les événements socio-politiques du pays.

L'évolution de l'aide bilatérale en RDC traduit les transformations profondes de la relation entre le pays et ses principaux partenaires extérieurs, tout en reflétant la dépendance structurelle du financement du développement à l'égard des dynamiques politiques et humanitaires. Les tendances observées entre 1960 et 2021 montrent une succession de phases de stabilité, de croissance, de volatilité et de consolidation, où les flux d'aide suivent de près les cycles d'instabilité interne et les réorientations stratégiques de la coopération internationale.

Graphique 19
Le flux d'aide bilatérale des principaux donateurs en RDC, 1960-2021

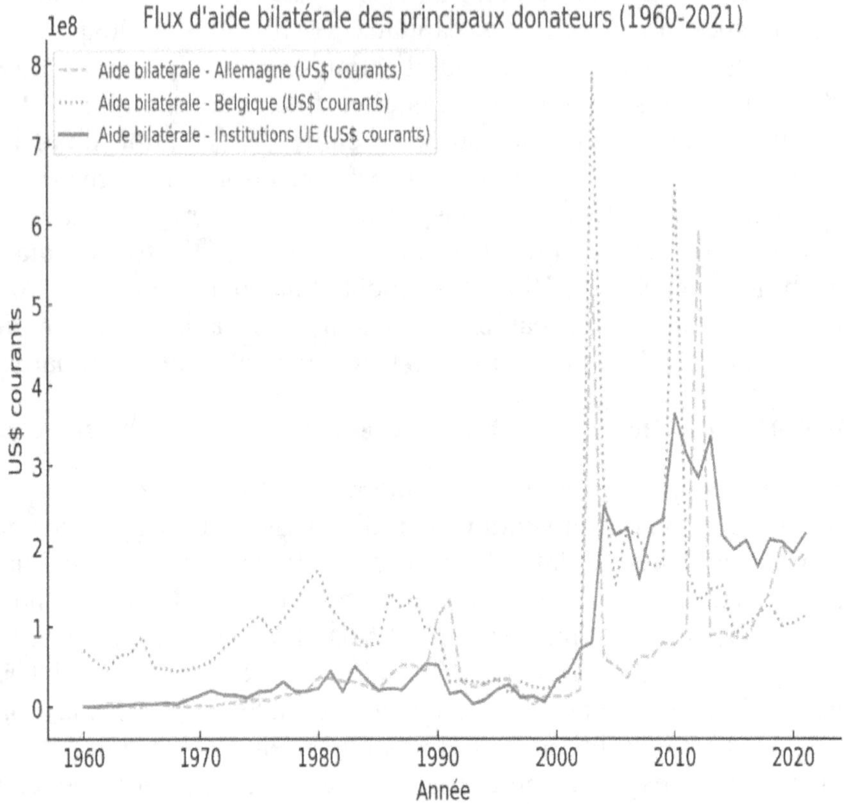

Source : Auteurs avec les données de la Banque Mondiale

Durant la phase initiale (1960–1980), les flux d'aide bilatérale demeurent relativement modestes mais stables. Cette période correspond aux premières décennies post-indépendance, marquées par une coopération encore fortement influencée par les liens historiques avec la Belgique. Les contributions belges, centrées sur le développement institutionnel et les infrastructures, visent à maintenir une continuité dans les relations économiques et techniques héritées de la période coloniale. D'autres partenaires, tels que l'Allemagne et les institutions européennes naissantes, jouent alors un rôle secondaire, apportant un soutien ponctuel, notamment dans les secteurs de la formation, de la santé et de la gouvernance publique. L'aide bilatérale, dans ce contexte, sert avant tout à accompagner la mise en place des structures administratives et à consolider l'État congolais encore jeune.

Les années 1980 marquent une croissance progressive des flux d'aide bilatérale, portée par l'accroissement de l'engagement des institutions européennes. Cette phase coïncide avec une prise de conscience croissante, parmi les partenaires internationaux, de la nécessité d'appuyer davantage les pays africains confrontés à la crise de la dette et à la détérioration de leurs infrastructures. En RDC, l'aide se concentre sur le financement de projets de développement économique et social, notamment dans les domaines des transports, de l'énergie et de la gestion administrative. Cependant, cette période est également marquée par une gouvernance défaillante et une corruption systémique qui limitent considérablement l'efficacité des interventions. Les fonds, souvent mal orientés ou détournés, ne parviennent pas à créer des effets durables sur la productivité ni à réduire la dépendance de l'État vis-à-vis de l'aide extérieure.

À partir des années 1990, la dynamique change radicalement. Le pays entre dans une phase d'augmentation spectaculaire et de forte volatilité des flux d'aide bilatérale, culminant autour de l'an 2000. Cette explosion de l'aide correspond à la conjonction de plusieurs crises — politiques, économiques et humanitaires — qui attirent une attention internationale accrue. Les guerres civiles successives, les déplacements massifs de populations et l'effondrement des services publics incitent les bailleurs à intensifier leur soutien, principalement sous forme d'aides d'urgence et de programmes de stabilisation post-conflit.

La Belgique, en tant qu'acteur historique, augmente ses contributions lors des périodes de crise aiguë, tout en maintenant une forte sélectivité dans ses engagements. Ces aides, bien que significatives en volume, se révèlent souvent ponctuelles et soumises à des conditionnalités politiques. L'Union européenne, de son côté, devient un acteur central, en élargissant son champ d'intervention au-delà de l'humanitaire pour inclure des programmes de gouvernance, de décentralisation et de lutte contre la pauvreté. Les aides allemandes, bien que plus modestes, suivent la même tendance, se concentrant sur des initiatives ciblées dans les domaines de la santé, de l'éducation et de la formation professionnelle. La période 1990–2010 illustre ainsi une tension constante entre la logique d'urgence humanitaire et la nécessité de reconstruire les bases structurelles de l'économie congolaise.

À partir de 2010, on observe une stabilisation relative des flux d'aide bilatérale, accompagnée d'une transformation qualitative des modes d'intervention. Cette décennie correspond à un moment de relative normalisation politique en RDC et à une volonté accrue des partenaires de replacer l'aide dans une perspective de développement durable. Les financements, quoiqu'encore fluctuants, tendent à se concentrer sur des programmes de gouvernance, de renforcement institutionnel et de lutte contre la pauvreté, plutôt que sur des interventions d'urgence. Les approches fondées sur les partenariats et la coordination des bailleurs se développent, notamment dans le cadre de l'Union européenne, qui cherche à harmoniser ses interventions et à renforcer l'appropriation locale. Toutefois, malgré cette réorientation, l'impact de l'aide reste tributaire de la qualité de la gouvernance nationale, de la transparence dans la gestion des ressources et de la stabilité politique.

Plusieurs facteurs déterminants expliquent ces fluctuations. D'abord, les crises politiques et humanitaires ont joué un rôle central dans la dynamique de l'aide bilatérale : chaque épisode de conflit majeur ou de crise sociale s'accompagne d'une augmentation des engagements internationaux, suivie de phases de repli dès que la situation se stabilise. Ensuite, les relations historiques, notamment avec la Belgique, continuent d'influencer la structure et les priorités de la coopération bilatérale. Par ailleurs, l'engagement croissant des institutions européennes témoigne d'une volonté de mutualiser les efforts pour accroître la cohérence et la visibilité de l'aide. Enfin, les conditions politiques et économiques internes demeurent un facteur clé : la capacité du gouvernement congolais à garantir la transparence et la stabilité conditionne la continuité des flux financiers et la confiance des partenaires internationaux.

En définitive, l'évolution de l'aide bilatérale en RDC illustre une relation complexe et asymétrique entre le pays et ses partenaires, oscillant entre solidarité humanitaire et dépendance structurelle. Si les flux d'aide ont joué un rôle déterminant dans la reconstruction et le maintien des services publics, leur impact sur le développement à long terme demeure limité par les contraintes institutionnelles internes et les logiques d'urgence qui ont longtemps dominé la coopération internationale. Pour que cette aide devienne un véritable levier de transformation, la RDC devra consolider ses institutions, renforcer la gouvernance financière et inscrire les partenariats bilatéraux dans une vision nationale cohérente de développement durable et autonome.

L'analyse des tendances macroéconomiques en RDC révèle une économie marquée par des périodes de crises prolongées, une volatilité chronique et des avancées insuffisantes vers un développement durable.

Bien que le pays dispose d'abondantes ressources naturelles, il s'essouffle pour transformer ce potentiel en croissance inclusive et résiliente. Les dynamiques analysées dans les différents secteurs de l'économie, qu'il s'agisse du PIB, des investissements, de l'épargne ou des flux d'aide extérieure, mettent en lumière des défis structurels majeurs qui freinent la RDC dans son chemin vers la prospérité. Les leçons tirées de cette analyse permettent de formuler des orientations stratégiques pour renforcer la trajectoire de développement du pays.

L'évolution du PIB par habitant met en évidence une trajectoire déclinante à partir des années 1970, suivie d'une stagnation qui a perduré jusqu'au début des années 2000. Cette tendance reflète une incapacité chronique à maintenir une croissance économique stable, exacerbée par des décennies de mauvaise gouvernance, de corruption et de conflits armés. Bien que la domination actuelle des services dans le PIB soit un signe d'urbanisation croissante, elle masque une fragilité structurelle puisque les secteurs agricoles et manufacturiers, pourtant essentiels pour diversifier l'économie et générer des emplois, restent marginalisés. Cette situation montre l'urgence de développer une économie diversifiée qui repose sur une base productive plus solide.

L'investissement, tel que mesuré par la formation brute de capital fixe et la formation brute de capital, a montré des niveaux historiquement faibles, particulièrement durant les périodes de conflits. Ce manque d'investissements productifs a freiné le développement des infrastructures nécessaires pour soutenir une industrialisation durable et attirer davantage d'investissements privés. De plus, les faibles flux d'investissements en portefeuille et en actions reflètent une méfiance des investisseurs étrangers vis-à-vis du climat d'affaires du pays, marqué par une instabilité juridique et des obstacles bureaucratiques.

L'analyse des flux d'aide publique au développement (APD) souligne une dépendance significative à l'égard des financements extérieurs, en particulier pendant les périodes de crises humanitaires et de reconstruction post-conflit. Bien que ces aides aient permis de répondre aux besoins immédiats, leur impact durable reste limité en raison de la corruption, d'une gestion inefficace et d'une faible capacité d'absorption institutionnelle. Cette dépendance expose également la RDC à une vulnérabilité accrue, car les flux d'aide sont souvent influencés par les priorités des donateurs plutôt que par les besoins structurels du pays.

Les faibles niveaux d'épargne intérieure brute et de réserves de change montrent une résilience économique limitée face aux chocs externes, tels que les fluctuations des prix des matières premières. Cette volatilité macroéconomique est aggravée par une dépendance excessive aux exportations de ressources minières, qui constitue à la fois une force et une faiblesse pour l'économie congolaise. Les recettes d'exportation, bien qu'importantes, n'ont pas été efficacement réinvesties pour soutenir la diversification économique ou pour accumuler des réserves permettant de stabiliser l'économie en période de crise.

Face à ces constats, il est crucial que la RDC s'engage dans un processus de transformation économique basé sur des réformes structurelles et une stratégie de développement inclusive. La diversification économique doit être une priorité. Cela implique de moderniser l'agriculture pour en faire un moteur de croissance inclusive, de promouvoir l'industrie manufacturière pour augmenter la valeur ajoutée locale et de développer des services à forte valeur, comme les technologies de l'information et le tourisme. Ces efforts doivent s'accompagner d'investissements massifs dans les infrastructures de base, notamment les routes, l'électricité et les réseaux de communication, pour soutenir les activités productives et relier les zones rurales aux marchés.

La gouvernance économique doit être renforcée pour restaurer la confiance des citoyens et des investisseurs. Cela passe par une gestion plus transparente des finances publiques, en particulier des revenus miniers, et par une lutte active contre la corruption. Une collecte fiscale plus efficace permettrait au gouvernement de mobiliser davantage de ressources nationales pour financer des projets de développement prioritaires, réduisant ainsi la dépendance à l'égard de l'aide extérieure. L'implication des institutions locales et des parties prenantes dans la planification et la mise en œuvre des politiques économiques est également essentielle pour garantir leur durabilité et leur appropriation.

Les réformes visant à attirer les investissements privés doivent être approfondies. Cela inclut la simplification des démarches administratives, la garantie de la sécurité juridique et la protection des investissements étrangers. La mise en place d'un marché boursier national pourrait offrir des opportunités de financement à long terme pour les entreprises locales et attirer des capitaux étrangers. Par ailleurs, les partenariats public-privé pourraient être mobilisés pour financer des projets d'infrastructures critiques, tout en répartissant les risques entre le secteur public et le secteur privé.

L'investissement dans le capital humain est indispensable pour soutenir cette transformation économique. Cela implique d'améliorer l'accès à une éducation de qualité, notamment dans les domaines techniques et scientifiques, pour répondre aux besoins de main-d'œuvre qualifiée dans une économie diversifiée. Le renforcement du système de santé est tout aussi essentiel pour accroître la productivité et réduire la vulnérabilité sociale. La promotion de l'égalité des genres dans les opportunités économiques peut également débloquer un potentiel sous-exploité et contribuer à une croissance plus équitable.

Enfin, la coopération internationale doit évoluer vers un soutien mieux aligné sur les priorités nationales, avec une focalisation sur les projets durables et les réformes institutionnelles. Bien que l'aide extérieure reste cruciale à court terme, l'objectif ultime doit être de réduire progressivement la dépendance aux financements internationaux en construisant une économie autonome et résiliente.

En conclusion, les tendances macroéconomiques de la RDC montrent une économie riche en potentiel mais entravée par des défis structurels persistants. Pour transformer ces défis en opportunités, il est impératif d'adopter une stratégie intégrée axée sur la diversification économique, le renforcement institutionnel et l'investissement dans le capital humain. Avec des réformes cohérentes et inclusives, la RDC peut poser les bases d'une croissance durable et équitable, capable de répondre aux aspirations de sa population croissante et de la positionner comme un acteur clé en Afrique et dans le monde.

LA PLACE DE LA RDC DANS LA COMPLEXITÉ ÉCONOMIQUE ET SES IMPLICATIONS POLITIQUES

1. Introduction

La « complexité économique » désigne la sophistication d'une économie en fonction de la diversité et de la technicité de ses exportations. Cet indicateur, développé par des chercheurs de Harvard et du MIT, est synthétisé par l'indice de complexité économique (ICE ou ECI en anglais). En termes simples, il mesure le niveau de connaissances productives incorporées dans les biens qu'un pays est capable de produire et d'exporter. Un pays affichera un indice élevé s'il exporte une vaste gamme de produits à haute valeur ajoutée (électronique, machines, produits manufacturés complexes, etc.), alors qu'un pays exportant essentiellement des matières premières ou des produits peu transformés aura un indice faible. Ce concept est important car des études ont montré une corrélation positive entre une plus grande complexité économique et une croissance à long terme plus rapide et inclusive. En effet, des exportations plus complexes que prévu pour le niveau de revenu d'un pays tendent à accélérer la croissance de son PIB par habitant et à réduire les inégalités. À l'inverse, une économie peu diversifiée et concentrée sur quelques produits basiques risque de voir sa croissance plafonner et de subir plus fortement les chocs externes (comme les fluctuations des cours mondiaux des matières premières).

2. Une position alarmante de la RDC dans les classements

La RDC apparaît comme l'une des économies les moins complexes au monde. D'après l'indice ECI, la RDC se situait tout en bas du classement international ces dernières années : avant-dernière sur l'échelle mondiale selon certaines estimations, se classant par exemple 131e sur 133 pays étudiés en 2023. Autrement dit, quasiment *aucun* autre pays n'affiche une complexité économique inférieure à celle de la RDC. Cette piètre position s'explique par une faible diversification de l'économie congolaise. Ses exportations restent dominées par un très petit nombre de produits bruts : le cuivre, le cobalt, le pétrole et quelques autres minerais représentent à eux seuls plus de 92 % des exportations totales du pays. En se reposant quasi exclusivement sur la vente de matières premières non transformées, la RDC n'engrange pas les bénéfices d'une industrialisation diversifiée – d'où un score de complexité exécrable.

Il est à noter que la situation de la RDC s'est dégradée au fil du temps sur ce plan. Sur la dernière décennie, le pays a encore perdu des places dans le classement de complexité économique, signe que son économie est devenue *moins* intelligente et donc moins diversifiée qu'auparavant. En 1995, la RDC figurait déjà parmi les derniers, et elle a continué de reculer relativement aux autres nations jusqu'à aujourd'hui. Plusieurs facteurs expliquent ce recul : la montée en puissance d'autres pays émergents qui ont diversifié leurs exportations (réduisant d'autant le rang relatif du Congo), mais aussi le manque de progrès interne en RDC en matière d'industrialisation hors secteur minier. En fait, la transformation structurelle de l'économie congolaise n'a toujours pas véritablement commencé : le pays n'a pas opéré la transition classique de l'agriculture vers l'industrie légère puis lourde, qui caractérise le développement économique soutenu. Par exemple, la RDC n'a pas développé de filière textile d'exportation significative, ni d'industrie manufacturière électronique ou d'assemblage de machines – étapes par lesquelles sont passés nombre de pays à revenu intermédiaire. Cette absence de tissu industriel diversifié maintient l'économie dans un état de vulnérabilité et de dépendance aux ressources de base.

Historiquement, l'économie congolaise a toujours été axée sur l'extraction de ses riches ressources minières (cuivre, or, uranium, coltan, diamants, etc.), d'abord sous l'ère coloniale belge puis après l'indépendance. Cette abondance en matières premières a souvent été décrite comme une « malédiction des ressources naturelles » – c'est-à-dire un frein paradoxal au développement, en décourageant l'émergence d'autres secteurs productifs. Les décennies de régime Mobutu (1965-1997), marquées par la corruption, la nationalisation maladroite d'entreprises (« zaïrianisation ») et la dilapidation des revenus miniers, ont laissé le pays exsangue industriellement. Les guerres et instabilités des années 1990-2000 ont encore aggravé la situation, détruisant des infrastructures et détournant l'attention des autorités du développement économique. Malgré quelques tentatives de relance (par exemple, la création de zones économiques spéciales dans les années 2010 pour attirer des industries agroalimentaires ou cimentières), la RDC n'a pas encore réussi à amorcer une diversification substantielle de son économie, ce que reflète son indice de complexité toujours très bas.

3. Comparaisons internationales : la RDC à la traîne

L'évolution de l'indice de complexité économique (ICE) de 1995 à 2021 pour plusieurs pays tirée des données de Harvard montre que la RDC est restée quasiment au dernier rang mondial de complexité au fil des ans, tandis que des pays comme la Chine ou le Vietnam ont nettement amélioré la sophistication de leurs exportations sur la même période. Par exemple, la Chine est passée d'un rang moyen en 1995 à la 18e place mondiale en 2021 grâce à une industrialisation rapide, et le Vietnam de la 107e à la 61e place, traduisant le développement de nouvelles filières manufacturières. En revanche, la RDC, stagne au 131e rang en 2021 (contre 122e en 1995), témoignant d'un retard persistant en matière de diversification et d'intelligence.

En comparaison régionale, la RDC fait figure d'exception négative même en Afrique. Des pays africains comme l'Afrique du Sud ou la Tunisie disposent d'économies plus diversifiées et affichent des indices de complexité bien supérieurs. L'Afrique du Sud – économie la plus industrialisée du continent – présentait ainsi un indice ECI avoisinant -0,15 en 2023, très au-dessus de celui de la RDC (environ -1,86 la même année). Des pays d'Afrique du Nord tels que la Tunisie ou le Maroc, grâce à leurs industries manufacturières (textile, automobile, agroalimentaire), se situent aussi dans le milieu du classement mondial, sans atteindre les sommets des pays développés mais nettement plus haut que la RDC. À l'opposé, d'autres économies exportatrices de ressources naturelles connaissent des problèmes similaires à ceux du Congo. Par exemple, le Nigeria, géant pétrolier africain, figure-lui aussi parmi les derniers du classement de complexité (ECI ~ -1,62) du fait de sa dépendance aux hydrocarbures. De même, des pays comme l'Angola, le Tchad ou la Guinée Équatoriale – riches en pétrole ou minerais – affichent une faible complexité économique, démontrant qu'une richesse naturelle abondante ne garantit pas un tissu productif sophistiqué. À l'échelle mondiale, ce sont au contraire les nations fortement industrialisées et technologiques qui dominent l'indice de complexité : le Japon occupe le premier rang avec un ECI d'environ +2,27, suivi par la Suisse (2,14), l'Allemagne (1,96) ou la Corée du Sud. Ces pays exportent une multitude de produits à haute technicité (machines-outils, automobiles, équipements électroniques, produits pharmaceutiques, etc.), reflétant des économies très diversifiées fondées sur le savoir-faire et l'innovation. L'écart est donc immense entre la RDC et les leaders mondiaux en la matière.

4. Promouvoir la culture de l'intelligence pour la production en RDC

Lorsqu'on évoque la faible complexité économique de la RDC, on se focalise souvent sur les chiffres des exportations ou la dépendance aux minerais.

Mais derrière ces indicateurs se cache une question plus profonde : quelle place accorde-t-on à l'intelligence dans la production des biens et services ?

Aujourd'hui, l'économie congolaise fonctionne encore largement comme une économie d'extraction. On sort le cuivre, le cobalt, le coltan, on les expédie bruts, et on importe ensuite les téléphones, les voitures électriques ou les ordinateurs dans lesquels ces minerais sont intégrés. Ce modèle traduit un déficit de culture de l'intelligence productive : la capacité d'un peuple à transformer son savoir, son ingéniosité et sa créativité en valeur ajoutée concrète.

L'intelligence productive n'est pas qu'une affaire de laboratoires de recherche ou de technologies de pointe. C'est aussi la capacité d'une société à relier ses savoirs traditionnels à des innovations modernes, à organiser ses artisans, à valoriser ses agriculteurs, à connecter ses universités et ses entreprises. En RDC, ce maillage est encore fragile. Les jeunes sortent d'université sans souvent trouver d'espaces où exercer leurs talents. Les savoirs locaux, qu'il s'agisse de techniques agricoles ou artisanales, restent rarement intégrés dans des chaînes de valeur modernes.

Pourtant, le potentiel est immense. La RDC dispose d'une jeunesse vibrante, d'une diaspora qualifiée, et d'une diversité culturelle qui pourrait nourrir mille formes d'innovation. Cultiver une véritable culture de l'intelligence signifierait mettre l'éducation au cœur du développement, encourager l'esprit critique, stimuler la recherche appliquée, créer des passerelles entre le savoir théorique et la pratique économique. C'est cette dynamique qui permettrait de voir émerger, non seulement des usines de batteries au cobalt, mais aussi des entreprises agroalimentaires compétitives, des start-ups numériques ancrées dans les réalités locales, ou encore des industries culturelles valorisant la richesse congolaise.

En somme, la complexité économique ne se résume pas à un indice. Elle reflète une culture collective de l'intelligence : comment une nation valorise ses cerveaux, organise ses savoirs et transforme ses idées en biens et services. Pour la RDC, développer cette culture est peut-être le pas décisif pour briser la malédiction de la dépendance aux ressources naturelles et engager enfin une trajectoire de prospérité partagée.

5. Conséquences et implications politiques

Le fait que la RDC possède une économie à complexité réduite a plusieurs implications préoccupantes. D'abord, cela rend le pays hautement vulnérable aux chocs externes. Étant donné que plus de 90 % des revenus d'exportation proviennent de quelques minerais, un effondrement des cours du cuivre ou du cobalt sur le marché mondial peut gravement ébranler toute l'économie congolaise. Cette absence de diversification affaiblit la résilience du pays face aux fluctuations des prix des matières premières et aux crises internationales. Ensuite, une faible complexité signifie que la RDC ne capitalise pas pleinement sur la valeur ajoutée de sa richesse naturelle. En exportant principalement des produits bruts (minerai de cuivre, cobalt non transformé, pétrole non raffiné, etc.), le pays réalise des gains limités, alors que la majeure partie de la chaîne de valeur (raffinage, fabrication de produits finis) se fait à l'étranger. Cela se traduit par des opportunités d'emplois et de revenus manquées pour la population congolaise, qui reste largement pauvre en dépit des immenses richesses du sous-sol. Enfin, une économie peu complexe tend à croître plus lentement sur le long terme. Si aucune mesure n'est prise, la RDC risque de demeurer dans le piège des pays à bas revenu dépendants de quelques ressources, sans montée significative en gamme de sa production.

Quelles politiques pour inverser la tendance ?

Face à ce diagnostic, les experts s'accordent sur la nécessité d'une stratégie volontariste de transformation économique. Voici quelques axes politiques majeurs qui pourraient aider la RDC à améliorer sa complexité économique au fil du temps :

- **Investir dans le capital humain :** renforcer l'éducation et la formation professionnelle afin de doter la main-d'œuvre des compétences nécessaires à l'émergence de secteurs plus technologiques et complexes (ingénierie, transformation industrielle, services avancés, etc.). Un personnel qualifié est indispensable pour attirer et développer des industries diversifiées.
- **Stimuler l'innovation et la R&D** : augmenter les financements dédiés à la recherche scientifique, à la technologie et à

l'innovation pour favoriser l'apparition de produits et services à plus haute valeur ajoutée. Cela pourrait passer par la création de centres de recherche, d'incubateurs de startups, et par des partenariats avec des universités.

- **Améliorer le climat d'investissement :** créer un environnement des affaires propice à l'entrepreneuriat et à l'investissement privé, en simplifiant les procédures administratives, en offrant des incitations fiscales ciblées et en facilitant l'accès au financement pour les PME. Attirer des investisseurs, locaux comme étrangers, dans des secteurs hors-mines (agro-industrie, manufacture, numérique) diversifierait la base productive.
- **Renforcer les partenariats public–privé :** encourager une collaboration étroite entre l'État congolais et le secteur privé pour réaliser des projets structurants. Des partenariats public–privé pourraient aider à développer des infrastructures industrielles, des programmes de formation technique, et à co-investir dans de nouvelles filières (par exemple, la fabrication de batteries électriques exploitant le cobalt local).
- **Diversifier la base d'exportation :** il s'agit d'élargir la gamme de produits exportés par la RDC. Concrètement, cela implique d'encourager la transformation locale des matières premières (fonderies de cuivre, usines de cathodes de cobalt, raffineries de pétrole, tailleries de diamants, etc.) plutôt que de tout exporter à l'état brut. Parallèlement, identifier d'autres secteurs où la RDC pourrait avoir un avantage comparatif – agriculture de rente (café, cacao), bois et produits forestiers, tourisme, énergie hydroélectrique – et soutenir activement leur développement pour diminuer la dépendance aux mines. Des politiques industrielles bien pensées, accompagnant cette diversification, seraient cruciales pour assurer la viabilité des nouvelles filières.
- **Développer les infrastructures :** sans routes, électricité fiable ni logistique moderne, il sera difficile de diversifier l'économie. Investir massivement dans les infrastructures de transport (routes, chemins de fer, ports, aéroports) ainsi que dans l'accès à l'énergie et au numérique est indispensable. Une meilleure infrastructure réduira les coûts de transaction et reliera les centres de production aux marchés, rendant possibles de nouvelles activités économiques à travers ce vaste pays.

En résumé, la place marginale de la RDC dans la complexité économique mondiale souligne l'urgence de repenser son modèle de développement. Le cas congolais illustre de manière frappante comment la richesse en ressources naturelles, si elle n'est pas accompagnée d'une diversification productive et d'une culture de l'intelligence appliquée à la production, peut conduire à une économie bloquée au bas de l'échelle de sophistication.

Les implications en matière de politique économique sont claires : sans efforts soutenus pour diversifier les filières, investir dans le savoir-faire, et promouvoir une intelligence collective mobilisant recherche, innovation et savoirs locaux, la RDC continuera de subir les aléas des marchés mondiaux et de stagner dans son développement. À l'inverse, en adoptant des réformes structurelles et en cultivant l'intelligence productive – dans l'éducation, la recherche, l'entrepreneuriat et la gouvernance économique – le pays pourrait graduellement accroître la complexité de son économie.

Une économie congolaise plus complexe signifierait non seulement plus de valeur ajoutée locale, davantage d'emplois qualifiés et une croissance plus résiliente et inclusive, mais aussi la reconnaissance du rôle central de l'intelligence humaine comme moteur de transformation. Le défi est immense, mais c'est le prix à payer pour que les immenses richesses du Congo se traduisent enfin en prospérité partagée et durable pour sa population.

PARTIE 3

DÉFIS DE DÉVELOPPEMENT DURABLE ET ANALYSE CONTEXTUELLE

RICHE EN RESSOURCES NATURELLES ET CERCLES VICIEUX DU SOUS-DÉVELOPPEMENT

La RDC illustre un paradoxe frappant : bien qu'elle soit l'un des pays les plus riches en ressources naturelles au monde, son développement économique et social durable demeure parmi les plus faibles. Ce « paradoxe des ressources » résulte de plusieurs facteurs interconnectés, notamment une mauvaise gouvernance, des structures économiques déséquilibrées, des conflits prolongés, et une dépendance excessive aux matières premières. Cette partie explore les causes profondes de cette contradiction, ses impacts sur le développement durable, et les perspectives pour transformer cette richesse en opportunité.

Une richesse naturelle incomparable

La RDC est souvent qualifiée de « scandale géologique » en raison de ses réserves abondantes de minerais stratégiques. Elle détient plus de 60 % des réserves mondiales de cobalt, un élément clé pour les batteries des véhicules électriques, et est l'un des principaux producteurs mondiaux de cuivre, d'or, de coltan et de diamants (Autesserre, 2010). Ces ressources naturelles font de la RDC un acteur central dans les chaînes d'approvisionnement mondiales, particulièrement dans les secteurs des technologies et de l'énergie verte. Outre les minerais, la RDC possède la deuxième plus grande forêt tropicale du monde après l'Amazonie, jouant un rôle crucial dans la régulation du climat mondial. Le fleuve Congo, avec son potentiel hydroélectrique estimé à 100 000 mégawatts, pourrait alimenter une grande partie de l'Afrique en énergie (Braeckman, 2020). Cependant, ces atouts naturels restent largement sous-exploités ou mal gérés. Cette situation illustre une opportunité perdue, exacerbée par une absence de vision stratégique et des structures économiques inefficaces.

Mauvaise Gouvernance et institutions défaillantes

Le paradoxe des ressources en RDC est enraciné dans une gouvernance faible et des institutions corrompues. Une grande partie des revenus miniers n'est pas réinvestie dans le développement national en raison de pratiques de corruption et de détournement. Selon l'Initiative pour la Transparence dans les Industries Extractives (EITI), seuls 6 % des revenus miniers de la RDC en 2021 ont été utilisés pour financer des projets publics, le reste étant détourné par des réseaux d'élites locales et internationales (Cuvelier et al., 2014). Les contrats miniers conclus avec des entreprises étrangères sont souvent défavorables à la RDC. Par exemple, les « contrats chinois » signés en 2008, qui impliquent des échanges infrastructure-contre-minéraux, ont été critiqués pour leur opacité et leur manque de bénéfices tangibles pour la population congolaise. Cette situation illustre un problème structurel où la RDC ne contrôle pas pleinement ses ressources stratégiques, laissant les profits échapper au développement local. La faiblesse de l'État central, combinée à des institutions incapables de réguler efficacement l'exploitation minière, aggrave la situation. L'absence de mécanismes de transparence et de redevabilité favorise une économie informelle dominée par des acteurs non étatiques, y compris des groupes armés. Ces derniers exploitent illégalement les ressources pour financer leurs activités, privant ainsi l'État de revenus fiscaux essentiels (Marysse et Tshimanga, 2014).

Impact sur le développement socio-économique durable

Le sous-développement de la RDC, malgré sa richesse naturelle, est flagrant dans les indicateurs sociaux et économiques. En 2020, plus de 74.7% de la population vivait sous le seuil de pauvreté avec moins de 1,90 dollar par jour (EGI-ODD 2020) et représentant 70 % de la population en 2023, selon la Banque Mondiale, tandis que l'espérance de vie reste parmi les plus basses au monde (De Failly, 2001). Les infrastructures publiques, notamment les routes, les écoles et les hôpitaux, sont gravement déficientes, limitant l'accès aux services essentiels pour une grande partie de la population. L'exploitation artisanale des minerais, qui représente environ 20 % de la production minière nationale, est associée à des conditions de travail précaires, voire inhumaines. Des milliers d'enfants sont impliqués dans l'extraction du cobalt et d'autres minerais, exposés à des risques sanitaires graves et privés d'éducation (Global Witness, 2021). Par ailleurs, les revenus de l'industrie minière, bien que considérables, restent concentrés entre les mains d'une élite politique et économique. Cette concentration aggrave les inégalités sociales et alimente un sentiment de frustration parmi les communautés locales, qui voient leurs ressources exploitées sans bénéficier des retombées économiques.

Enjeux environnementaux et défis durables

L'exploitation intensive des ressources naturelles a des conséquences dévastatrices sur l'environnement. La déforestation, encouragée par l'exploitation illégale du bois et l'expansion des activités minières, menace la biodiversité unique de la RDC. En 2020, la RDC a perdu environ 500 000 hectares de forêt tropicale, principalement en raison de l'exploitation commerciale (Nellemann et al. 2019). Les pratiques minières, souvent non régulées, polluent les sols et les cours d'eau, affectant les écosystèmes locaux et les moyens de subsistance des communautés riveraines. Par exemple, les résidus toxiques générés par les exploitations aurifères artisanales ont contaminé plusieurs rivières dans les provinces du Kivu, privant les populations d'eau potable et détruisant les habitats aquatiques. Ces problèmes environnementaux, combinés à l'absence de politiques durables, perpétuent un cercle vicieux où la croissance économique est compromise par la dégradation écologique. La RDC risque de sacrifier son capital naturel sans générer de bénéfices durables pour ses citoyens (Tshonda 2011).

Solutions et perspectives d'avenir

Pour surmonter le paradoxe des ressources, la RDC doit s'engager dans des réformes structurelles ambitieuses. Premièrement, il est essentiel de renforcer la bonne gouvernance en adoptant des mécanismes de transparence dans la gestion des revenus miniers. Des initiatives comme l'EITI doivent être élargies pour garantir une traçabilité complète des transactions dans le secteur extractif. Deuxièmement, la diversification économique est cruciale. Investir dans des secteurs comme l'agriculture, les énergies renouvelables et l'industrie manufacturière pourrait réduire la dépendance du pays aux exportations de minerais. Le développement du projet hydroélectrique du Grand Inga, par exemple, pourrait transformer la RDC en un fournisseur majeur d'énergie propre pour l'Afrique. Troisièmement, la protection de l'environnement doit être intégrée aux politiques nationales. Cela inclut la réglementation stricte des pratiques minières et la promotion d'initiatives de conservation pour préserver la biodiversité de la forêt congolaise. Des partenariats avec des organisations internationales peuvent aider à financer ces efforts tout en sensibilisant les communautés locales à l'importance de la durabilité. Enfin, la RDC doit renforcer la justice sociale en redistribuant équitablement les revenus miniers. Cela implique de s'assurer que les communautés locales bénéficient directement des retombées économiques par le biais d'investissements dans les infrastructures, l'éducation et la santé.

PROFIL SOCIO-DÉMOGRAPHIQUE

La RDC est l'un des pays les plus peuplés d'Afrique, avec une population qui dépasse 100 millions d'habitants en 2023. Ce chiffre est appelé à doubler d'ici 2050, faisant du pays un acteur démographique majeur sur le continent. Cette croissance rapide, combinée à une population extrêmement jeune – plus de 60 % des Congolais ont moins de 25 ans – présente des opportunités significatives, mais aussi des défis considérables. Cette section explore les implications socio-économiques de cette dynamique démographique et met en lumière les politiques publiques nécessaires pour tirer parti de ce potentiel tout en atténuant ses risques.

Une croissance démographique rapide et des défis associés

Depuis plusieurs décennies, la RDC connaît l'une des croissances démographiques les plus rapides au monde, avec un taux de natalité moyen de 6,2 enfants par femme en 2022 (Institut National de la Statistique, 2022). Cette dynamique s'explique par plusieurs facteurs, notamment la persistance de normes culturelles favorisant les familles nombreuses et un accès limité à la planification familiale. Cette explosion démographique pose des défis importants en matière d'éducation, de santé et d'emploi.

D'abord, l'infrastructure éducative est insuffisante pour répondre aux besoins d'une population jeune en forte augmentation. Selon l'UNESCO, moins de 60 % des enfants en âge scolaire achèvent le cycle primaire, et les infrastructures disponibles sont souvent surchargées ou en mauvais état. Cela crée un « gap éducatif » qui entrave le développement du capital humain nécessaire pour un avenir prospère.

Ensuite, la croissance démographique exerce une pression accrue sur le système de santé, déjà fragile. Les taux de mortalité infantile et maternelle demeurent parmi les plus élevés au monde, tandis que l'accès aux soins reste limité, en particulier dans les zones rurales. Cette situation est aggravée par des pandémies comme le paludisme et des maladies évitables, mais endémiques, telles que la rougeole.

Une population jeune : un atout à double tranchant

Avec une médiane d'âge de 17 ans, la RDC dispose d'un « dividende démographique » potentiel, c'est-à-dire une opportunité unique de croissance économique grâce à une main-d'œuvre abondante et dynamique (Banque Mondiale, 2022). Cependant, cet atout est conditionné à la capacité du pays à intégrer cette jeunesse dans des systèmes économiques et sociaux efficaces.

Le chômage et le sous-emploi des jeunes constituent des défis majeurs. Selon l'Organisation Internationale du Travail, le taux de chômage parmi les jeunes Congolais atteignait environ 35 % en 2021, un chiffre qui est probablement sous-estimé compte tenu de l'importance de l'économie informelle. Les jeunes se tournent souvent vers des activités précaires ou marginales, y compris l'exploitation artisanale des minerais ou l'agriculture de subsistance, qui offrent peu de perspectives d'évolution à long terme.

En raison de la détérioration de la situation socio-économique, les grandes villes du pays, en particulier les centres urbains comme Kinshasa et Lubumbashi, ont des problèmes d'insécurité et de criminalité. Par ailleurs, l'absence d'opportunités économiques alimente les frustrations sociales et les mouvements de contestation. Ces frustrations peuvent également renforcer les dynamiques de recrutement par des groupes armés dans les régions instables de l'Est du pays, où les jeunes sans emploi sont particulièrement vulnérables à l'enrôlement.

Implications pour les politiques publiques

Pour tirer parti de sa dynamique démographique, la RDC doit élaborer et mettre en œuvre des politiques publiques ambitieuses, cohérentes et inclusives. Ces politiques doivent être adaptées aux spécificités de la jeunesse congolaise et viser à transformer les défis démographiques en opportunités pour un développement durable.

Premièrement, des investissements massifs dans l'éducation sont essentiels. L'accès à une éducation de qualité doit être une priorité nationale, non seulement pour le primaire et le secondaire, mais aussi pour la formation technique et professionnelle. Des programmes comme l'Initiative pour l'éducation gratuite, lancée en 2019, constituent un premier pas dans cette direction, bien que leur mise en œuvre ait rencontré des difficultés logistiques et financières.

Deuxièmement, la création d'emplois doit être au centre des politiques économiques. Cela nécessite une diversification de l'économie congolaise au-delà du secteur minier, en investissant dans des secteurs à forte intensité de main-d'œuvre comme l'agriculture, l'agro-industrie et les énergies renouvelables. Des incitations fiscales pour les petites et moyennes entreprises (PME) et le développement de l'entrepreneuriat peuvent également jouer un rôle clé pour intégrer les jeunes dans le marché du travail.

Troisièmement, un accent particulier doit être mis sur la santé reproductive et la planification familiale. Ces politiques, combinées à des campagnes de sensibilisation communautaire, peuvent contribuer à réduire les taux de natalité tout en améliorant les conditions de vie des femmes et des enfants. Des programmes comme ceux mis en place par le Fonds des Nations Unies pour la Population (UNFPA) en RDC, qui promeuvent l'accès aux contraceptifs et à l'éducation sexuelle, doivent être renforcés.

Enfin, la participation politique et sociale des jeunes doit être encouragée. Cela inclut des initiatives pour intégrer la jeunesse dans les processus décisionnels et renforcer la gouvernance locale. La création de conseils consultatifs de jeunes ou l'inclusion de représentants de la jeunesse dans les comités nationaux de développement peut favoriser une appropriation des politiques par les nouvelles générations.

Perspectives d'avenir

La croissance démographique rapide de la RDC, bien que porteuse de défis considérables, représente également une opportunité unique pour le pays. Si elle est bien gérée, cette dynamique peut transformer la RDC en un leader régional grâce à une main-d'œuvre jeune, innovante et dynamique. Cependant, cela nécessite un engagement politique ferme et une coordination efficace entre les acteurs publics, privés et internationaux. En l'absence de réformes ambitieuses, les pressions socio-économiques liées à la croissance démographique risquent de perpétuer les inégalités et d'alimenter l'instabilité.

FAIBLESSES INSTITUTIONNELLES

La RDC, malgré son immense potentiel économique et naturel, est confrontée à des faiblesses institutionnelles qui freinent son développement durable. La gouvernance inefficace, exacerbée par une corruption systémique, limite la capacité de l'État à fournir des services de base, mobiliser des ressources et instaurer un environnement propice au développement durable. Cette section examine les causes de ces faiblesses, leurs impacts sur les efforts de développement durable, et propose des pistes de réforme pour renforcer les institutions publiques et garantir une gouvernance efficace.

Condensé de la qualité des institutions en RDC

Le Worldwide Governance Indicators de la Banque mondiale évalue la gouvernance selon six dimensions : Voice and Accountability, Political Stability and Absence of Violence/Terrorism, Government Effectiveness, Regulatory Quality, Rule of Law et Control of Corruption (Banque mondiale, 2024). Pour la RDC, les scores sont globalement faibles, c'est-à-dire négatifs sur l'échelle allant de –2,5 à +2,5. Tel que repris au Tableau 1, ces résultats traduisent des défis persistants dans la gouvernance, la stabilité politique, l'efficacité administrative, le respect de l'État de droit et la lutte contre la corruption.

En 2023, le score pour la dimension Voice and Accountability s'établit à –1,21, indiquant une participation citoyenne limitée et des restrictions en matière de liberté d'expression. Le score pour le Rule of Law atteint –1,67, un niveau inchangé depuis 2022, reflétant la faiblesse de l'État de droit et des mécanismes de justice. Selon le World Justice Project, la RDC se classe au 138e rang sur 142 pays pour l'indice mondial de l'État de droit, confirmant la fragilité des institutions publiques et la difficulté à faire respecter les règles et contrats.

Les résultats du WGI mettent en évidence de profondes faiblesses institutionnelles. Le faible score de Voice and Accountability traduit une faible implication des citoyens dans le choix des dirigeants et un accès limité à l'information publique. La stabilité politique demeure précaire en raison de tensions internes, de conflits régionaux et d'un environnement sécuritaire incertain, ce qui complique la mise en œuvre des politiques publiques. L'efficacité gouvernementale et la qualité de la réglementation sont insuffisantes, freinant l'investissement privé et la réussite des réformes structurelles. Par ailleurs, la faiblesse du contrôle de la corruption et de l'État de droit érode la confiance des citoyens dans les institutions et limite la capacité de l'État à faire respecter la transparence et la responsabilité publique.

Encadré 6
Qualité des institutions congolaises selon la Banque mondiale

Dimension	Résumé pour la RDC	Implications
Participation & libertés (Voice & Accountability)	Score –1,21 : largement en-dessous de la moyenne mondiale (~–0,03).	Faible pouvoir citoyen dans la sélection des gouvernants, liberté d'expression et médias restreints.
Stabilité politique & absence de violence	Très faible (par ex. «Political Stability» autour de –2,04 point pour 2023)	Contextes de conflit interne, fragilité de l'État, ce qui met en danger l'application des politiques publiques.
Efficacité gouvernementale (Government Effectiveness)	Score d'environ –1,69 points en 2023 pour la RDC.	Les services publics, la prestation de l'État, la capacité administrative sont faibles.
Qualité de la réglementation (Regulatory Quality)	Score d'environ –1,41 points en 2023.	Les réglementations existantes sont peu adéquates pour encourager l'investissement privé, le développement de marchés efficients.
État de droit (Rule of Law)	–1,67 points pour 2023, sans amélioration récente.	Le respect des contrats, la protection des droits de propriété, l'impartialité de la justice sont très limités.
Contrôle de la corruption (Control of Corruption)	Environ –1,48 points en 2023	Corruption élevée, impunité fréquente, ce qui mine la confiance dans les institutions.

Dans l'ensemble, ces faiblesses institutionnelles constituent un frein majeur au développement économique et social du pays. Elles réduisent l'attractivité des investissements, compromettent la bonne gestion des ressources naturelles et ralentissent la transformation structurelle attendue. Pour progresser, la RDC devra entreprendre des réformes profondes afin de renforcer la transparence, la reddition de comptes, la stabilité politique et la capacité administrative de l'État, conditions essentielles à une gouvernance efficace et à un développement durable.

Gouvernance inefficace et centralisation excessive

Depuis son indépendance en 1960, la RDC a adopté un modèle de gouvernance caractérisé par une centralisation excessive des pouvoirs. Kinshasa, la capitale, concentre la majorité des décisions politiques et financières, laissant peu d'autonomie aux provinces, en dépit des promesses de décentralisation des pouvoirs inscrites dans la Constitution de 2006, modifiée par la Loi n° 11/002 du 20 janvier 2011 portant révision de certains articles. Ce déséquilibre limite la capacité des gouvernements locaux à répondre efficacement aux besoins de leurs populations. Par exemple, les anciennes provinces de l'Equateur, le Kasaï, le Katanga ou le Nord-Kivu, bien que riches en ressources naturelles, souffrent de sous-développement en raison d'un manque de ressources allouées par le gouvernement central (Nzongola-Ntalaja, 2002).

La centralisation excessive des pouvoirs freine également l'exécution des politiques publiques. Les projets de développement durable, souvent décidés à Kinshasa, ne tiennent pas compte des réalités locales, entraînant des retards et des inefficacités dans leur mise en œuvre. Par ailleurs, les infrastructures essentielles, telles que les routes et les hôpitaux, restent en mauvais état dans les zones rurales, aggravant les disparités régionales. Cette gestion centralisée des pouvoirs contribue à l'instabilité sociale et à la défiance des citoyens envers l'État, créant un terreau fertile pour les tensions ethniques et les revendications autonomistes.

Corruption systémique et détournement des ressources

La corruption en RDC est omniprésente et constitue un frein majeur au développement durable. *Transparency International* classe régulièrement le pays parmi les plus corrompus au monde. Cette corruption se manifeste à tous les niveaux, des administrations locales jusqu'aux plus hautes sphères de l'État. Elle affecte particulièrement les secteurs stratégiques tels que les ressources naturelles, où les revenus issus des minerais sont souvent détournés. Par exemple, entre 2013 et 2015, des enquêtes ont révélé que plus de 750 millions de dollars de revenus miniers n'ont pas été enregistrés dans les comptes publics (Global Witness, 2017).

Dans le secteur public, la corruption entraîne des dysfonctionnements graves. Les fonctionnaires mal payés sont souvent tentés de demander des pots-de-vin pour accomplir des tâches administratives. Dans le système judiciaire, les décisions sont fréquemment influencées par des intérêts politiques ou financiers, limitant l'accès des citoyens à une justice équitable (Tshonda, 2011). Cette situation sape la confiance des citoyens dans les institutions publiques et encourage la perception que l'État est incapable de protéger leurs droits ou de fournir des services de base.

Impacts sur les efforts de développement durable

Les faiblesses institutionnelles et la corruption ont des répercussions profondes sur le développement économique et social durable de la RDC. Tout d'abord, elles réduisent la capacité de l'État à mobiliser les ressources nécessaires pour financer des projets de développement durable. Par exemple, malgré des réserves importantes de minerais, les revenus issus de leur exploitation restent insuffisants pour financer les infrastructures, l'éducation ou la santé. En conséquence, les citoyens doivent souvent se tourner vers des solutions informelles ou non réglementées pour subvenir à leurs besoins.

Ensuite, l'instabilité juridique et administrative décourage les investissements étrangers, limitant les opportunités économiques. Les investisseurs internationaux, bien qu'attirés par le potentiel économique du pays, hésitent à s'engager en raison des risques liés à la corruption, aux contrats opaques et aux procédures bureaucratiques inefficaces. Cela freine la diversification de l'économie et perpétue la dépendance aux exportations de matières premières brutes.

Enfin, ces faiblesses institutionnelles exacerbent les inégalités sociales et régionales. Les provinces riches en ressources naturelles, comme les anciennes provinces du Katanga, du Kasaï ou le Nord-Kivu, ne bénéficient pas des retombées économiques de leur exploitation. Cela alimente un ressentiment local qui se traduit par des tensions ethniques et des revendications politiques, compromettant davantage la stabilité du pays.

Réformes nécessaires pour renforcer les institutions

Pour surmonter ces défis, des réformes structurelles ambitieuses sont nécessaires. Premièrement, il est essentiel de renforcer les mécanismes de transparence et de redevabilité. L'adhésion de la RDC à l'EITI doit être approfondie pour garantir une gestion responsable des ressources naturelles et minimiser les détournements de fonds. De plus, des audits indépendants des finances publiques pourraient aider à identifier et à réduire les pratiques de corruption.

Deuxièmement, la décentralisation des pouvoirs doit être pleinement mise en œuvre. Les gouvernements provinciaux doivent disposer de ressources financières et humaines adéquates pour répondre aux besoins locaux. Cela nécessite une réforme du système fiscal pour redistribuer équitablement les revenus entre le gouvernement central et les provinces.

Troisièmement, la réforme du secteur judiciaire est essentielle pour garantir l'État de droit. Les tribunaux doivent être indépendants et accessibles, avec des juges formés et rémunérés de manière adéquate pour limiter leur vulnérabilité à la corruption. Par ailleurs, des campagnes de sensibilisation à la lutte contre la corruption doivent être menées pour encourager les citoyens à demander des comptes à leurs dirigeants.

Les faiblesses institutionnelles de la RDC, alimentées par une gouvernance inefficace et une corruption systémique, constituent des obstacles majeurs au développement durable. Bien que ces défis soient enracinés dans des dynamiques historiques et politiques complexes, ils ne sont pas insurmontables. Des réformes ambitieuses, combinées à une volonté politique ferme, et un leadership éthique peuvent renforcer les institutions publiques, restaurer la confiance des citoyens et ouvrir la voie à un développement inclusif durable. Une gouvernance transparente et efficace ainsi qu'un leadership visionnaire est la clé pour transformer le potentiel de la RDC en prospérité partagée.

ANALYSE COMPARATIVE DU SOUS-DÉVELOPPEMENT

Le sous-développement reste une problématique complexe qui affecte de nombreux pays à travers le monde, bien que ses manifestations varient en fonction des contextes politiques, économiques et sociaux. La RDC, malgré ses vastes ressources naturelles, illustre les défis du sous-développement aggravés par des institutions faibles, une inertie politique, une mauvaise gouvernance, et des conflits prolongés. En comparant la situation de la RDC à d'autres pays en développement, notamment ceux d'Afrique subsaharienne et d'Asie, il est possible de mieux comprendre les facteurs déterminants et d'identifier les politiques qui peuvent faire la différence.

Les caractéristiques du sous-développement en RDC

La RDC représente un cas extrême d'une série de cercles vicieux du sous-développement, caractérisé par une pauvreté généralisée, des infrastructures inadéquates et des indicateurs sociaux parmi les plus faibles au monde. En 2023, la majorité de la population vivait sous le seuil de pauvreté, selon la Banque Mondiale. Le pays se classe également parmi les derniers dans l'Indice de Développement Humain (IDH), avec une espérance de vie de seulement 60 ans et un faible taux d'alphabétisation (PNUD, 2022).

Ces caractéristiques sont exacerbées par l'instabilité politique et les conflits armés, en particulier dans l'Est du pays. L'économie congolaise reste largement dépendante des exportations de matières premières, telles que le cobalt et le cuivre, mais les bénéfices ne sont pas équitablement redistribués. Cette dépendance aux ressources naturelles, associée à une mauvaise gestion, a contribué à ce que l'on appelle la « malédiction des ressources » (Auty 1993), un phénomène où l'abondance de richesses naturelles est paradoxalement associée à un faible développement durable.

Comparaison avec d'autres pays africains

En octobre 2024, le FMI a publié les perspectives économiques mondiales (Voir Graphique 20). En comparant la RDC (avec un PIB évalué à 50.89 milliards de dollars Américain, prix courants) à d'autres pays africains qui se démarquent comme les 10 économies les plus riche et puissantes du continent Africain, des différences notables apparaissent en termes de trajectoires de développement durable.

Par exemple, l'Afrique du Sud, bien qu'ayant traversé le régime de l'Apartheid, un mot afrikaans qui signifie 'développement séparé des blancs et les autres races incluant les noirs, qui a pris fin au début des années 1990 dans une série d'étapes qui ont conduit à la formation d'un gouvernement démocratiquement élue le 27 avril 1994. L'Afrique du Sud a réussi à mettre en place une gouvernance relativement efficace et des réformes économiques accompagnées des investissements dans les infrastructures, l'éducation et la technologie qui ont stimulé sa croissance et devrait voir son PIB continuer de croitre. À l'inverse, la RDC, malgré ses ressources abondantes, peine à mobiliser les revenus nécessaires pour améliorer les conditions de vie de sa population.

Graphique 20
Comparaison du PIB
de la RDC et des 10 plus grandes économies Africaines.

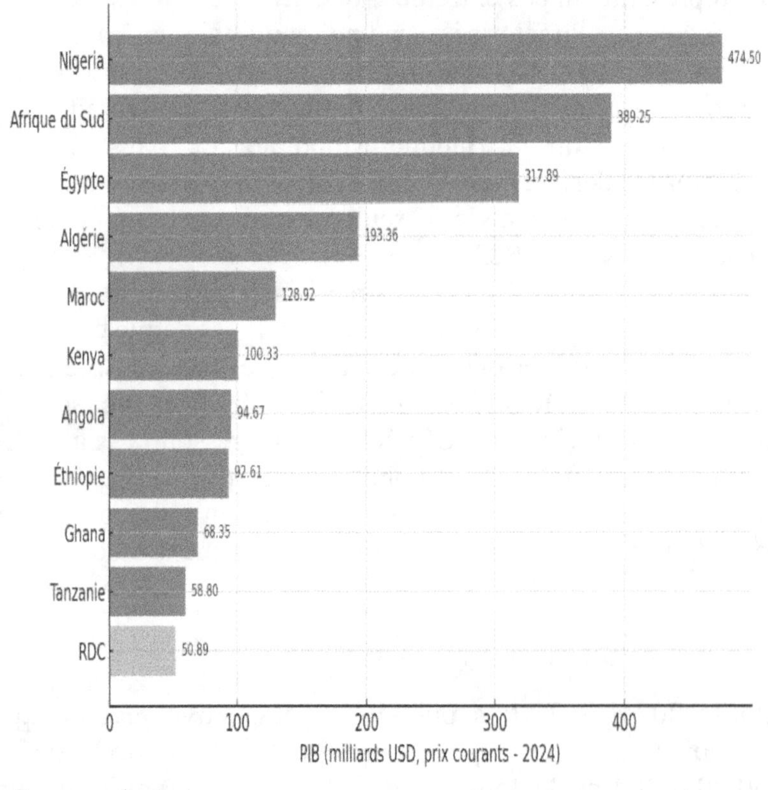

Source : Auteurs

L'Éthiopie offre un autre exemple intéressant. Avec une population de taille comparable à celle de la RDC, elle a investi massivement dans l'agriculture, les infrastructures et l'énergie hydroélectrique pour stimuler son développement durable. Bien que confrontée à des défis politiques et des tensions ethniques, l'Éthiopie a réussi à réduire son taux de pauvreté de manière significative au cours des deux dernières décennies. La RDC pourrait s'inspirer de ces exemples pour diversifier son économie, renforcer ses institutions et investir dans des secteurs stratégiques.

Comparaison avec les pays d'Asie

En Asie, des pays comme le Vietnam et le Bangladesh offrent des leçons importantes sur la manière de surmonter les défis du sous-développement. Ces deux pays, bien que dépourvus de ressources naturelles abondantes, ont misé sur l'industrialisation et le commerce international pour stimuler leur croissance économique. Le Vietnam, par exemple, a transformé son économie en un centre de fabrication grâce à des politiques favorables aux investissements étrangers et à l'éducation de sa main-d'œuvre. En 2022, le pays affichait un taux de croissance de 6,8 % et une réduction significative de la pauvreté (Banque Mondiale, 2022).

Le Bangladesh, quant à lui, s'est concentré sur l'autonomisation des femmes et le développement de l'industrie textile, devenant ainsi l'un des principaux exportateurs mondiaux dans ce secteur. En renforçant ses institutions et en investissant dans le capital humain, le Bangladesh a réduit son taux de pauvreté de plus de moitié en 20 ans. Ces exemples montrent que la RDC, malgré ses défis, pourrait tirer parti de sa jeunesse abondante et de ses ressources pour diversifier son économie et promouvoir une croissance inclusive.

Facteurs communs et divergents

En examinant ces comparaisons, plusieurs facteurs clés expliquent les trajectoires divergentes entre la RDC et d'autres pays en développement durable. Premièrement, la bonne gouvernance et un leadership visionnaire jouent un rôle central. Les pays qui ont réussi à sortir du sous-développement, comme l'Afrique du Sud et le Vietnam, ont mis en place des politiques cohérentes, renforcé leurs institutions et lutté contre la corruption. En revanche, la RDC continue de souffrir d'une gestion inefficace et d'une corruption généralisée, qui détournent les ressources publiques et affaiblissent la capacité de l'État à fournir des services de base.

Deuxièmement, la stabilité politique et sociale est essentielle pour le développement durable. L'instabilité politique pérennes et les conflits récurrent et prolongés en RDC ont non seulement détruit les infrastructures et déplacé des millions de personnes, mais ils ont également miné la confiance des citoyens dans l'État. À l'inverse, des pays comme le Bangladesh et l'Éthiopie, bien que confrontés à des défis internes, ont réussi à maintenir une relative stabilité pour attirer les investissements et favoriser la croissance économique.

Enfin, la diversification économique apparaît comme un facteur crucial. Les économies trop dépendantes des matières premières, comme la RDC, sont plus vulnérables aux fluctuations des prix mondiaux et aux chocs externes. Les pays ayant diversifié leurs activités, en investissant dans l'industrie manufacturière, les services ou l'agriculture, ont été mieux équipés pour résister aux crises économiques.

L'analyse comparative d'une série de cercles vicieux du sous-développement et une réflexion structurée met en évidence les défis uniques de la RDC tout en offrant des exemples inspirants de pays ayant surmonté des obstacles similaires. Si la RDC parvient à relever les défis de la bonne gouvernance, d'un long cycle de stabilité politique, la lutte contre la corruption, et de la diversification économique identifiés comme facteurs limitatifs du développement durable, elle pourra transformer son immense potentiel en un développement durable et inclusif. Cependant, cela nécessite une volonté politique forte, un leadership éthique, et un engagement collectif des parties prenantes nationales et internationales produisant des solutions idoines pour guider les politiques et actions de développement durable.

INTÉGRATION GLOBALE ET RÉGIONALE

La RDC, avec son immense territoire, sa position stratégique au cœur de l'Afrique et ses abondantes ressources naturelles, occupe une place clé dans les dynamiques régionales et mondiales. Pourtant, son intégration, tant à l'échelle régionale que globale, reste limitée en raison des facteurs conjoncturels et structurels limitatifs économiques, politiques, institutionnels, infrastructurels et socio-démographiques. Cette section analyse les opportunités et les défis de l'intégration de la RDC, en mettant l'accent sur ses relations avec ses voisins africains, ses partenariats économiques internationaux, et les réformes nécessaires pour maximiser son rôle dans le commerce mondial et sur le plan de l'actualité internationale.

La RDC dans les dynamiques régionales

La RDC partage des frontières avec neuf pays : Angola, Burundi, République Centrafricaine, République du Congo, Rwanda, Soudan du Sud, Tanzanie, Ouganda et Zambie. Cette position géographique fait d'elle un pont naturel entre l'Afrique centrale, orientale et australe. Cependant, ses relations régionales sont souvent marquées par des tensions politiques, des conflits transfrontaliers et une faible coopération économique.

La RDC est membre de plusieurs organisations régionales, notamment la Communauté économique des États de l'Afrique centrale (CEEAC), la Communauté de développement de l'Afrique australe (SADC) et le Marché commun de l'Afrique orientale et australe (COMESA). Ces structures offrent des opportunités de coopération dans des domaines comme le commerce, la sécurité et l'énergie. Par exemple, au sein de la SADC, la RDC participe à des initiatives d'intégration énergétique, telles que les projets d'interconnexion électrique régionale qui visent à exploiter le potentiel hydroélectrique du fleuve Congo (SADC, 2021). Cependant, les résultats restent limités en raison de la faible capacité institutionnelle et de l'instabilité politique interne du pays.

Les échanges commerciaux avec les pays voisins sont souvent entravés par des infrastructures inadéquates, des politiques douanières inefficaces et des conflits armés, notamment dans l'Est de la RDC le long des frontières avec le Burundi, l'Ouganda, et le Rwanda. Les corridors de transport reliant le pays à ses 9 pays voisins sont sous-développés, ce qui limite l'accès des producteurs congolais aux marchés régionaux. Par exemple, les provinces riches en ressources minières comme le Katanga, le Kasai, et le Kivu dépendent des ports de l'Angola, la Tanzanie et de l'Afrique du Sud pour leurs exportations, mais les coûts logistiques élevés réduisent leur compétitivité.

Intégration globale et relations économiques internationales

À l'échelle mondiale, la RDC est un acteur important dans les chaînes d'approvisionnement en matières premières, en particulier pour les minerais stratégiques comme le cobalt, le cuivre et le coltan. Ces ressources sont essentielles à des industries clés telles que l'électronique, l'automobile électrique et l'énergie renouvelable. Cependant, cette intégration globale reste déséquilibrée, car le pays exporte principalement des matières premières brutes sans bénéficier d'une valeur ajoutée significative (Marysse et Tshimanga 2014).

Les principaux partenaires commerciaux de la RDC incluent la Chine, les États-Unis et l'Union européenne. La Chine, en particulier, joue un rôle prépondérant dans l'exploitation des ressources minières congolaises. Les « contrats chinois », signés en 2008, ont permis d'obtenir des investissements massifs dans les infrastructures en échange de concessions minières. Bien que ces accords aient conduit à la construction de routes et d'hôpitaux, ils ont également été critiqués pour leur opacité et leur manque de bénéfices directs pour la population congolaise (Trefon 2013).

La RDC est également membre de l'Organisation Mondiale du Commerce (OMC), mais son intégration au commerce mondial reste entravée par des obstacles structurels. L'absence de diversification économique, combinée à des infrastructures logistiques limitées et à des pratiques administratives inefficaces, freine la compétitivité du pays sur les marchés internationaux.

Les défis de l'intégration

Plusieurs défis entravent l'intégration régionale et globale de la RDC. Tout d'abord, l'instabilité politique et les conflits armés, en particulier dans l'Est du pays, limitent les opportunités de coopération économique. Ces conflits perturbent les chaînes logistiques, découragent les investissements et affaiblissent la confiance des partenaires régionaux et internationaux.

Deuxièmement, les infrastructures de transport et d'énergie insuffisantes constituent un obstacle majeur. Le réseau routier de la RDC, l'un des moins développés au monde, rend difficile le transport des marchandises, tant au niveau national qu'international. Par exemple, moins de 10 % des routes du pays sont pavées, ce qui augmente les coûts logistiques et limite l'accès des producteurs aux marchés régionaux et mondiaux (Banque Mondiale, 2021).

Troisièmement, les barrières administratives et douanières compliquent les échanges commerciaux. Les longues procédures douanières, les taxes informelles et la corruption ralentissent les flux commerciaux, augmentent les coûts et découragent les entreprises locales et étrangères. Cette situation est exacerbée par une coordination insuffisante entre les institutions nationales et régionales.

Opportunités pour renforcer l'intégration

Malgré ces défis, la RDC dispose de nombreuses opportunités pour renforcer son intégration régionale et globale. Tout d'abord, son potentiel énergétique, en particulier à travers le projet du Grand Inga, pourrait transformer le pays en un fournisseur majeur d'électricité pour la région. Une coopération accrue avec ses voisins dans le domaine énergétique, par le biais de la SADC ou de la CEEAC, pourrait stimuler les échanges et renforcer les infrastructures transfrontalières.

Ensuite, la modernisation des infrastructures de transport est essentielle pour améliorer l'intégration. Des projets comme le corridor routier reliant Lubumbashi au port de Dar es Salaam en Tanzanie pourraient réduire les coûts logistiques et faciliter l'accès des produits congolais aux marchés internationaux. De plus, des investissements dans les chemins de fer et les ports fluviaux pourraient revitaliser les échanges régionaux.

Enfin, la RDC pourrait tirer parti de sa position stratégique pour devenir un hub commercial en Afrique centrale. Cela nécessite des réformes pour améliorer l'environnement des affaires, renforcer les institutions publiques et promouvoir la transparence dans la gestion des ressources naturelles. L'adhésion à des accords commerciaux régionaux et mondiaux, combinée à des politiques nationales favorables, pourrait également stimuler les exportations et attirer davantage d'investissements.

L'intégration régionale et globale de la RDC, bien qu'elle reste limitée, représente une opportunité stratégique pour accélérer son développement économique. En surmontant les défis liés à l'instabilité politique, aux infrastructures insuffisantes et à la mauvaise gouvernance, le pays pourrait jouer un rôle clé dans les dynamiques économiques africaines et mondiales. Une meilleure coopération avec ses voisins, combinée à des réformes internes ambitieuses, pourrait transformer la RDC en un acteur majeur du commerce régional et international.

PARTIE 4

OBJECTIFS DE DÉVELOPPEMENT DURABLE (ODD) ET EFFORTS POLITIQUES

MISE EN ŒUVRE DES ODD EN RDC (2000–2030)

Depuis l'adoption des Objectifs de Développement Durable (ODD) à l'horizon 2030 en septembre 2015, la RDC a intégré ces ODD dans ses stratégies nationales pour répondre aux défis multiples de développement durable auxquels elle est confrontée. Les ODD succèdent aux Objectifs du Millénaire pour le Développement (OMD), qui ont permis des avancées limitées dans des secteurs clés comme l'éducation et la santé. Cependant, le pays reste confronté à des obstacles structurels, notamment des infrastructures insuffisantes, des conflits armés persistants et une gouvernance fragile. Cette partie examine les progrès, les défis et les opportunités de la RDC pour atteindre les ODD d'ici 2030.

Les progrès dans la mise en œuvre des ODD

Réduction de la pauvreté (Indicateur ODD 1)

La lutte contre la pauvreté demeure une priorité pour la RDC, où 74,7 % de la population vit sous le seuil international de pauvreté de 1,90 USD par jour (EGI-ODD 2020) et représentant 70 % de la population en 2023, selon la Banque Mondiale. Malgré ce chiffre alarmant, certaines initiatives ont vu le jour, comme les transferts monétaires conditionnels et les programmes de filets sociaux, qui ciblent les populations les plus vulnérables. Par exemple, le Programme de Filets Sociaux Productifs, soutenu par la Banque Mondiale, a touché près de 300 000 ménages entre 2018 et 2022, bien que cette couverture reste limitée au regard des besoins nationaux.

Sécurité alimentaire et agriculture durable (Indicateur ODD 2)

La RDC continue de faire face à une insécurité alimentaire chronique, affectant 65,5 % de la population selon les données de l'EGI-ODD. Cette situation est exacerbée par des conflits armés dans l'Est et les effets du changement climatique. Cependant, des initiatives de promotion de l'agriculture durable ont été entreprises, notamment avec le soutien de l'Organisation des Nations Unies pour l'Alimentation et l'Agriculture (FAO), qui fournit des semences résilientes et des formations aux agriculteurs locaux. Ces efforts ont contribué à une légère augmentation de la productivité agricole dans certaines provinces, bien que leur impact global reste modeste.

Accès à l'éducation (Indicateur ODD 4)

Le secteur de l'éducation a enregistré des progrès notables, surtout avec l'Initiative pour l'éducation gratuite lancée en 2019. Cette politique a permis d'augmenter le taux d'inscription au primaire, atteignant près de 70 % dans les zones urbaines. Cependant, les zones rurales restent en retrait, avec des taux nettement inférieurs, dus à des infrastructures scolaires limitées et au manque d'enseignants qualifiés. Selon le Fonds des Nations Unies pour l'Enfance (UNICEF), environ 5 millions d'enfants en âge scolaire ne fréquentent toujours pas l'école, ce qui constitue un défi majeur pour l'atteinte de l'ODD 4.

Santé publique (Indicateur ODD 3)

Des progrès ont été réalisés dans la lutte contre certaines maladies transmissibles, notamment grâce à des campagnes de vaccination soutenues par l'Organisation Mondiale de la Santé (OMS) et le Fonds Mondial de Lutte contre le Sida, la Tuberculose et le Paludisme. Toutefois, les taux de mortalité maternelle et infantile restent parmi les plus élevés au monde, avec respectivement 846 décès pour 100 000 naissances et 88 décès pour 1 000 naissances vivantes selon l'EDS 2022-23. La couverture sanitaire universelle reste un objectif lointain, en raison d'un financement insuffisant et de la faiblesse des infrastructures médicales.

Égalité des sexes (Indicateur ODD 5)

La RDC a connu des avancées dans la promotion de l'égalité des sexes, notamment avec l'adoption de lois sur la parité dans la fonction publique et la lutte contre les violences basées sur le genre. Cependant, les inégalités persistent, surtout dans les zones rurales, où les femmes ont un accès limité aux ressources économiques et aux postes de décision. Les efforts de sensibilisation menés par les Organisations Non

Gouvernementales (ONG) locales et internationales ont permis de réduire la stigmatisation des survivantes de violences sexuelles, bien que le chemin vers une égalité réelle reste long.

Les défis majeurs dans la mise en œuvre des ODD

Faibles infrastructures (Indicateurs ODD 3, ODD 6, ODD 7, ODD 9, et ODD 17)

Les infrastructures limitées constituent un frein majeur au développement durable en RDC. Moins de 30 % de la population a accès à l'électricité, et l'eau potable reste un luxe pour de nombreuses communautés rurales. Ces lacunes entravent l'atteinte de plusieurs ODD, notamment ceux liés à la santé (ODD 3), à l'eau et l'assainissement (ODD 6), à l'énergie propre (ODD 7), et aux infrastructures (ODD 9).

Instabilité politique et conflits armés (Indicateur ODD 16)

L'instabilité politique et les conflits armés, particulièrement dans l'Est du pays, perturbent la mise en œuvre des ODD. Ces conflits déplacent des millions de personnes, réduisent l'accès aux services de base et détruisent les infrastructures. Ils détournent également les ressources publiques nécessaires à la mise en œuvre des projets de développement vers des priorités sécuritaires.

Gouvernance et corruption (Indicateurs ODD 12 et ODD 16)

La corruption systémique et la faiblesse des institutions continuent de limiter l'efficacité des politiques publiques. Les fonds alloués aux programmes liés aux ODD sont souvent détournés, ce qui entrave leur mise en œuvre. Par exemple, des audits récents ont révélé que plusieurs projets liés à l'éducation et à la santé n'ont pas été achevés en raison de pratiques de corruption.

Perspectives et recommandations

Renforcement des capacités institutionnelles (Indicateurs ODD 16 et ODD 17)

Il est essentiel de renforcer les institutions nationales, notamment l'Observatoire Congolais du Développement Durable (OCDD), pour assurer une planification efficace et un suivi rigoureux de la mise en œuvre des ODD. Cela inclut également des mécanismes de transparence pour réduire la corruption.

Investissements dans les infrastructures (Indicateurs ODD 3, ODD 6, ODD 7, ODD 9, et ODD 16)

Le gouvernement et ses partenaires doivent accorder une priorité élevée tant au maintien en bon état qu'au développement de nouvelles infrastructures de base, telles que l'ensemble du réseau routier et des transports collectifs et publics, les ponts, les écoles et les universités, les hôpitaux et les réseaux de la santé, les systèmes de distribution et de traitement des eaux potables, les aéroports, les voies ferrées et leurs plateformes, les systèmes des énergies renouvelables et non renouvelables vertes, les systèmes informatiques, numériques et de connectivite à internet, les logements sociaux et les services sociaux, et la mobilité et l'accessibilité pour les personnes vivant avec handicap. Cela nécessite une augmentation significative des investissements publics et privés.

Mobilisation des communautés locales (Indicateur ODD 11)

Le gouvernement et ses partenaires doivent accorder une priorité élevée tant au maintien en bon état qu'au développement de nouvelles installations et services essentiels à la mobilisation des communautés locales et qui soutiennent le bien-être et le développement des communautés, tels que les centres communautaires et culturels, et les parcs publics.

Impliquer les communautés locales dans la planification et l'exécution des projets liés aux ODD est crucial pour garantir leur pertinence et leur durabilité. Cela passe par des consultations régulières et la mise en place de mécanismes participatifs.

Partenariats internationaux (Indicateur ODD 17)

La coopération avec des partenaires internationaux, organisations internationales, des institutions financières, et des ONG notamment dans le cadre de la coopération Nord-Sud et Sud-Sud et de la coopération triangulaire doit être renforcée pour mobiliser les ressources techniques et financières nécessaires à un soutien accru pour assurer le renforcement efficace et ciblé des capacités de la RDC et à l'atteinte des ODD.

La RDC, bien que confrontée à des défis complexes, dispose d'un potentiel immense pour réaliser les ODD d'ici 2030. Cependant, cela nécessite une approche intégrée et inclusive, impliquant à la fois le gouvernement, les partenaires internationaux et les communautés locales. Avec des réformes institutionnelles et une meilleure mobilisation des ressources, la RDC peut transformer les ODD en une réalité tangible pour ses citoyens.

INSTITUTIONS ET DÉVELOPPEMENT DURABLE EN RDC

Le développement durable d'un pays repose sur la solidité et l'efficacité de ses institutions. Ces structures, formelles et informelles, organisent les interactions politiques, sociales et économiques et influencent directement la trajectoire de croissance économique et de prospérité d'une nation. En RDC, les institutions jouent un rôle déterminant, mais elles sont souvent marquées par des faiblesses structurelles qui entravent le progrès. Cette section examine le rôle crucial des institutions dans le développement durable, les défis spécifiques auxquels elles sont confrontées en RDC, et les réformes nécessaires pour qu'elles deviennent des moteurs de transformation.

Les institutions comme levier de développement durable

Les institutions incluent les lois, les politiques, les systèmes judiciaires, et même les normes culturelles qui régissent le comportement des individus dans une société. Elles sont souvent classées en deux types : inclusives et extractives. Les institutions inclusives encouragent la participation de l'ensemble de la population à la vie politique et économique, créant des opportunités équitables et protégeant les droits des citoyens. À l'inverse, les institutions extractives concentrent le pouvoir et les richesses entre les mains d'une élite restreinte, ce qui freine la croissance et nourrit les inégalités sociales (Acemoglu et Robinson, 2012).

En RDC, les institutions ont historiquement été conçues pour servir des intérêts extractifs. Sous la colonisation belge, l'administration avait pour objectif principal l'exploitation des ressources naturelles au profit de la métropole, sans investissement dans le bien-être des populations locales. Après l'indépendance, ce modèle institutionnel s'est perpétué sous le régime de Mobutu, où les institutions servaient davantage à consolider le pouvoir du régime qu'à promouvoir un développement équitable. Ce legs colonial et postcolonial continue de limiter la capacité des institutions congolaises à jouer leur rôle fondamental dans la stabilité politique, la redistribution des richesses et la gestion des ressources naturelles.

Les institutions inclusives, qui renforcent l'État de droit et la transparence, ont démontré leur efficacité dans d'autres pays en développement, comme l'Afrique du Sud, le Nigeria, la Tanzanie, et l'Éthiopie, où des réformes institutionnelles ont favorisé la croissance économique et l'inclusion sociale. En RDC, cependant, les institutions restent largement dysfonctionnelles, affaiblies par des décennies de corruption, de conflits armés et de mauvaise gestion.

Les défis institutionnels spécifiques en RDC

En RDC, les institutions font face à des défis structurels importants qui limitent leur efficacité. L'un des principaux problèmes est la corruption, qui touche presque tous les niveaux de l'administration. Transparency International classe la RDC parmi les pays les plus corrompus au monde. Ce fléau détourne des ressources essentielles pour le développement durable et affaiblit la confiance des citoyens envers l'État. Dans le secteur minier, par exemple, des milliards de dollars sont perdus chaque année à cause de pratiques frauduleuses et de contrats opaques, privant le pays de revenus cruciaux pour financer les infrastructures, l'éducation, la santé, l'eau potable, l'électricité, et les stratégies de réduction de la pauvreté.

L'Etat unitaire et la centralisation excessive des pouvoirs constitue un autre obstacle majeur. Malgré les dispositions de la Constitution de 2006 qui prévoient une décentralisation des pouvoirs qui n'a jamais fonctionnée, les gouvernements provinciaux manquent des synergies locales, de ressources et d'autonomie pour répondre efficacement aux besoins locaux. Cette centralisation limite la capacité des institutions locales à fournir des services de base, exacerbant les disparités régionales et les tensions sociales. Les anciennes provinces riches en ressources, comme le Katanga, le Kivu, et le Kasaï, dénoncent fréquemment une répartition inéquitable des revenus nationaux, ce qui alimente les frustrations et les revendications autonomistes qui comportent un danger d'éclatement de l'espace politique et la promotion du fédéralisme comme forme d'organisation de l'Etat.

Les institutions judiciaires, quant à elles, manquent d'indépendance et sont souvent influencées par des intérêts politiques ou financiers. Cette faiblesse de l'État de droit décourage les investissements, limite l'accès des citoyens à une justice équitable, et renforce le sentiment d'impunité parmi les élites. De même, les institutions de sécurité, comme les Forces Armées de la RDC (FARDC) et la Police Nationale Congolaise (PNC), sont souvent accusées de violations des droits humains et de collusion avec des groupes armés non étatiques, en particulier dans l'Est du pays.

Enfin, les capacités administratives des institutions publiques nationales et les fonctions publiques provinciales restent limitées. Le manque de personnel qualifié, les infrastructures obsolètes, et les systèmes de gestion inefficaces freinent la mise en œuvre des politiques publiques. Ces lacunes compromettent la fourniture de services essentiels tels qu'assurer la sécurité des citoyens, la mobilité et préhospitaliers, la gestion et traitement des eaux et des déchets, construction et entretient des systèmes de conduites d'aqueduc et d'égout, les bornes d'incendies, et l'assainissement. Ces lacunes compromettent la mise en place d'une infrastructure de qualité, fiable, durable et résiliente, y compris une infrastructure régionale et transfrontière, pour favoriser le développement économique durable, la promotion d'une industrialisation durable, et le bien-être des Congolais, en mettant l'accent sur un accès universel, à un coût abordable et dans des conditions d'équité (Indicateur ODD 9) laissant une grande partie de la population sans accès aux opportunités nécessaires pour sortir de la pauvreté.

Réformes nécessaires pour renforcer les institutions

Pour que les institutions congolaises jouent un rôle actif dans le développement durable, des réformes profondes et ambitieuses sont nécessaires. Tout d'abord, il est essentiel de renforcer la transparence et la redevabilité. Cela peut être accompli par la mise en place d'audits indépendants pour surveiller les finances publiques, et par l'adhésion à des initiatives internationales telles que l'EITI, qui promeut la gestion responsable des ressources naturelles. De plus, la numérisation des services publics pourrait réduire la corruption et améliorer l'efficacité administrative.

La décentralisation des pouvoirs doit également être une priorité. Les gouvernements provinciaux doivent recevoir une part équitable des revenus nationaux et disposer des ressources nécessaires pour répondre aux besoins locaux. Cela nécessite une réforme fiscale, mais aussi un renforcement des capacités des administrations provinciales pour gérer efficacement les budgets et mettre en œuvre des projets de développement durable.

Le renforcement de l'État de droit est une autre réforme essentielle. Cela implique de garantir l'indépendance des tribunaux, de former les juges, et d'améliorer leurs conditions de travail pour réduire leur vulnérabilité à la corruption. L'accès des citoyens à une justice équitable doit être élargi, en particulier dans les zones rurales et les régions affectées par les conflits.

Les institutions de sécurité doivent également être réformées pour restaurer la confiance de la population. Cela inclut la professionnalisation de l'armée et de la police, une supervision renforcée pour prévenir les abus, et des mécanismes clairs pour protéger les droits humains.

Enfin, l'implication des citoyens dans les processus décisionnels est cruciale. Les consultations publiques, les forums communautaires et les initiatives participatives peuvent renforcer la légitimité des institutions et garantir que les politiques publiques répondent réellement aux besoins des populations.

Les institutions sont le fondement du développement durable d'une nation. En RDC, leur faiblesse actuelle constitue un obstacle majeur à la stabilité politique et macroéconomique, à la croissance économique soutenue, et à l'inclusion sociale. Cependant, avec des réformes ambitieuses, un engagement politique fort, et un leadership visionnaire et éthique, les institutions congolaises peuvent être transformées en leviers de progrès et développement durable. Une RDC dotée d'institutions solides, transparentes et inclusives et d'un leadership visionnaire et éthique pourrait non seulement surmonter ses défis actuels, mais également se positionner comme un modèle de développement durable en Afrique centrale. Ce processus exige une mobilisation collective des dirigeants, des citoyens et des partenaires internationaux pour bâtir un avenir plus prospère et équitable pour tous.

FORMATION DU CAPITAL HUMAIN EN RDC

La santé publique est un pilier fondamental du développement humain et économique. En RDC, le secteur de la santé est confronté à de multiples défis structurels, économiques et sociaux. Malgré une abondance de ressources naturelles et le soutien de partenaires internationaux, le système de santé congolais demeure l'un des plus archaïques et fragiles au monde. Cette section examine les défis spécifiques du secteur de la santé en RDC, leurs causes sous-jacentes, et propose des pistes pour améliorer la situation.

Une insuffisance chronique des infrastructures, de technologie de pointe, et du personnel médical qualifié

Le système de santé en RDC souffre d'un manque criant d'infrastructures. La majorité des établissements de santé sont vétustes, sous-équipés et mal entretenus. Environ 40 % de la population n'a pas accès à un centre de santé dans un rayon de 5 km, un chiffre encore plus élevé dans les zones rurales (Banque Mondiale, 2021). Les hôpitaux et cliniques manquent de lits, de médicaments essentiels, et d'équipements de base comme les appareils d'imagerie ou les respirateurs.

Le manque criant de technologie de pointe et les outils de travail sont archaïques. L'accès aux soins virtuels et aux informations de santé numériques en complément de l'accès aux soins en personne sont loin d'être satisfaite par les services en place. Les demandes en soins de toxicomanie, en soins de santé mentale, de plus en plus de personnes âgées souhaitent un emménagement plus librement aux établissements de soins de longue durée qui les soutiennent dans leur choix de vieillir convenablement sont loin d'être satisfaites par le système de santé en RDC.

Le déficit en personnel de santé qualifié constitue également un problème majeur. La RDC compte environ 0,1 médecin pour 1 000 habitants, bien en dessous du seuil recommandé par l'OMS, qui est de 1 pour 1 000 habitants. Les zones rurales sont particulièrement touchées, avec une concentration de professionnels de santé dans les grandes villes comme Kinshasa ou Lubumbashi. Cette pénurie est aggravée par l'exode des talents, car de nombreux professionnels de santé formés en RDC choisissent de travailler à l'étranger pour de meilleures conditions de travail et des salaires plus élevés.

Un financement insuffisant du secteur de la santé

Le financement de la santé en RDC est parmi les plus faibles de la région. Selon l'OMS, les dépenses publiques de santé représentent moins de 5 % du budget national, bien en deçà de l'objectif de 15 % fixé par la Déclaration d'Abuja au Nigeria. Cette situation oblige les patients à supporter directement une grande partie des coûts, ce qui limite l'accès aux soins pour les ménages les plus pauvres. Par exemple, les frais d'accouchement ou de traitement des maladies courantes comme le paludisme restent inabordables pour une grande partie de la population.

Il est indéniable que le système de santé en RDC a désespérément besoin d'un investissement accru. Les donateurs internationaux jouent un rôle important dans le financement du secteur, représentant jusqu'à 40 % des dépenses totales de santé en RDC. Cependant, cette dépendance aux financements externes fragilise le système et expose le pays aux fluctuations des priorités internationales. De plus, une partie des fonds alloués, par exemple, pour réhabiliter les infrastructures de santé désuètes est mal gérée ou détournée en raison de la corruption et de l'absence de mécanismes de transparence.

La prévalence des maladies transmissibles et des épidémies

Les maladies transmissibles, telles que le paludisme, la tuberculose et le VIH/SIDA, restent les principales causes de morbidité et de mortalité en RDC. Le paludisme, par exemple, est responsable de 40 % des consultations médicales et de près de 30 % des décès enregistrés chaque année (UNICEF, 2021). Bien que des efforts aient été faits pour distribuer des moustiquaires imprégnées d'insecticide et améliorer l'accès aux traitements antipaludiques, l'impact est limité par des contraintes logistiques et des failles dans la chaîne d'approvisionnement.

En outre, la RDC est régulièrement confrontée à des épidémies, notamment celles de maladies évitables comme la rougeole et le choléra, ainsi qu'à des flambées récurrentes d'Ebola. Par exemple, entre 2018 et 2020, le pays a connu l'une des plus graves épidémies d'Ebola de son histoire, avec plus de 2 000 décès enregistrés. Ces crises mettent en évidence l'insuffisance des systèmes de surveillance épidémiologique et la faiblesse des capacités de réponse rapide.

Inégalités d'accès aux soins

Les inégalités géographiques et socio-économiques exacerbent les défis du secteur de la santé en RDC. Les populations rurales et celles vivant dans les zones de conflit, notamment dans l'Est du pays, ont un accès limité aux soins de santé. Ces régions sont souvent isolées, avec peu ou pas d'infrastructures médicales fonctionnelles, et leurs habitants doivent parcourir de longues distances pour recevoir des soins, parfois dans des conditions dangereuses.

De plus, les inégalités de genre jouent un rôle important dans l'accès aux services de santé. Les femmes, en particulier, sont confrontées à des défis spécifiques, notamment en matière de santé reproductive. Le taux de mortalité maternelle reste parmi les plus élevés au monde, avec 846 décès pour 100 000 naissances vivantes (EDS 2022). Les causes principales incluent le manque de personnel qualifié lors des accouchements, les grossesses précoces, et les complications liées à des avortements non sécurisés.

Les répercussions des conflits armés sur le système de santé

Les conflits armés, particulièrement dans l'Est du pays, ont un impact dévastateur sur le système de santé. Les hôpitaux et centres de santé sont fréquemment ciblés ou endommagés lors des affrontements. Les déplacements massifs de populations exacerbent la propagation des maladies, tandis que les travailleurs de santé sont souvent contraints de fuir pour leur sécurité. Ces conditions créent une pression supplémentaire sur un système de santé déjà archaïque et fragile, limitant davantage l'accès aux services de base pour des millions de personnes.

Pistes de solutions et recommandations

Le système de santé congolais demeure marqué par de profondes faiblesses structurelles : sous-financement chronique, infrastructures obsolètes, pénurie de personnel qualifié et gouvernance défaillante. Ces failles ont rendu le pays vulnérable face aux crises sanitaires récurrentes, de l'épidémie d'Ebola à la pandémie de COVID-19, tout en limitant l'accès équitable aux soins de santé primaires. Pour transformer ce système archaïque en un modèle moderne, numérique et résilient, des réformes structurelles ambitieuses et des investissements soutenus s'imposent.

Une première priorité consiste à augmenter le financement public de la santé. Le gouvernement congolais doit accroître la part du budget national allouée au secteur sanitaire, conformément aux engagements pris dans la Déclaration d'Abuja, qui recommande d'y consacrer au moins 15 % du budget public. Un tel engagement permettrait de réduire la dépendance excessive vis-à-vis des bailleurs internationaux et d'assurer un financement stable des services essentiels. En renforçant les mécanismes de financement domestique, la RDC pourrait mieux planifier ses dépenses de santé et investir durablement dans les priorités nationales, plutôt que de subir les cycles de financement externes.

En parallèle, il est indispensable de renforcer les infrastructures de santé. La construction et la réhabilitation d'hôpitaux, de laboratoires et de centres de santé, notamment dans les zones rurales et enclavées, doivent figurer au cœur de la stratégie nationale. Ces infrastructures doivent être adaptées à l'ère numérique, intégrant des plateformes de télémédecine, des dossiers médicaux électroniques et des systèmes de suivi en temps réel. Un réseau d'établissements modernes et interconnectés garantirait un accès équitable aux soins, tout en réduisant les coûts liés aux déplacements et aux retards diagnostiques.

Le succès de toute réforme sanitaire repose également sur le développement du capital humain. La RDC doit élaborer une stratégie de long terme pour la planification et la gestion de sa main-d'œuvre médicale. Cela implique d'augmenter le nombre de professionnels formés, d'encourager leur déploiement dans les zones les plus reculées et de leur offrir des conditions de travail décentes. Des incitations salariales et sociales sont essentielles pour freiner la fuite des talents vers l'étranger. La reconnaissance des diplômes des professionnels formés à l'extérieur et la simplification du processus d'octroi de licences constituent également des mesures clés pour renforcer les capacités du système.

L'amélioration du système de santé passe aussi par une gouvernance modernisée et transparente. La lutte contre la corruption et la rationalisation des procédures administratives sont indispensables pour restaurer la confiance du public et des partenaires internationaux. La modernisation de la chaîne d'approvisionnement en médicaments et équipements médicaux, soutenue par des outils numériques, permettrait de réduire les ruptures de stock et d'assurer une distribution équitable. De même, l'actualisation du cadre réglementaire — souvent hérité d'une époque coloniale — est cruciale pour accélérer les processus de décision et promouvoir une gestion plus efficace des ressources.

La surveillance sanitaire et la réponse aux épidémies doivent être considérées comme des piliers de la réforme. Le renforcement des capacités de veille épidémiologique, appuyé par des technologies de collecte et d'analyse des données, est essentiel pour détecter précocement les foyers de contamination et coordonner les réponses d'urgence. Former et équiper des équipes locales de santé publique permettrait à la RDC d'intervenir plus rapidement face aux crises sanitaires et de réduire sa dépendance aux interventions extérieures.

Enfin, toute modernisation du système de santé doit viser à promouvoir l'équité dans l'accès aux soins. Les réformes doivent tenir compte des disparités territoriales, économiques et de genre. Les populations rurales, les femmes, les enfants et les groupes marginalisés doivent bénéficier de programmes ciblés garantissant l'accès aux soins de qualité et aux services numériques de santé. Des politiques d'assurance maladie universelle, appuyées par des subventions publiques, pourraient constituer un levier puissant pour réduire les inégalités et renforcer la cohésion sociale.

En somme, bâtir un système de santé moderne, numérique et inclusif en RDC exige une vision stratégique fondée sur la solidarité, la technologie et la bonne gouvernance. Ce chantier, ambitieux mais vital, ne saurait se limiter à des réformes techniques : il doit incarner un engagement politique durable en faveur du droit fondamental à la santé pour tous les Congolais.

ÉDUCATION ET AUTONOMISATION DES JEUNES EN RDC

L'éducation et l'autonomisation des jeunes sont des leviers fondamentaux pour assurer le développement durable, la stabilité sociale et la prospérité économique d'un pays. En RDC, ces deux dimensions sont particulièrement cruciales, car la jeunesse représente plus de 60 % de la population. Cependant, les défis structurels, économiques et sociopolitiques compromettent le potentiel de cette population jeune, limitant leur contribution à la transformation de la nation. Cette section explore les défis majeurs liés à l'éducation et à l'autonomisation des jeunes en RDC, ainsi que les solutions nécessaires pour leur permettre de jouer un rôle actif dans le développement durable du pays.

Le système éducatif de la RDC demeure confronté à des défis structurels profonds qui entravent la réalisation d'une éducation inclusive, équitable et de qualité. Malgré certaines avancées notables, telles que l'instauration de la gratuité de l'enseignement primaire en 2019, le pays peine encore à garantir un accès universel à une éducation adaptée aux besoins du XXIe siècle. Ces difficultés, enracinées dans des décennies de sous-investissement, d'instabilité politique et de gouvernance fragile, compromettent la formation du capital humain et la transformation socio-économique du pays.

Un accès encore limité à l'éducation primaire

L'un des principaux obstacles réside dans le faible taux de scolarisation des enfants. Près de 25 % des enfants en âge scolaire ne fréquentent pas l'école (UNESCO, 2021), un chiffre encore plus alarmant dans les zones rurales et les régions affectées par les conflits armés. Les inégalités de genre demeurent particulièrement marquées : les filles continuent d'être défavorisées en raison des mariages précoces, des charges domestiques, des normes sociales discriminatoires et d'une culture traditionnelle patriarcale qui limite leur autonomie éducative. Ces barrières structurelles réduisent les opportunités des filles, perpétuant ainsi un cycle d'exclusion sociale et économique.

De plus, les coûts indirects de la scolarisation — achat de fournitures, uniformes ou contribution aux frais de fonctionnement des écoles — restent un frein majeur pour les ménages à faibles revenus. Ainsi, même avec la gratuité de l'enseignement primaire, de nombreuses familles continuent de considérer l'éducation comme un luxe inaccessible. Les enfants issus des milieux ruraux, où la pauvreté et l'insécurité alimentaire sont plus prononcées, sont les plus exposés à l'abandon scolaire.

Des infrastructures éducatives vétustes et inégalement réparties

Les infrastructures scolaires en RDC ne répondent ni aux standards de qualité ni aux besoins démographiques du pays. Dans plusieurs provinces, les écoles sont délabrées ou inexistantes, et une part importante des établissements fonctionnent sans équipements de base tels que des bancs, des tableaux, des points d'eau potable ou des latrines. Cette situation compromet non seulement la qualité de l'enseignement, mais aussi la santé et la sécurité des élèves, en particulier des filles, pour qui l'absence d'infrastructures sanitaires adéquates est un facteur d'abandon scolaire.

La surcharge des classes constitue un autre défi majeur. Dans de nombreuses écoles primaires, le ratio atteint parfois plus de 300 élèves par enseignant, rendant impossible tout suivi pédagogique individualisé. À titre de comparaison, les normes internationales définies par l'Objectif de Développement Durable 4 (ODD 4, indicateur C.4) recommandent un ratio maximal de 40 élèves par enseignant, tandis que les écoles européennes ou privées congolaises maintiennent un ratio idéal compris entre 10 et 15. Ces écarts illustrent la profondeur de la crise éducative en RDC et la nécessité d'investissements massifs dans les infrastructures et le recrutement du personnel enseignant.

Une qualité d'enseignement largement insuffisante

Au-delà de l'accès et des infrastructures, la qualité de l'enseignement représente un défi central. Le système éducatif congolais souffre d'un manque criant d'enseignants qualifiés et de formateurs compétents. Les établissements de formation pédagogique, souvent sous-financés, ne parviennent pas à répondre à la demande croissante de personnel enseignant. Par conséquent, un grand nombre d'enseignants entrent dans la profession sans formation adéquate, adoptant des méthodes d'enseignement obsolètes, fondées sur la mémorisation plutôt que sur la compréhension et l'analyse critique.

Les conditions de travail difficiles et la faiblesse des salaires aggravent la situation. Les enseignants, souvent contraints de cumuler plusieurs emplois pour subvenir à leurs besoins, ne peuvent se consacrer pleinement à leur mission éducative. Cette précarité se répercute sur la motivation et la performance, créant un cercle vicieux de faible qualité d'enseignement.

Les résultats des évaluations nationales et internationales confirment cette réalité : selon la Banque mondiale (2021), moins de 50 % des élèves du primaire atteignent les compétences minimales en lecture et en mathématiques. Ce déficit de compétences de base compromet gravement les chances de réussite dans l'enseignement secondaire et supérieur, tout en limitant l'employabilité des jeunes. L'absence d'une formation technique et professionnelle adaptée accentue encore le décalage entre l'offre éducative et les besoins du marché du travail.

L'état actuel de l'éducation en RDC révèle un système qui, bien qu'en mutation, reste profondément inégalitaire et structurellement fragile. Les efforts de réforme engagés, notamment la gratuité de l'enseignement primaire et les programmes de réhabilitation des écoles, marquent des avancées importantes, mais demeurent insuffisants face à l'ampleur des besoins.

La refondation du système éducatif congolais exige une vision intégrée qui combine financement durable, équité d'accès, qualité pédagogique et gouvernance transparente. Il s'agit non seulement d'accroître les ressources allouées à l'éducation, mais aussi de repenser les programmes scolaires pour les adapter aux défis contemporains — numériques, économiques et environnementaux. Seule une telle approche permettra de transformer l'éducation en moteur de développement et de justice sociale, au cœur de la reconstruction nationale de la RDC.

Autonomisation des jeunes en RDC : enjeux et défis

L'autonomisation des jeunes représente l'un des leviers essentiels du développement durable et de la stabilité sociale en RDC. Avec une population dont plus de 60 % a moins de 25 ans, le pays dispose d'un potentiel démographique exceptionnel susceptible de devenir un moteur de croissance et d'innovation. Pourtant, ce potentiel demeure largement inexploité en raison de contraintes structurelles et institutionnelles persistantes. Au-delà de la question éducative, les jeunes congolais se trouvent confrontés à des obstacles multiples qui entravent leur insertion économique, sociale et politique.

Chômage, sous-emploi et précarité économique

Le premier défi majeur auquel font face les jeunes en RDC est celui du chômage et du sous-emploi. Le marché du travail national reste dominé par l'économie informelle, caractérisée par des emplois précaires, non déclarés et faiblement rémunérés. Selon l'Organisation Internationale du Travail (OIT, 2021), le taux de chômage des jeunes avoisine 35 %, bien que ce chiffre soit probablement sous-estimé, la majorité des jeunes exerçant des activités de survie sans réelle sécurité de revenu.

Les diplômés de l'enseignement supérieur peinent à trouver des emplois correspondant à leurs qualifications, révélant un décalage profond entre le système éducatif et les besoins du marché. De nombreux jeunes qualifiés sont contraints de s'expatrier ou de se réorienter vers des activités informelles pour survivre. Parallèlement, ceux qui n'ont pas accès à l'éducation ou à la formation se retrouvent exclus des circuits économiques formels, alimentant une spirale de pauvreté et de frustration. Ce déficit d'opportunités contribue à un malaise social grandissant et fragilise la cohésion nationale, notamment dans les zones urbaines où la jeunesse désœuvrée constitue une population vulnérable aux discours populistes ou aux mouvements de révolte.

Un accès limité à la formation technique et professionnelle

L'enseignement technique et professionnel — clé de voûte de toute politique d'employabilité durable — demeure gravement sous-développé en RDC. Les centres de formation existants souffrent d'un manque chronique d'équipements modernes, de matériels pédagogiques adaptés et de programmes actualisés. Dans un contexte économique mondial en mutation rapide, cette carence prive les jeunes des compétences pratiques nécessaires pour s'insérer dans les secteurs porteurs tels que les technologies de l'information, l'agriculture durable, l'économie verte ou encore les énergies renouvelables.

La faible articulation entre les institutions de formation et le secteur privé accentue cette déconnexion. En l'absence de partenariats structurés, les programmes restent théoriques et peu en phase avec les réalités du marché. Les initiatives ponctuelles menées par certaines ONG ou agences de coopération internationale, bien qu'utiles, demeurent insuffisantes pour combler le fossé entre la formation et l'emploi. Sans une politique nationale ambitieuse de développement des compétences, la RDC risque de continuer à produire une main-d'œuvre inadéquate pour les exigences de la modernisation économique.

Exclusion politique et sociale des jeunes

Au-delà des dimensions économiques, les jeunes congolais subissent une exclusion politique et sociale persistante. Malgré leur poids démographique, ils restent largement absents des instances de décision, tant au niveau local que national. Les structures politiques et administratives demeurent dominées par des générations plus âgées, réticentes à céder l'espace ou à partager le pouvoir. Cette marginalisation se traduit par une faible représentation des jeunes dans les partis politiques, les organisations communautaires et les institutions publiques.

Cette exclusion institutionnelle nourrit un sentiment d'impuissance et de désenchantement civique, en particulier dans un contexte où la corruption, le népotisme et l'opacité des processus politiques sont encore répandus. Le manque de confiance envers les autorités pousse de nombreux jeunes à se désengager des processus électoraux ou, dans certains cas, à rejoindre des mouvements contestataires. Dans les zones les plus fragiles, certains sont instrumentalisés par des groupes armés ou des acteurs politiques, devenant à la fois victimes et vecteurs de la violence.

Face à ces défis, l'autonomisation des jeunes en RDC ne saurait se limiter à des initiatives isolées, mais doit s'inscrire dans une stratégie globale intégrant éducation, emploi, participation civique et innovation sociale. Cela implique la mise en place de politiques publiques cohérentes favorisant l'entrepreneuriat des jeunes, l'accès au financement, la modernisation de la formation professionnelle et la création d'espaces de dialogue intergénérationnel.

Une approche participative, axée sur le renforcement des capacités et l'inclusion économique, permettrait non seulement de réduire la pauvreté et le chômage, mais aussi de consolider la démocratie et la stabilité politique. Dans une perspective de long terme, l'investissement dans la jeunesse congolaise représente le meilleur garant d'un développement durable, équitable et souverain.

L'impact des inégalités et des conflits

Les inégalités sociales et régionales accentuent les défis auxquels font face les jeunes en RDC. Les populations des zones rurales et des régions en conflit, comme l'Est du pays, ont un accès limité à l'éducation et aux opportunités économiques. Les infrastructures éducatives et les centres de formation sont souvent détruits ou occupés par des groupes armés, rendant les conditions d'apprentissage extrêmement précaires.

Les filles et les jeunes femmes sont particulièrement vulnérables. Elles subissent non seulement les conséquences des inégalités systémiques, mais aussi des violences basées sur le genre, qui les empêchent d'accéder pleinement à l'éducation et à l'emploi. Le taux de mortalité maternelle élevé, lié à un manque d'accès aux services de santé reproductive, est un autre indicateur des défis spécifiques auxquels elles sont confrontées.

Solutions pour l'éducation et l'autonomisation des jeunes

Pour relever ces défis, des stratégies intégrées et ambitieuses sont nécessaires :

- **Renforcer les infrastructures éducatives :** Le gouvernement doit investir dans la construction et la réhabilitation d'écoles, en particulier dans les zones rurales et les régions touchées par des conflits. Ces infrastructures doivent inclure des installations de base, comme des toilettes séparées pour les filles et les garçons, pour encourager la scolarisation des filles.
- **Améliorer la formation des enseignants et professeurs :** Des programmes de formation initiale et continue doivent être mis en place pour améliorer la qualité de l'enseignement. Ces programmes devraient inclure des méthodes pédagogiques modernes, l'utilisation des technologies numériques et des outils adaptés aux besoins spécifiques des élèves et étudiants.
- **Développer l'enseignement technique et professionnel :** L'expansion des centres de formation professionnelle est essentielle pour répondre aux besoins du marché du travail. Ces centres doivent être équipés de technologies modernes et alignés sur les secteurs porteurs, comme l'agriculture, les énergies renouvelables et l'économie numérique.
- **Encourager la participation des jeunes :** Les jeunes doivent être impliqués dans les processus décisionnels, à travers des

conseils consultatifs ou des forums communautaires. Cette participation active renforcerait leur sentiment d'appartenance et leur capacité à influencer les politiques publiques.

- **Promouvoir l'entrepreneuriat des jeunes :** Des subventions et des programmes de mentorat doivent être mis en place pour encourager les jeunes à créer leurs propres entreprises. Ces initiatives pourraient cibler des secteurs stratégiques, tels que l'agriculture durable, les technologies de l'information et l'artisanat.

L'éducation et l'autonomisation des jeunes en RDC sont des priorités stratégiques qui nécessitent une mobilisation collective du gouvernement, des partenaires internationaux et des communautés locales. Investir dans ces domaines ne se limite pas à répondre aux besoins immédiats de la jeunesse ; c'est aussi une stratégie pour construire un avenir plus prospère et équitable pour toute la nation. En offrant aux jeunes les outils, les opportunités et la reconnaissance qu'ils méritent, la RDC peut transformer son immense potentiel démographique en une force de changement durable et inclusif.

ÉDUCATION ET AUTONOMISATION DES FEMMES

L'éducation et l'autonomisation des femmes constituent des leviers essentiels pour promouvoir le développement durable, l'égalité des sexes et réduire les inégalités sociales. En RDC, où les femmes représentent une majorité démographique, leur accès à une éducation de qualité et leur inclusion dans les sphères économiques et politiques restent limités par de nombreux défis structurels. Cette section explore les obstacles à l'éducation et à l'autonomisation des femmes, leurs implications pour le développement, et propose des solutions concrètes pour transformer ces défis en opportunités.

Défis liés à l'éducation des femmes

L'éducation est un droit fondamental et un moteur d'autonomisation, mais en RDC, l'accès des femmes à une éducation de qualité reste entravé par des barrières économiques, culturelles et infrastructurelles. Selon l'EDS 2023-24, moins d'un quart des filles achèvent le cycle primaire dans les zones rurales. Cette situation s'explique principalement par des normes sociales qui privilégient l'éducation des garçons et par les mariages précoces. Une fille sur trois est mariée avant l'âge de 18 ans, ce qui met fin prématurément à son parcours scolaire. Les infrastructures éducatives insuffisantes aggravent ces difficultés. De nombreuses écoles manquent de sanitaires adaptés pour les filles, ce qui entraîne leur déscolarisation, notamment pendant la puberté. De plus, les violences basées sur le genre, qui surviennent parfois dans ou autour des établissements scolaires, dissuadent les familles d'envoyer leurs filles à l'école. La qualité de l'enseignement est également problématique. Les enseignants et les professeurs, souvent mal formés, ne disposent pas des outils pédagogiques pour aborder les besoins spécifiques des filles et intégrer les questions de genre dans leurs approches éducatives.

Autonomisation économique et accès aux ressources

L'autonomisation économique des femmes en RDC est limitée par leur forte dépendance au secteur informel. Près de 90 % des femmes travaillent dans des activités informelles, souvent précaires et mal rémunérées. Bien qu'elles soient majoritairement impliquées dans l'agriculture et le commerce de rue, elles possèdent rarement les terres qu'elles cultivent, en raison des lois coutumières et des normes discriminatoires. Cette exclusion foncière limite leur capacité à investir dans des activités génératrices de revenus et à garantir leur sécurité économique. L'accès limité au crédit constitue un autre obstacle majeur. Les femmes, en raison de leur faible propriété foncière et de leur précarité économique, ne répondent souvent pas aux critères requis pour obtenir des prêts auprès des institutions financières formelles. Cela freine leurs ambitions entrepreneuriales et leur empêche de développer des activités à forte valeur ajoutée. Par conséquent, leur contribution au développement économique reste sous-exploitée, ce qui ralentit la croissance globale du pays.

Participation politique et inclusion sociale

Les femmes congolaises sont également sous-représentées dans les instances de décision politique et sociale. Bien que la RDC ait adopté des lois sur la parité, leur application reste inégale. En 2021, les femmes occupaient moins de 15 % des sièges au Parlement, une situation qui reflète leur faible accès aux sphères de pouvoir. Les stéréotypes sexistes et la discrimination institutionnelle continuent de limiter leur implication dans les processus décisionnels. Cette exclusion politique a des répercussions négatives sur les politiques publiques, car les besoins spécifiques des femmes et des filles sont souvent négligés. Une plus grande représentation des femmes pourrait conduire à l'adoption de politiques plus inclusives, favorisant l'égalité des sexes et la réduction des inégalités.

Violences basées sur le genre et leurs conséquences

Les violences basées sur le genre constituent un obstacle majeur à l'autonomisation des femmes en RDC. Une femme sur trois est victime de violences sexuelles ou physiques, un taux qui augmente dans les zones de conflit, notamment dans l'Est du pays. Ces violences ont des conséquences dévastatrices sur la santé physique et mentale des victimes, mais aussi sur leur participation à la vie sociale et économique. L'impunité pour les auteurs de violences et l'absence de systèmes de soutien adéquats pour les survivantes aggravent ce problème. Les services de prise en charge sont souvent inaccessibles, surtout dans les zones rurales, et les survivantes font face à une stigmatisation qui les empêche de reconstruire leur vie. Ces réalités renforcent leur marginalisation et limitent leur capacité à s'émanciper.

Conséquences des inégalités sur le développement durable

Les défis éducatifs et économiques auxquels les femmes congolaises sont confrontées ont des répercussions profondes sur le développement durable du pays. Un faible niveau d'éducation parmi les femmes réduit leur participation au marché du travail formel et limite leur contribution à l'économie nationale. En excluant la moitié de la population de l'élaboration et de l'exécution des politiques publiques, la RDC compromet son potentiel de développement inclusif et durable. La Banque Mondiale estime qu'une augmentation de la participation économique des femmes pourrait accroître le PIB de la RDC de plus de 20 %. De plus, l'éducation des filles est directement liée à une réduction des taux de pauvreté et à une amélioration des indicateurs de santé publique, tels que la mortalité infantile et maternelle.

Solutions et recommandations

Pour relever ces défis, la RDC doit adopter une approche intégrée et ambitieuse. Investir dans l'éducation des filles est une priorité essentielle. Cela implique de construire des écoles et universités sécurisées et adaptées dans les zones rurales, de fournir des bourses pour alléger les coûts de scolarité, et d'intégrer des modules d'éducation sexuelle dans les programmes scolaires pour sensibiliser aux risques des mariages précoces et des grossesses adolescentes. L'autonomisation économique des femmes nécessite également des mesures ciblées. Cela inclut la réforme des lois foncières pour garantir l'accès des femmes à la propriété, la mise en place de programmes de microcrédit adaptés et le soutien à l'entrepreneuriat féminin. Ces initiatives devraient être accompagnées de formations en gestion financière et en technologies modernes pour aider les femmes à diversifier leurs activités économiques. La lutte contre les violences basées sur le genre doit être intensifiée par un renforcement des lois existantes et par la mise en place de services accessibles pour les survivantes. Cela passe par la formation des forces de l'ordre et des personnels de santé à la prise en charge des violences sexuelles, ainsi que par des campagnes de sensibilisation pour briser les tabous autour de ces questions. Enfin, la participation politique des femmes doit être encouragée par l'application stricte des quotas de parité et par des programmes de mentorat pour renforcer leurs compétences et leur confiance. Une plus grande inclusion des femmes dans les instances de pouvoir garantira que leurs voix et leurs besoins soient mieux représentés dans les politiques publiques.

L'éducation et l'autonomisation des femmes en RDC sont des priorités stratégiques pour bâtir un avenir équitable et prospère. En éliminant les barrières à leur développement personnel et professionnel, la RDC peut transformer son immense potentiel humain en une ressource pour la croissance économique et la stabilité sociale. Les femmes doivent être au centre des politiques de développement durable, car leur succès est directement lié au succès de la nation entière.

DÉVELOPPEMENT DURABLE ET REDUCTION DE LA PAUVRETÉ

Le développement économique soutenue et la réduction de la pauvreté sont des priorités fondamentales pour la RDC, un pays riche en ressources naturelles mais où la majorité de la population vit dans une extrême pauvreté. Ces deux objectifs sont intimement liés et dépendent d'une gestion efficace des ressources, de réformes institutionnelles, d'un leadership visionnaire et d'éthique, et d'une politique économique soutenue et inclusive. Cette section examine les défis économiques et sociaux qui entravent le progrès en RDC, ainsi que les solutions nécessaires pour surmonter ces obstacles.

Les richesses naturelles : un paradoxe économique

La RDC est l'un des pays les plus riches en ressources naturelles au monde, avec des réserves importantes de cobalt, de cuivre, de diamants, et de forêts tropicales. Cependant, cette richesse naturelle contraste fortement avec le niveau de pauvreté élevé de la population. Selon le rapport EGI-ODD 2020, près de 74 % des Congolais vivent avec moins de 1,90 USD par jour et selon la Banque Mondiale, en 2023, 70 % de la population vit sous le seuil international de pauvreté. Ce paradoxe s'explique par une mauvaise gestion des ressources, inerties politique et manque d'un leadership visionnaire et éthique, une corruption systémique, et un manque de valorisation locale des matières premières.

L'économie congolaise reste fortement dépendante des exportations de ressources naturelles brutes. Cette dépendance expose le pays aux fluctuations des prix mondiaux, ce qui rend son économie vulnérable. Par ailleurs, la concentration de l'activité économique dans le secteur minier limite la diversification et empêche le développement d'autres secteurs clés tels que l'agriculture et l'industrie manufacturière. Cette situation perpétue un modèle économique extractif, où la majorité de la population ne bénéficie pas des revenus générés par l'exploitation des ressources naturelles.

Les inégalités et la pauvreté structurelle

La pauvreté en RDC est exacerbée par des inégalités socio-économiques marquées entre les zones urbaines et rurales. Les régions rurales, où vit la majorité de la population (près de 53.2 % des Congolais), souffrent d'un manque chronique d'infrastructures de base telles que les routes, les écoles et universités, les centres de santé, l'eau potable, et l'électricité. Ces déficits limitent l'accès des populations rurales aux services essentiels et aux opportunités économiques.

Le chômage et le sous-emploi sont également des facteurs clés de la pauvreté. Les chômeurs ne perçoivent pas de revenu. Les conséquences sont la perte du pouvoir d'achat, l'endettement des ménages, et la hausse de la délinquance qui augmentent en fonction de la durée du chômage. Le marché du travail en RDC est dominé par des emplois informels, souvent précaires et mal rémunérés. Les jeunes et les femmes, en particulier, sont confrontés à des difficultés importantes pour accéder à des emplois stables. Selon l'EDS 2023-24, le taux de chômage parmi les jeunes atteint 35 %, ce qui aggrave la dépendance économique et limite la mobilité sociale.

Les conflits armés, en particulier dans l'Est du pays, aggravent encore la pauvreté en détruisant les infrastructures, en perturbant les chaînes de production et en déplaçant des millions de personnes. Ces conflits détournent également des ressources publiques importantes vers les dépenses militaires, au détriment des investissements dans le développement durable.

Le rôle des institutions et des politiques publiques

Les institutions faibles, la corruption systémique, l'instabilité politique, et le manque criant d'un leadership visionnaire et éthique constituent des obstacles majeurs au développement économique durable et à la réduction de la pauvreté en RDC. Les fonds publics destinés aux programmes de lutte contre la pauvreté sont souvent détournés ou mal gérés. Par ailleurs, l'absence de politiques publiques cohérentes et inclusives limite l'impact des initiatives de développement durable.

Le système fiscal est également inefficace, avec une faible capacité de collecte des impôts. Cela réduit les revenus de l'État, limitant sa capacité à financer les infrastructures et les services sociaux. Selon la Banque Mondiale, les recettes fiscales de la RDC représentent moins de 10 % du PIB, l'un des taux les plus bas d'Afrique subsaharienne.

Les politiques de décentralisation, bien que prévues par la Constitution de 2006, sont encore incomplètes. Les provinces, en particulier les zones riches en ressources comme le Katanga, ne reçoivent pas une part équitable des revenus nationaux, ce qui perpétue les tensions régionales et limite leur capacité à lutter contre la pauvreté.

Solutions pour le développement économique durable et la réduction de la pauvreté

Pour relever ces défis, la RDC doit mettre en œuvre des réformes structurelles et adopter des politiques économiques inclusives. Une gestion transparente et efficace des ressources naturelles est essentielle. Cela passe par une adhésion stricte à des initiatives comme l'EITI, qui peut aider à réduire la corruption et à garantir que les revenus des ressources naturelles profitent à l'ensemble de la population.

La diversification de l'économie est également une priorité. Le gouvernement doit investir dans des secteurs comme l'agriculture, qui emploie déjà une grande partie de la population, mais qui reste sous-exploité en raison du manque d'infrastructures et de soutien technique. L'industrie manufacturière et les services, y compris les technologies de l'information, représentent également des opportunités pour créer des emplois et augmenter les revenus.

Le développement des infrastructures est un autre levier clé. La construction de routes, de ponts et d'installations énergétiques peut stimuler l'économie en facilitant le commerce et en améliorant l'accès aux marchés. Ces investissements doivent être accompagnés d'un renforcement des institutions pour garantir une gestion transparente des projets et des budgets.

Enfin, des politiques sociales inclusives sont nécessaires pour réduire les inégalités et améliorer les conditions de vie des populations les plus vulnérables. Cela inclut des programmes de protection sociale, tels que les transferts monétaires pour les ménages à faible revenu, et l'accès universel à l'éducation et aux soins de santé. Ces mesures peuvent avoir un impact significatif en brisant le cycle de la pauvreté et en favorisant une croissance inclusive.

Le développement économique durable et la réduction de la pauvreté en RDC nécessitent une approche intégrée qui combine la gestion efficace des ressources naturelles, la diversification de l'économie et l'investissement dans les infrastructures et les services sociaux. La lutte contre la corruption et le renforcement des institutions sont des conditions préalables essentielles pour garantir que les revenus générés par les ressources naturelles profitent à tous. En adoptant ces réformes et en mettant en œuvre des politiques inclusives, la RDC peut transformer son immense potentiel économique en un moteur de développement durable et de prospérité partagée.

LE PIÈGE DU DÉVELOPPEMENT DURABLE À FAIBLE COÛT

La RDC, malgré ses vastes ressources naturelles et son potentiel économique, reste confrontée à des défis majeurs en matière de développement durable. L'un des principaux obstacles est le « piège du développement durable à faible coût », un modèle dans lequel les économies à court terme et les solutions superficielles priment sur les investissements à long terme, souvent au détriment de la durabilité et de la qualité. Cette section examine les manifestations de ce piège en RDC, ses conséquences pour le développement socio-économique durable, et les stratégies nécessaires pour construire une économie résiliente et inclusive.

Comprendre le piège du développement durable à faible coût

Le concept de développement durable à faible coût fait référence à une approche dans laquelle des choix à court terme sont privilégiés pour des raisons de contrainte budgétaire ou de pression politique au détriment des choix à long terme. En RDC, cela se traduit par des projets d'infrastructure inachevés qui promettaient la création des millions d'emplois aux congolais, des services publics mal financés et une dépendance excessive aux exportations de matières premières. Par exemple, bien que le pays possède l'un des plus grands potentiels miniers au monde, ses revenus miniers sont mal redistribués et peu investis dans des secteurs porteurs tels que l'éducation ou les infrastructures. Selon le rapport analytique « Comment éviter à la RD Congo le piège du développement à faible coût », cette approche aggrave les inégalités sociales et limite la capacité du pays à réaliser des progrès durables.

Dans le secteur de l'éducation, le nombre croissant d'écoles et d'institutions d'enseignement supérieur est souvent salué comme une réussite. Cependant, cette expansion s'accompagne rarement de contrôles de qualité adéquats. Les universités congolaises, bien qu'en forte croissance, manquent de ressources suffisantes et ne figurent pas parmi les meilleures au niveau mondial, en raison d'un manque de standards académiques compétitifs. Cette situation reflète une tendance à prioriser la quantité sur la qualité, une caractéristique clé du piège du développement à faible coût.

Les manifestations dans les infrastructures et les services publics

Les infrastructures en RDC illustrent parfaitement les effets délétères de cette approche. Dans de nombreuses régions, les routes, les ponts et les bâtiments publics sont construits rapidement et à moindre coût, mais se détériorent peu après leur inauguration, faute de maintenance adéquate. Ce phénomène reflète une incapacité à intégrer des considérations de durabilité dans la planification et la mise en œuvre des projets. Par exemple, de nombreuses routes construites ces dernières années ont été rendues impraticables par les conditions climatiques en raison de l'absence de matériaux et de techniques appropriés.

Dans les services publics, notamment la santé et l'énergie, le faible investissement dans les technologies modernes de pointe et les infrastructures de qualité limite leur capacité à répondre aux besoins de la population. Les centres de santé, bien que présents dans de nombreuses communautés, manquent souvent de personnel qualifié, de médicaments et d'équipements de base. Dans le secteur de l'énergie, bien que la RDC détienne un potentiel hydroélectrique immense, l'accès à l'électricité reste limité à environ 19 % de la population, ce qui entrave le développement industriel durable et le bien-être des ménages.

Les conséquences du développement durable à faible coût

Le piège du développement durable à faible coût a des répercussions significatives sur la trajectoire économique et sociale de la RDC. Premièrement, il perpétue un cercle vicieux de pauvreté. Les projets mal planifiés ou de faible qualité échouent souvent à produire les résultats escomptés, gaspillant ainsi des ressources précieuses. Cette inefficacité réduit également la confiance des investisseurs étrangers, qui recherchent des environnements économiques stables et fiables.

Deuxièmement, ce modèle compromet la compétitivité de la RDC sur la scène internationale. Dans un monde globalisé, les produits et services doivent répondre à des normes de qualité élevées pour pénétrer les marchés mondiaux. L'incapacité à atteindre ces standards limite la diversification économique et réduit les opportunités d'exportation, maintenant ainsi la dépendance aux matières premières.

Troisièmement, il empêche la RDC de réaliser les ODD. La faible qualité des infrastructures éducatives, sanitaires et économiques (Indicateur ODD 9) limite la capacité du pays à atteindre des cibles essentielles, telles que l'accès universel à l'éducation de qualité (Indicateur ODD 4), l'éradication de la pauvreté (Indicateur ODD 1) et l'accès à une énergie propre et abordable (Indicateur ODD 7).

Solutions pour dépasser le piège du développement durable à faible coût

Pour sortir de ce piège, la RDC doit adopter des politiques économiques et sociales ambitieuses axées sur la durabilité et la qualité. Premièrement, le gouvernement doit réorienter ses priorités en investissant dans des projets de haute qualité qui tiennent compte des besoins à long terme. Dans le domaine des infrastructures, cela implique l'utilisation de matériaux durables, le recours à des experts qualifiés et la mise en place de mécanismes de maintenance. Les partenariats public-privé (PPP) peuvent également jouer un rôle clé en mobilisant des ressources supplémentaires et en garantissant une exécution efficace des projets.

Deuxièmement, une diversification économique est indispensable. La RDC doit réduire sa dépendance aux exportations de matières premières en développant des secteurs tels que l'agriculture, l'industrie manufacturière et les technologies numériques. Par exemple, le développement d'industries locales de transformation des minerais pourrait augmenter la valeur ajoutée des exportations et créer des emplois.

Troisièmement, la bonne gouvernance doit être renforcée pour assurer une gestion transparente et responsable des ressources publiques. Cela inclut la lutte contre la corruption, qui détourne des fonds essentiels pour des projets de développement. Des outils numériques, comme les plateformes de suivi budgétaire, peuvent améliorer la transparence et permettre aux citoyens de suivre l'utilisation des fonds publics.

Quatrièmement, la RDC doit investir massivement dans le capital humain. L'éducation, la formation professionnelle et l'innovation doivent être au centre des priorités nationales. Une main-d'œuvre qualifiée est essentielle pour attirer les investisseurs et stimuler la croissance économique.

Enfin, la planification stratégique et la coopération internationale doivent être renforcées. En s'appuyant sur des modèles de développement durable inclusifs et en collaborant avec des partenaires techniques et financiers, la RDC peut intégrer des pratiques exemplaires pour maximiser l'impact de ses politiques économiques.

Le piège du développement durable à faible coût est un obstacle majeur au progrès en RDC. En s'appuyant sur des stratégies axées sur la qualité, la durabilité et l'innovation, le pays peut rompre ce cercle vicieux de sous-développement et réaliser son potentiel de développement durable. Cela nécessite un leadership visionnaire et d'éthique, des institutions solides et une volonté collective d'investir dans des solutions à long terme. En surmontant ces défis, la RDC pourra non seulement améliorer les conditions de vie de sa population, mais aussi se positionner comme un modèle de transformation économique et sociale en Afrique.

PARTIE 5

LEADERSHIP ET GOUVERNANCE

LE CONCEPT DE LEADERSHIP SERVITEUR ET SON APPLICABILITÉ EN RDC

Le concept de leadership serviteur, proposé par Robert K. Greenleaf dans les années 1970, offre une perspective innovante sur la gouvernance et la gestion des relations humaines. Contrairement au leadership traditionnel centré sur le pouvoir et le contrôle, le leadership serviteur vise à répondre en priorité aux besoins des communautés et des individus. En RDC, où les défis liés à la mauvaise gouvernance, la corruption et l'instabilité politique persistent, cette philosophie pourrait ouvrir la voie à un développement plus inclusif et durable. Comme le souligne Greenleaf, un leader serviteur est avant tout un « serviteur » de sa communauté, cherchant à promouvoir le bien-être collectif et la croissance individuelle (Greenleaf, 1977).

Dans le même ordre d'idées, la revue de littérature scientifique existante décris d'une façon plus pratique un leader serviteur comme synonyme d'un leader éclairé, d'un leader visionnaire, d'un leader éthique, une personne honnête avec des nobles valeurs, juste dans ses choix, une personne qui respecte ses obligations, la Constitution, la déontologie. Pour le leader serviteur, la violation de la Constitution, la corruption, la mauvaise gouvernance, les pratiques illicites, et les perversions de tout genre ne sont pas tolérables car elles sapent le fondement même de la culture organisationnelle de la bonne gouvernance.

Les principes fondamentaux du leadership serviteur

Le leadership serviteur repose sur des principes clés qui sont particulièrement pertinents dans le contexte de la RDC. L'écoute active est essentielle pour comprendre les besoins et les attentes des citoyens. Dans un pays où la méfiance envers les institutions publiques est élevée, cette écoute pourrait servir de base à un dialogue constructif entre les dirigeants et les communautés. L'empathie, un autre pilier du leadership serviteur, renforce cette dynamique en permettant aux leaders de s'identifier aux réalités sociales de leurs concitoyens, comme l'illustre le rapport de l'Observatoire Congolais du Développement Durable (2022), qui met en évidence les tensions croissantes dues aux inégalités sociales et économiques.

La transparence et l'éthique, également centrales à cette approche, sont indispensables pour restaurer la confiance des citoyens. En RDC, où la corruption mine la gestion publique, une gouvernance éthique pourrait changer la donne. Transparency International (2021) souligne que la RDC figure parmi les pays les plus corrompus au monde, et l'instauration de principes de leadership serviteur pourrait constituer un point de départ pour lutter contre ce fléau.

Les défis du leadership en RDC

Historiquement, la gouvernance en RDC a été marquée par une centralisation excessive des pouvoirs et une gestion autoritaire des affaires publiques. Cette approche, héritée des périodes coloniale et postcoloniale, a renforcé les inégalités et marginalisé de nombreuses communautés, en particulier dans les zones rurales. Le rapport de l'Observatoire Congolais du Développement Durable (2022) souligne que cette centralisation des pouvoirs limite la capacité des autorités locales à répondre aux besoins spécifiques de leurs populations. Par ailleurs, l'absence de transparence dans la gestion des ressources publiques exacerbe les frustrations et limite l'efficacité des politiques publiques.

Les défis économiques et sociaux du pays amplifient les faiblesses structurelles du leadership. Avec un taux de chômage des jeunes atteignant 35 % (RDC-Institut National de la Statistique et ICF, 2024), et des inégalités criantes entre les zones rurales et urbaines, les citoyens attendent des dirigeants capables de prendre en compte leurs préoccupations quotidiennes et d'apporter des solutions concrètes.

Les citoyens congolais attendent un leader visionnaire qui est capable de renforcer : la bonne gouvernance, l'efficience des politiques publiques, la mise en place de réformes structurelles et des mesures de transformation structurelle, la paix positive et la stabilité des provinces en guerre et conflits, la lutte contre la corruption généraliser et les antivaleurs, l'administration contemporaine de l'Etat, la maîtrise de la dépense publique en réduisant les dépenses inutiles conformément aux lois de programmation des finances publiques la génération des économies structurelles ; la restructuration des agences et institutions de l'Etat, le démantèlement de la bureaucratie en réduisant les réglementations excessives, le financement des investissements indispensables pour assurer le développement durable de la RDC, etc., afin notamment de répondre aux attentes de Congolais.

L'applicabilité du leadership serviteur en RDC

Le leadership serviteur pourrait constituer un levier stratégique pour transformer la gouvernance en RDC. Premièrement, il permettrait de renforcer le dialogue entre les dirigeants et les citoyens. Par exemple, dans les provinces affectées par les conflits, les dirigeants locaux pourraient utiliser l'écoute et l'empathie pour identifier les besoins prioritaires et mobiliser les communautés autour de solutions communes. Cela renforcerait également la cohésion sociale, comme l'a montré Greenleaf (1977), en démontrant que les leaders peuvent devenir des catalyseurs de transformation sociale.

Deuxièmement, la transparence et l'éthique inhérentes au leadership serviteur peuvent jouer un rôle crucial dans la lutte contre la corruption. Les recommandations de Transparency International (2021) mettent en avant l'importance de la reddition de comptes et de la mise en place de mécanismes de contrôle pour garantir une gestion rigoureuse des fonds publics. En adoptant ces principes, les dirigeants congolais pourraient non seulement améliorer leur crédibilité, mais aussi attirer davantage d'investissements étrangers.

Troisièmement, l'approche du leadership serviteur pourrait aider à autonomiser les jeunes, qui représentent une majorité démographique en RDC. La participation des jeunes aux processus de décision et leur formation en leadership éthique pourraient faire d'eux des acteurs clés du développement durable. Le rapport de l'EDS 2023-24 montre que les jeunes représentent un potentiel inexploité, et leur implication active pourrait catalyser une transformation économique et sociale durable.

Défis de mise en œuvre

L'adoption du leadership serviteur en RDC ne sera pas sans obstacles. La culture politique actuelle, marquée par l'autoritarisme et la centralisation, pourrait résister à cette transformation. De plus, l'absence de ressources adéquates et le manque de formation sur les pratiques de leadership inclusif constituent des défis importants. Pour que cette approche réussisse, un effort concerté entre le gouvernement, la société civile et les partenaires internationaux est nécessaire. Les mécanismes de sensibilisation et de formation doivent être renforcés pour promouvoir la compréhension et l'adoption des principes du leadership serviteur.

Le leadership serviteur offre une alternative prometteuse pour repenser la gouvernance en RDC. En mettant l'accent sur l'écoute, l'empathie, la transparence et la croissance collective, cette approche pourrait transformer les institutions publiques et promouvoir un développement inclusif. Toutefois, sa mise en œuvre exige un engagement fort de la part des dirigeants et des acteurs locaux. En adoptant cette philosophie, la RDC pourrait poser les bases d'une gouvernance plus équitable et d'une prospérité partagée.

LE COÛT INSTITUTIONNEL, SOCIAL ET ÉCONOMIQUE DE L'ÉLECTION DE PERSONNES NON QUALIFIÉES

« Prenez dans vos tribus des hommes sages, intelligents et connus, et je les mettrai à votre tête » (Deutéronome 1 :13). Ce passage biblique reflète une sagesse intemporelle sur l'importance de choisir des dirigeants compétents. L'élection de personnes non qualifiées à des postes de pouvoir, qu'il s'agisse de gouvernements, d'entreprises ou d'autres institutions, peut engendrer des conséquences graves et durables sur l'ensemble d'une nation. Ces répercussions, visibles dans les sphères institutionnelles, sociales et économiques, illustrent la nécessité d'un leadership éclairé et compétent.

Coût institutionnel

Le premier impact de l'élection de dirigeants non qualifiés est institutionnel, touchant directement la crédibilité et la fonctionnalité des institutions publiques. Lorsque des individus sans compétences ou expérience adéquate occupent des postes d'autorité, la confiance du public dans les institutions s'érode rapidement. Cette perte de légitimité va au-delà de l'individu pour affecter l'ensemble de l'institution qu'il représente. En RDC, par exemple, des scandales répétés impliquant des dirigeants mal formés ont souvent entraîné une méfiance généralisée envers le système étatique (*Transparency International*, 2021).

Un autre effet notable est l'inefficacité et la mauvaise gestion. Les dirigeants non qualifiés manquent des compétences nécessaires pour naviguer dans des contextes politiques et administratifs complexes, ce qui entraîne souvent des erreurs de gouvernance et une allocation inefficace des ressources publiques. Par exemple, de nombreux projets d'infrastructures en RDC ont échoué en raison de décisions prises par des dirigeants mal informés, ce qui a paralysé des secteurs clés comme la santé et l'éducation (Banque Mondiale, 2021).

Ces lacunes s'accompagnent d'une paralysie des politiques. Les questions complexes, telles que la réforme des systèmes de santé ou la lutte contre la pauvreté, nécessitent des compétences spécialisées pour être abordées efficacement. Lorsque ces compétences font défaut, les politiques publiques deviennent mal conçues ou inadaptées, laissant les crises s'aggraver. Enfin, les personnes non qualifiées sont souvent plus vulnérables à la corruption. Leur manque de compréhension de leurs responsabilités ou leur recherche de gains personnels peut conduire à des pratiques malhonnêtes, amplifiant ainsi les maux institutionnels.

Coût social

Au-delà des institutions, l'élection de dirigeants non qualifiés a également un impact profond sur le tissu social. Ces dirigeants, en raison de leur incapacité à répondre équitablement aux besoins des citoyens, aggravent souvent les divisions et la polarisation sociale. En RDC, cette polarisation a été exacerbée par des politiques mal pensées qui favorisent certains groupes ethniques ou régions au détriment d'autres (Observatoire Congolais du Développement Durable, 2022).

La diminution de la participation civique est une autre conséquence préoccupante. Lorsque les citoyens perdent confiance dans leurs dirigeants, ils se désengagent des processus démocratiques, comme le vote ou l'activisme communautaire. Ce désengagement affaiblit la démocratie, rendant plus difficile l'adoption de réformes nécessaires pour redresser le pays. Par ailleurs, l'érosion du capital social, qui repose sur la confiance mutuelle entre les citoyens et les dirigeants, réduit la capacité des communautés à collaborer pour atteindre des objectifs communs. La perte de cette cohésion sociale freine le développement communautaire et limite les efforts de reconstruction après des crises.

Enfin, l'élection de dirigeants incompétents peut ternir l'image internationale du pays. Les partenaires étrangers, qu'ils soient des investisseurs ou des institutions de développement, hésitent à collaborer avec des gouvernements perçus comme inefficaces ou corrompus, ce qui réduit l'influence de la RDC sur la scène mondiale.

Coût économique

Sur le plan économique, les conséquences de mauvais choix de leadership sont tout aussi significatives. Les dirigeants non qualifiés ont tendance à prendre des décisions basées sur des intuitions ou des pressions politiques, plutôt que sur des données probantes, ce qui aboutit souvent à des politiques économiques contre-productives. En RDC, cela se traduit par un ralentissement de la croissance économique, aggravé par une mauvaise gestion des ressources naturelles (Banque Mondiale, 2021).

La méfiance des investisseurs constitue un autre problème majeur. Les entreprises recherchent des environnements stables et bien gouvernés pour investir. La présence de dirigeants non qualifiés, souvent associée à une instabilité politique et à une corruption accrue, dissuade ces investissements vitaux pour l'économie nationale (*Transparency International*, 2021). En outre, le gaspillage des ressources est fréquent sous des dirigeants incompétents. Les fonds publics, qui pourraient être utilisés pour des projets essentiels comme les infrastructures ou la santé, sont souvent détournés ou dépensés de manière inefficace, exacerbant ainsi les déficits budgétaires.

Enfin, les engagements économiques pris par des dirigeants non qualifiés peuvent avoir des impacts budgétaires à long terme. Des politiques économiques malavisées, comme des accords commerciaux déséquilibrés, des projets non viables, ou le financement public des plusieurs éléphants blancs non rentables qui s'avèrent plus coûteux que bénéfiques et dont l'exploitation ou l'entretien devient un fardeau financier, augmentent le fardeau de la dette et limitent les marges de manœuvre budgétaires pour les générations futures. Ces erreurs stratégiques réduisent également la capacité du pays à s'adapter à des crises économiques imprévues.

L'élection de personnes non qualifiées à des postes de pouvoir est un problème grave qui affecte tous les aspects de la société. Le coût institutionnel, social et économique de telles décisions ne se limite pas à la durée du mandat de ces dirigeants, mais laisse des séquelles durables sur les fondements même de la société. En RDC, où les défis en matière de gouvernance sont déjà nombreux, il est impératif que l'électorat évalue avec diligence les qualifications et les compétences des candidats. Pour que la démocratie prospère et que le développement durable devienne une réalité, un leadership compétent n'est pas une simple préférence : c'est une nécessité absolue. En adoptant une culture de responsabilité et de mérite dans le choix des dirigeants, la RDC peut poser les bases d'un avenir plus stable, équitable et prospère.

DE LA MALÉDICTION DES INSTITUTIONS EXTRACTIVES

Pour comprendre les défis multiformes auxquels fait face la RDC, il est crucial d'examiner les structures institutionnelles qui façonnent ses réalités socio-économiques et politiques. Le cadre conceptuel des institutions extractives et inclusives, présenté par Daron Acemoglu et James Robinson dans leur ouvrage *Why Nations Fail: The Origins of Power, Prosperity, and Poverty*, constitue un prisme utile pour analyser ces dynamiques. Les institutions extractives concentrent pouvoir et richesse entre les mains de quelques-uns, perpétuant ainsi les inégalités et freinant l'innovation. À l'inverse, les institutions inclusives distribuent le pouvoir de manière équitable, favorisant la prospérité économique et la stabilité politique par l'égalité des opportunités (Acemoglu et Robinson, 2012).

En RDC, pays riche en ressources naturelles mais marqué par la pauvreté et le sous-développement, la persistance des institutions extractives empêche la transformation économique et sociale. Cette analyse explore les origines et les conséquences des institutions extractives tout en proposant des pistes de réformes vers des institutions plus inclusives.

Les institutions extractives en RDC : un contexte historique

L'héritage des institutions extractives en RDC remonte à la période coloniale belge. Sous le règne de Léopold II, l'État indépendant du Congo fut administré comme une entreprise privée, marquée par l'exploitation brutale des ressources naturelles et de la population. Cette période, caractérisée par le travail forcé et les atrocités, a établi une structure institutionnelle axée sur l'extraction au détriment du développement humain (Nzongola-Ntalaja, 2002).

Après l'annexion du Congo par l'État belge en 1908, la situation n'a guère changé. L'administration coloniale belge a institutionnalisé un système économique extractif qui privilégiait les intérêts des entreprises européennes. Par exemple, les vastes ressources minières du Katanga étaient exploitées pour alimenter l'économie belge, tandis que les infrastructures et les services publics en RDC restaient sous-développés (Coquery-Vidrovitch, 2012).

Après l'indépendance en 1960, l'héritage des institutions extractives a été renforcé par des régimes successifs. Sous Mobutu, le pays a connu une kleptocratie flagrante où les ressources publiques étaient pillées pour enrichir une petite élite. Ce régime a également centralisé le pouvoir, empêchant la décentralisation nécessaire pour un développement durable et inclusif. Les régimes successifs ainsi que les conflits armés qui ont suivi la chute de Mobutu ont continué à alimenter les pratiques extractives, notamment par la militarisation de l'exploitation des ressources naturelles (Banque Mondiale, 2021).

Institutions politiques et économiques actuelles

Les institutions politiques en RDC sont encore dominées par la corruption et une centralisation excessive du pouvoir. *Transparency International* (2021) classe régulièrement la RDC parmi les pays les plus corrompus, ce qui reflète l'impact des pratiques extractives sur la gouvernance. Cette corruption affaiblit l'efficacité des politiques publiques et érode la confiance des citoyens dans les institutions.

Les institutions économiques, quant à elles, restent dépendantes du secteur extractif. Les vastes réserves de cobalt, de cuivre et d'autres ressources minérales font de la RDC un acteur majeur de l'économie mondiale. Cependant, ces richesses profitent principalement aux entreprises étrangères et à une élite locale, tandis que la majorité de la population vit dans des conditions précaires (De Failly, 2020). L'absence de valeur ajoutée locale et le manque de transparence dans la gestion des revenus miniers limitent les retombées économiques pour la population.

Conséquences institutionnelles, sociales et économiques

Les institutions extractives ont des impacts durables sur les plans institutionnel, social et économique. Sur le plan institutionnel, elles affaiblissent la crédibilité des institutions publiques et freinent les réformes nécessaires. Sur le plan social, elles exacerbent les inégalités et les conflits, notamment dans les régions minières comme les anciennes provinces du Kivu, du Katanga, et du Kasaï. Sur le plan économique, elles maintiennent la RDC dans une situation de dépendance vis-à-vis des exportations de matières premières, tout en limitant les investissements dans des secteurs essentiels comme l'éducation et la santé (Cahiers africains, 2019).

Exemples de transitions vers des institutions inclusives

L'expérience d'autres pays montre qu'il est possible de rompre avec la malédiction des institutions extractives. Le Botswana, par exemple, a mis en place une gestion prudente de ses revenus diamantaires pour financer des infrastructures et des services publics, tout en maintenant une gouvernance démocratique. L'Estonie, après son indépendance de l'Union soviétique, a utilisé les technologies numériques pour améliorer la transparence et l'efficacité de ses institutions publiques (Coquery-Vidrovitch, 2012).

Pistes de réforme pour la RDC

Pour surmonter la malédiction des institutions extractives, la RDC doit adopter des réformes ambitieuses.

Cela inclut:

- Le renforcement de l'état de droit, notamment par l'indépendance du pouvoir judiciaire.
- Une gestion transparente des ressources naturelles, avec une répartition équitable des revenus miniers.
- L'investissement dans le capital humain, par l'éducation et la santé, pour réduire les inégalités.
- La diversification économique pour réduire la dépendance au secteur minier et développer des secteurs comme l'agriculture et l'industrie manufacturière.

La RDC illustre bien les effets dévastateurs des institutions extractives, qui freinent son développement durable et exacerbent les inégalités. Cependant, en s'inspirant des exemples internationaux et en mettant en œuvre des réformes structurelles, le pays peut amorcer une transition vers des institutions inclusives. Ce changement est essentiel pour libérer le potentiel de ses ressources naturelles et assurer un avenir prospère et équitable à tous ses citoyens.

NÉCESSITÉ DE RENFORCER LES DROITS SOCIO-ÉCONOMIQUES TELS QUE REPRIS DANS LA CONSTITUTION

La Constitution de la RDC, adoptée en 2006, modifiée par la Loi n° 11/002 du 20 janvier 2011 portant révision de certains articles, représente un jalon essentiel dans la reconnaissance des droits socio-économiques comme des droits fondamentaux. Ces droits incluent notamment l'accès à l'éducation, aux soins de santé, au logement et à un travail décent, qui sont considérés comme des piliers pour garantir le bien-être et la dignité des citoyens. Cependant, la mise en œuvre effective de ces droits reste un défi majeur en raison des contraintes institutionnelles, économiques et sociales qui minent leur réalisation. Cette section explore les principes constitutionnels qui consacrent ces droits, les défis qui entravent leur effectivité, et propose des solutions pour les renforcer.

Les droits socio-économiques dans la Constitution de la RDC

La Constitution de la RDC consacre une série de droits socio-économiques essentiels visant à promouvoir l'égalité et l'inclusion sociale.

Parmi ces droits, on trouve :

- **Le droit au travail** : L'article 36 garantit à chaque citoyen le droit au travail dans des conditions équitables, ainsi que l'accès à la sécurité sociale. Ce droit est essentiel pour réduire les inégalités économiques et promouvoir l'émancipation sociale.
- **Le droit à l'éducation** : L'article 43 établit que l'enseignement primaire est gratuit et obligatoire, et que l'État a pour mission de promouvoir l'accès à l'éducation à tous les niveaux. Ce droit vise à garantir l'alphabétisation de la population et à jeter les bases du développement national durable.
- **Le droit à la santé** : L'article 47 impose à l'État de veiller à la santé publique et de garantir l'accès à des soins de qualité pour tous. Ce droit est crucial dans un contexte où les indicateurs de santé publique restent alarmants, notamment avec des taux élevés de mortalité infantile et maternelle (RDC-Institut National de la Statistique et ICF, 2024).
- **Le droit au logement** : L'article 48 consacre le droit à un logement décent, reconnaissant l'importance de l'habitat pour la

stabilité sociale et le bien-être des citoyens. Dans un pays où l'urbanisation rapide a laissé de nombreuses familles vivre dans des conditions précaires, ce droit est fondamental.

- **Le droit à un environnement sain** : L'article 53 oblige l'État à protéger l'environnement et à promouvoir le développement durable. Ce droit est particulièrement pertinent pour un pays qui abrite une biodiversité exceptionnelle mais qui est menacé par l'exploitation non durable des ressources naturelles.

Ces droits, bien que solidement ancrés dans le texte constitutionnel, nécessitent des efforts concertés pour leur mise en œuvre effective.

Défis de mise en œuvre

Malgré leur inscription dans la Constitution, ces droits font face à des obstacles importants qui en limitent l'effectivité :

- **Faiblesse des institutions publiques** : Les institutions responsables de la mise en œuvre de ces droits manquent souvent de ressources et de personnel qualifié. La corruption généralisée aggrave la situation, détournant les fonds destinés à des projets essentiels et affaiblissant la crédibilité des institutions (Transparency International, 2021).
- **Contraintes économiques** : Bien que la RDC possède un potentiel économique immense, la pauvreté reste endémique. Le manque de revenus publics, dû à une faible mobilisation fiscale et à une économie informelle prédominante, limite les moyens disponibles pour financer les droits socio-économiques (Banque Mondiale, 2021).
- **Inégalités régionales** : Les provinces rurales, souvent éloignées des centres des pouvoirs, souffrent d'un accès limité aux services essentiels. Par exemple, l'accès à l'éducation et à la santé dans des anciennes provinces comme le Kasaï, le Bandundu, et l'Equateur reste extrêmement faible comparé à la province de Katanga et Kinshasa.
- **Conflits armés** : Les conflits persistants dans certaines provinces, notamment dans l'est de la RDC ont non seulement détruit des infrastructures essentielles, mais ont également détourné l'attention et les ressources de l'État, au détriment des investissements sociaux.
- **Absence de mécanismes de suivi** : La mise en œuvre des droits socio-économiques nécessite des systèmes de suivi et

d'évaluation efficaces pour garantir que les programmes publics atteignent leurs objectifs. En RDC, ces mécanismes restent largement insuffisants.

Pistes pour le renforcement des droits socio-économiques

Pour garantir une meilleure réalisation des droits socio-économiques, il est crucial d'adopter des réformes ambitieuses et structurées.

- **Renforcer les capacités institutionnelles** : Les institutions publiques doivent être dotées de moyens suffisants pour planifier et exécuter des programmes efficaces. Cela inclut la formation du personnel, l'amélioration des infrastructures administratives et la lutte contre la corruption.
- **Mobiliser les ressources financières** : Une réforme fiscale est nécessaire pour élargir la base des recettes de l'État. Parallèlement, la gestion transparente des revenus issus des ressources naturelles pourrait générer des fonds substantiels pour financer les services publics.
- **Décentraliser la gouvernance** : Une décentralisation effective des pouvoirs permettrait aux gouvernements locaux de mieux répondre aux besoins spécifiques de leurs communautés. Cela inclut la gestion locale des écoles, des hôpitaux et des programmes de logement.
- **Investir dans le capital humain** : L'éducation et la santé doivent être priorisées dans les budgets publics. Par exemple, des initiatives pour améliorer les infrastructures scolaires et universitaires ; et former davantage d'enseignants et professeurs qualifiés pourraient augmenter les taux de scolarisation et améliorer la qualité de l'éducation.
- **Renforcer les partenariats internationaux** : La coopération avec les bailleurs de fonds et les organisations internationales pourrait fournir des ressources financières et techniques pour accélérer la mise en œuvre des droits socio-économiques.
- **Impliquer la société civile** : Les organisations de la société civile peuvent jouer un rôle clé en surveillant les politiques publiques, en sensibilisant les citoyens à leurs droits et en plaidant pour des réformes nécessaires.

Les droits socio-économiques consacrés par la Constitution de la RDC représentent un cadre ambitieux pour promouvoir l'équité sociale et le bien-être de la population. Cependant, leur mise en œuvre reste entravée par des défis conjoncturels et structurels limitatifs économiques et institutionnels, et l'inertie politique. Pour garantir que ces droits deviennent une réalité, il est essentiel de renforcer les capacités des institutions publiques, de mobiliser les ressources financières, et de promouvoir une gouvernance participative et transparente. En adoptant ces réformes, la RDC peut non seulement améliorer les conditions de vie de ses citoyens, mais aussi jeter les bases d'un développement durable et équitable.

REPENSER LE DÉVELOPPEMENT TERRITORIAL

1. Contexte

La RDC fait face à un défi stratégique : valoriser l'immense diversité de ses provinces sans menacer l'unité nationale. Pays-continent aux richesses variées, la RDC a longtemps souffert d'un hyper-centralisme qui a concentré le pouvoir et les investissements à Kinshasa, laissant de vastes provinces en marge. Certains observateurs vont même jusqu'à évoquer une possible « *balkanisation* » du pays, jugé trop vaste pour être géré efficacement. Or, la centralisation excessive a montré ses limites, tandis qu'une décentralisation mal conçue pourrait conduire à une fragmentation dangereuse du territoire.

Comment alors développer chaque coin du pays selon ses atouts propres, tout en renforçant la cohésion d'ensemble ?

Et si le développement du pays ne passait plus par la centralisation, mais par la connexion des forces locales ?

Dans un espace vaste comme un continent, l'enjeu n'est plus de tout concentrer, mais de répartir intelligemment les fonctions. Faire de chaque espace un pôle spécialisé n'est pas un luxe : c'est une nécessité pour équilibrer la croissance, rapprocher les services publics et rendre la présence de l'État visible dans chaque province. L'objectif est que le pays ne soit plus une capitale entourée de périphéries, mais un archipel de compétences interconnectées.

Certains de ces territoires — Lomela, Aru, Walikale ou Kasongo — sont plus étendus que des pays entiers d'Afrique de l'Ouest ou d'Afrique centrale. Leur poids géographique et démographique impose de les considérer non comme de simples subdivisions administratives, mais comme de véritables espaces économiques à part entière, capables d'abriter des filières industrielles, logistiques et environnementales complètes.

Ce modèle, fondé sur la spécialisation et la connectivité, s'appuie sur les corridors stratégiques identifiés. Chaque territoire devient ainsi un maillon actif : production agricole, transformation minière, commerce transfrontalier, bioéconomie, logistique, énergie. Reliés par les routes, les rails, les voies d'eau et le numérique, ces pôles tissent la trame d'une économie nationale cohérente et vivante.

Mais la connectivité physique ne suffit pas. Ce maillage appelle aussi une redistribution institutionnelle : implanter des directions générales, des écoles techniques, des tribunaux mobiles, des bases logistiques de l'armée et des services de sécurité dans les territoires eux-mêmes. C'est ainsi que la présence de l'État cesse d'être abstraite et devient un levier de stabilité et de confiance.

2. Spécialiser chaque province, sans isoler ni diviser

La voie d'un développement équilibré passe par la spécialisation des territoires, mais sous une vision commune. Il s'agit de faire de chaque province un pôle de développement spécialisé, capitalisant sur ses atouts naturels, humains et économiques. Les riches terres agricoles du Kasaï, les minerais du Katanga, le potentiel hydroélectrique du Congo Central ou les forêts de l'Équateur – tous ces atouts locaux peuvent devenir des moteurs provinciaux de croissance. L'idée centrale est que chaque espace contribue, par sa vocation propre, à la trajectoire collective du pays, au lieu de ne penser qu'à son profit isolé. Cette spécialisation ne doit en aucun cas créer des îlots autonomes ou rivaux. Au contraire, elle doit s'inscrire dans un cadre national intégré, où chaque province dépend des autres et les enrichit en retour. Un « Congo à plusieurs cœurs », oui, mais qui bat au même rythme.

Cela implique que l'État conserve un rôle d'arbitre et de lien : il doit encourager les vocations provinciales (par des politiques ciblées, des incitations économiques, des investissements adaptés), tout en veillant à ce que les interactions entre ces provinces restent intenses. Spécialiser, oui, fragmenter, non – tel est le credo d'une vision d'ensemble où diversité rime avec unité.

3. Bâtir un maillage national intégré

Pour que la spécialisation territoriale soit une force et non un facteur de division, il faut tisser un réseau d'interconnexions solide à travers tout le pays. L'infrastructure physique est la première clé : sans routes praticables, chemins de fer, réseaux électriques et liaisons numériques, les pôles de développement resteront des enclaves. C'est malheureusement le cas aujourd'hui : la RDC, vaste de 2,3 millions de km², ne dispose que de très peu de routes en bon état, et son réseau ferroviaire est éclaté en tronçons non connectés. Il s'agit de transformer la RDC en une puissance économique en libérant son potentiel de développement grâce à des infrastructures stratégiques (voir figure 1) et à une utilisation durable des ressources.

Au centre géographique du pays, Lomela pourrait devenir la véritable plaque tournante du réseau de transport congolais. Longtemps marginalisée, cette localité du Sankuru recèle un potentiel stratégique : sa position centrale la prédestine à jouer le rôle de carrefour logistique national, reliant les grands ensembles économiques de l'Ouest, du Nord, de l'Est et du Sud.

Faire de Lomela un hub de transport et de fret avancé permettrait de désenclaver le centre du pays et d'équilibrer les échanges entre les provinces. Ce centre intermodal accueillerait un port sec, un terminal ferroviaire, et une plateforme numérique de gestion du trafic et du fret, favorisant la fluidité des échanges de biens, de services et d'informations à l'échelle nationale.

Figure 1
Une conception innovante du réseau de transport pour le développement de la RDC

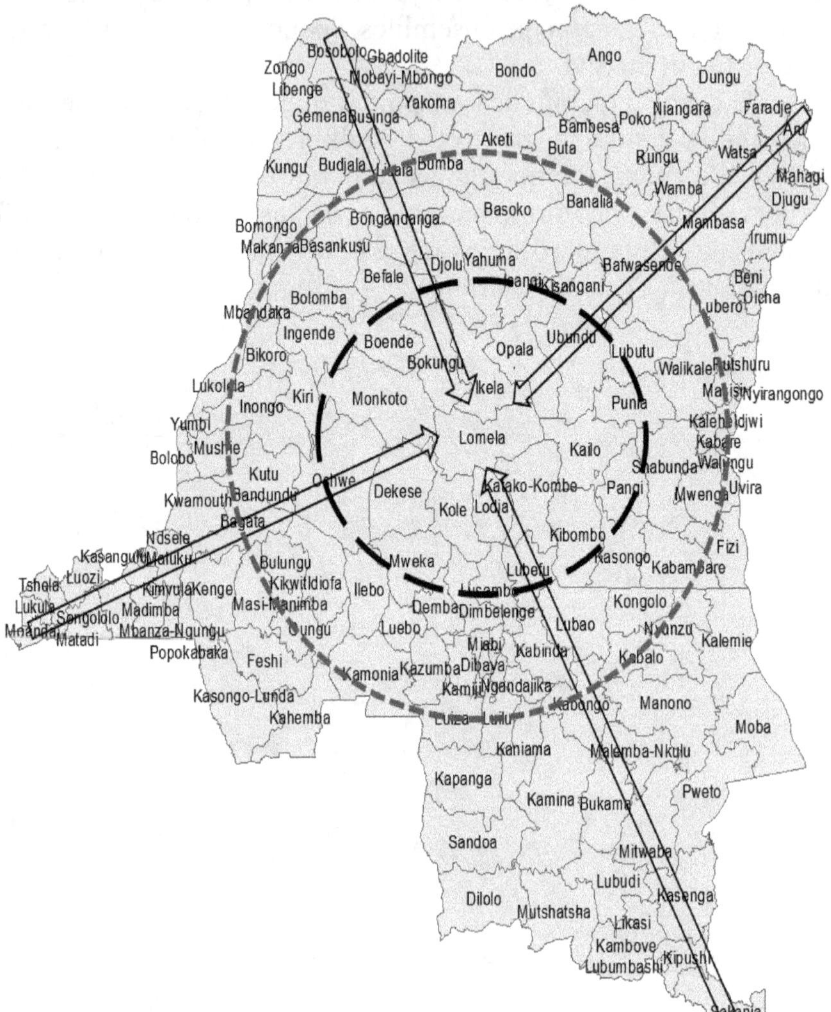

Source : Auteurs

Autour de cette plaque tournante, un réseau de routes transprovinciales structurerait le territoire :

- Bosobolo–Lomela pour connecter le grenier agricole du Nord-Ouest,

- Lomela–Sakania pour relier les zones minières du Haut-Katanga,
- Moanda–Lomela pour intégrer le port de l'Atlantique,
- Lomela–Aru pour ouvrir le corridor vers l'Est africain.

Ces grands axes seraient complétés par deux anneaux routiers majeurs :

- le premier reliant Kisangani à Ubundu en passant par Isangi, Boende, Mweka et Kasongo ;
- le second, immense boucle occidentale et orientale, reliant Bumba, Mbandaka, Bandundu, Kamonia, Kabalo, Fizi, Walikale, Lubero et Aketi.

L'idée n'est pas de multiplier les infrastructures, mais de les intégrer intelligemment. Chaque itinéraire doit reposer sur des études de faisabilité complètes, identifiant le mode de transport le plus efficace : route, rail ou voie navigable, selon les coûts, les volumes et la durabilité environnementale. Ainsi, Lomela ne serait plus une localité oubliée au centre du pays, mais le point d'équilibre d'un Congo relié, productif et souverain.

À ces infrastructures de transport s'ajoute la nécessité de connecter les économies provinciales. Il faut encourager des corridors commerciaux intérieurs, des marchés interprovinciaux et des plateformes logistiques permettant aux produits du Katanga d'alimenter les industries du Kivu, ou au maïs du Kwilu de nourrir les villes minières du Lualaba, par exemple. Un espace économique national intégré réduira la tentation pour chaque pôle de ne regarder que vers l'étranger ou de se suffire à lui-même.

Par ailleurs, le développement d'infrastructures sociales et éducatives dans tout le pays est crucial. Des universités, hôpitaux, centres de recherche et hubs culturels judicieusement répartis favoriseront la circulation des savoirs et des compétences. Aujourd'hui encore, trop d'institutions d'enseignement supérieur et de soins de pointe sont concentrées dans la capitale, incitant les élites provinciales à l'exode vers Kinshasa ou à l'étranger. En installant, par exemple, une grande université agricole dans une province à fort potentiel agropastoral, ou un centre de recherche technologique près d'un pôle industriel minier, on ancre localement les talents tout en irriguant le pays entier.

Enfin, l'importance des réseaux numériques ne peut être sous-estimée. À l'heure où un pays se gouverne aussi par la donnée et la communication instantanée, chaque province doit être connectée à haut débit. Certes des progrès ont été faits avec un taux de pénétration d'Internet passé d'environ 16% en 2019 à plus de 33% début 2025. Mais un Congolais sur trois seulement a accès au web, ce qui signifie qu'une large majorité reste à l'écart de la société de l'information. Investir dans la fibre optique, la 4G/5G et les réseaux mobiles ruraux permettra non seulement de soutenir l'économie (services financiers mobiles, e-commerce, e-administration), mais aussi de renforcer la coordination économique, administrative et sécuritaire sur un pays immense.

En somme, un pays ne se développe pas par la juxtaposition de pôles isolés, mais par leur intégration fonctionnelle. Le Congo de demain doit ressembler à un organisme vivant : des organes aux fonctions distinctes, reliés par un système nerveux et sanguin (routes, rails, flux commerciaux, télécommunications) qui les fait travailler de concert.

4. Décentralisation intelligente

Réussir un développement polycentrique suppose également de repenser la géographie de l'État. Aujourd'hui, Kinshasa concentre l'essentiel des institutions politiques et administratives, donnant parfois aux provinces le sentiment d'être délaissées ou de simples exécutantes. Une solution novatrice consisterait à décentraliser certaines institutions nationales à travers le territoire, de manière stratégique.

Concrètement, il s'agirait de répartir ministères, directions générales et agences publiques dans différentes villes du pays, afin que chaque province abrite une partie visible et active de la souveraineté nationale. Par exemple, on pourrait imaginer d'installer le ministère de l'Agriculture au cœur d'une province à haute productivité agricole, ou encore le siège d'une Agence nationale de l'environnement près des grandes forêts de l'Équateur. De même, des universités publiques de pointe pourraient se spécialiser selon la vocation économique de leur province d'implantation (mines, agriculture, technologie, etc.), en partenariat avec les ministères concernés.

L'objectif est double : rapprocher l'administration des citoyens et stimuler les économies locales. Lorsqu'un ministère ou un organisme public est implanté en province, il attire autour de lui des cadres, des fournisseurs, des événements et des investissements. La ville qui l'accueille bénéficie d'emplois qualifiés et d'une activité économique induite (logement, commerce, services). En outre, la population locale se sent mieux représentée et entendue, ce qui renforce la confiance envers l'État. À l'inverse, tout centraliser dans la capitale alimente frustrations et sentiment d'abandon en périphérie, un terreau potentiellement fertile pour les tensions séparatistes.

Cette idée de « délocaliser » l'État n'est plus tout à fait utopique. Des voix congolaises suggèrent déjà de déplacer certaines grandes institutions dans l'Est pour mieux sécuriser le pays – par exemple l'état-major de l'armée au Nord-Kivu, ou même le Parlement à Lubumbashi. Sans forcément aller aussi loin, une redistribution judicieuse des sièges institutionnels permettrait de décentraliser le pouvoir sans le diluer. L'État resterait unitaire, mais polycentrique dans sa présence. Un tel maillage administratif offrirait une incarnation tangible de l'unité nationale dans chaque coin du territoire.

Au-delà des symboles, la délocalisation de certaines administrations améliorerait l'agilité de la gouvernance. Des décisions au plus près du terrain, une meilleure connaissance des réalités locales par les hauts fonctionnaires, une réduction des lourdeurs bureaucratiques liées à la distance : autant d'atouts pour une gestion plus efficace et participative. Cela rejoint l'idée qu'un État plus proche est un État plus réactif et plus juste.

5. Assurer une présence protectrice partout

Le volet sécuritaire est indissociable de cette réorganisation spatiale. Développer sans fragmenter exige que chaque province se sente protégée et intégrée sur le plan de la sécurité. Concrètement, cela passe par une distribution équilibrée des forces armées et de police sur l'ensemble du pays.

Lorsque certaines zones sont négligées par les forces de l'ordre, elles deviennent des foyers d'instabilité où prolifèrent milices et groupes armés. La tragédie à l'Est du pays en est l'illustration : plus on s'éloigne de Kinshasa, plus on dénombre de groupes armés actifs, profitant du vide laissé par l'État.

Assurer une présence dissuasive de l'armée et de la police dans chaque province a plusieurs effets vertueux. D'abord, cela garantit la stabilité locale, en décourageant l'émergence de rébellions ou de conflits communautaires liés à un sentiment d'abandon. Ensuite, cela rassure les investisseurs et les acteurs économiques : nul développement ne prospère dans l'insécurité. Que ce soit pour exploiter une mine, lancer une entreprise agricole ou construire une usine, la confiance dans la capacité de l'État à maintenir l'ordre est un prérequis.

Par ailleurs, un maillage sécuritaire national facilite une réponse rapide et coordonnée aux crises. Qu'il s'agisse de troubles, de catastrophes naturelles ou de menaces transfrontalières, disposer de troupes et de structures de commandement dans différentes provinces permet d'agir sans délai et de manière adaptée au contexte local. Chaque province deviendrait ainsi une pièce d'un puzzle sécuritaire national, interconnecté par des communications efficaces et une chaîne de commandement unifiée.

Enfin, déployer équitablement les forces de défense et de sécurité contribue à consolider l'unité nationale. Chaque citoyen, qu'il vive à Matadi, à Goma ou à Mbandaka, doit pouvoir sentir la présence protectrice de l'État. C'est un facteur de cohésion puissant : aucune province ne se sent laissée pour compte, et la fierté d'appartenir à la même nation s'en trouve renforcée. La sécurité n'est plus perçue comme un appareil lointain concentré dans la capitale, mais comme un filet de protection omniprésent, garant du droit commun partout sur le territoire. Ce filet, bien qu'invisible en temps de paix, constitue le socle sur lequel peut s'ériger un développement équilibré.

6. Un modèle polycentrique pour un Congo souverain

En conjuguant spécialisation économique, interconnexions physiques et numériques, décentralisation administrative et maillage sécuritaire, la RDC peut tendre vers un modèle de développement polycentrique et robuste. Chaque province, forte de sa vocation propre, deviendrait un pôle d'excellence contribuant à la prospérité commune. Les mines du Sud-Est alimenteraient les industries nationales, les greniers agricoles du Centre-Équateur nourriraient les grands centres urbains, les forêts du Nord fourniraient des ressources tout en préservant l'écosystème global, etc. Aucun territoire ne serait laissé en friche ou exploité à sens unique : tous auraient une place dans le puzzle national.

Dans ce schéma, l'État conserve un rôle central, non pas en concentrant tout à Kinshasa, mais en coordonnant et en soutenant ces différents pôles. Il assure l'équité (en redistribuant les ressources et en évitant que certaines provinces ne décrochent), la solidarité (en secourant une province touchée par une crise grâce aux autres) et la cohérence stratégique (en définissant des orientations communes, par exemple via un plan national d'aménagement du territoire). Surtout, il reste le garant de la souveraineté et de l'intégrité du pays : un Congo polycentrique n'est pas un conglomérat de fiefs autonomes, mais bien une nation aux multiples centres névralgiques travaillant à l'unisson.

Ce modèle présente l'avantage de prévenir à la fois la marginalisation de certaines provinces et les tentations de sécession ailleurs. En faisant de la diversité provinciale une force, la RDC se dote d'un équilibre interne plus résilient. Aucun foyer de développement ne domine outrancièrement les autres, réduisant les frustrations ; et en cas de difficulté dans un pôle (par exemple une chute du cours d'une ressource minière), les autres relais de croissance prennent le relais, limitant la vulnérabilité nationale. C'est en quelque sorte doter le pays de plusieurs cœurs économiques et institutionnels, assurant une circulation vitale partout, plutôt que de tout miser sur un organe unique.

7. Essayons de rêver : 10 territoires pilotes !

Et si la RDC osait repenser son développement à partir de ses territoires ?

Non plus comme une mosaïque des espaces isolés, mais comme un vaste réseau vivant, où chaque espace joue sa partition dans une symphonie nationale. L'enjeu n'est plus de développer chaque territoire en vase clos, mais de bâtir une économie à mailles serrées, fondée sur la complémentarité, la mobilité et la cohérence.

Imaginons un pays où les routes, les rails, les fleuves et le numérique tissent une trame continue de circulation et d'opportunités. Dans ce Congo réinventé, Lomela deviendrait la plaque tournante d'un maillage territorial équilibré : un point de convergence reliant Bosobolo à l'ouest, Moanda au sud-ouest, Sakania au sud-est et Aru au nord-est. Ces axes ne seraient pas de simples lignes sur une carte, mais les artères d'un nouveau modèle de développement, pulsant à partir du centre.

Dans cette vision, chaque territoire incarne une vocation spécifique — agricole, logistique, minière, énergétique ou environnementale — tout en restant solidement connecté aux autres. C'est une manière de transformer la diversité géographique et économique du pays en une force intégratrice : un Congo à plusieurs cœurs, mais animé d'un seul souffle.

De cette vision émergent dix territoires pilotes, choisis non pour leur richesse actuelle, mais pour leur capacité à incarner la diversité et le potentiel du pays. Dix laboratoires vivants d'un Congo en mouvement, où l'État, les collectivités et les acteurs économiques s'allient pour transformer les vocations locales en leviers nationaux. Et c'est à

Lomela, au cœur du Sankuru, que ce rêve prend racine — une localité appelée à devenir le cœur battant de la connectivité congolaise.

Lomela (Sankuru) — Hub logistique national

Au cœur du pays, Lomela s'impose comme le futur nœud logistique central d'un Congo interconnecté. Sa position stratégique, au croisement des grands axes Bosobolo–Lomela, Moanda–Lomela, Lomela–Aru et Lomela–Sakania, en fait une plaque tournante naturelle capable d'irriguer un intérieur longtemps resté à l'écart du réseau national. L'ambition est d'y ériger une plateforme intermodale complète, combinant routes, rail et voies navigables, doublée d'un back-office administratif pour fluidifier les flux commerciaux et douaniers grâce à un guichet logistique unique. Une zone franche de 50 à 100 hectares y accueillerait entrepôts standardisés, aires de stationnement pour poids lourds et connectivité numérique de haut niveau (fibre, 4G).

Le développement de Lomela s'accompagnera de la création d'un terminal fluvial sec, d'une gare-fret et d'un data center provincial destiné à renforcer la chaîne d'approvisionnement intérieure. Un centre de formation aux métiers logistiques viendrait ancrer la compétence locale dans la durée. Pour donner corps à ce rôle pivot, l'État y installerait l'antenne nationale de l'Agence des corridors intérieurs, symbole d'une présence publique forte et d'une volonté de faire de Lomela non pas un simple passage, mais un véritable cœur battant de la connectivité nationale.

Aru (Ituri) — Carrefour du commerce transfrontalier

Aux confins du nord-est, Aru s'affirme comme un poumon commercial provincial, reliant la RDC à l'Ouganda et au Soudan du Sud. Sur ses plateaux agricoles, le sésame, le café et le poisson trouvent déjà leur chemin vers les marchés voisins. La mise en place d'un marché transfrontalier moderne, équipé de scanners douaniers et d'un mini-parc agro-industriel, visera à formaliser ces échanges et à les faire monter en gamme.

Un parc intégré de douanes et de normes SPS doit suivre, consolidant la compétitivité de la province. En reliant Aru à Lomela par un corridor de plus de 1 300 km, le commerce frontalier gagne enfin une profondeur nationale. Ici, la sécurité et la fluidité frontalière s'appuient sur une présence renforcée de l'État, symbolisée par la coordination des douanes, de la police des frontières et des services vétérinaires.

Bosobolo (Nord-Ubangi) — Grenier vivrier et porte de l'Ouest

Bosobolo, sur la rive nord du Congo, devient le panier alimentaire de la nation. Maïs, manioc et riz y abondent, mais leur potentiel reste sous-exploité. En structurant un hub d'agrégation et de conservation doté de pistes de collecte, d'entrepôts modernes et de chaînes du froid, Bosobolo peut transformer sa vocation agricole en puissance economique. L'axe Bosobolo–Lomela, adossé au corridor fluvial Bumba–Basankusu–Mbandaka, offrira aux producteurs une ouverture nationale inédite. Le déploiement d'une cellule agricole provinciale et d'une base de sécurité rurale garantira la protection des récoltes, la stabilité des échanges et la présence concrète de l'État au cœur des zones productrices.

Moanda (Kongo Central) — Énergie et porte maritime

Moanda, à l'extrême ouest, se projette en pôle énergétique et logistique côtier. Porte d'entrée du pays sur l'Atlantique, elle concentre les activités parapétrolières, portuaires et halieutiques. Le projet de port sec connecté à Matadi et Banana, soutenu par des plateformes douanières numériques et un centre de sécurité maritime, modernise un littoral encore sous-capacitaire.
À terme, l'installation d'un terminal roulier léger et d'un pôle énergétique hybride (solaire et haute tension) transformera Moanda en base stratégique d'exportation. Reliée à Lomela par plus de 1 600 km de corridor, la ville ancrera durablement l'hinterland à l'économie maritime nationale.

Sakania (Haut-Katanga) — Chaîne minière responsable

Sakania incarne l'industrie minière du futur, responsable et connectée. Dans cette porte d'entrée du cuivre et du cobalt, un parc d'entreprises locales de maintenance et de sous-traitance prendra forme, soutenu par une offre de formation en sécurité et environnement. À moyen terme, la création d'un centre de certification des minerais responsables et d'un cluster batteries rapprochera la transformation des ressources du lieu d'extraction. Le corridor Lomela–Sakania et l'intégration avec la SNCC et le réseau SAPP[2] assureront la

---

[2] Le SAPP est un réseau régional interconnecté de compagnies d'électricité créé pour coordonner la production, la distribution et l'échange d'énergie électrique entre les pays membres de la Communauté de développement de l'Afrique australe (SADC)

compétitivité énergétique et logistique. Une brigade industrielle mixte, associant mines, environnement et sécurité, consolidera la gouvernance de ce hub stratégique.

Kasongo (Maniema) — Cacao, café et forêts intactes

Kasongo s'érigera en capitale de la transformation verte. Entre forêts et rivières, le cacao et le café s'y développent sous labels durables — « forêts intactes » et « commerce équitable ». Les centres de fermentation et de séchage, appuyés par des laboratoires de qualité, préfigurent l'émergence d'une filière nationale du chocolat et du café. L'axe Kisangani–Kasongo–Ubundu et les voies fluviales du Congo vont restaurer une connectivité à faible coût. Le déploiement d'une antenne environnementale et d'unités forestières spécialisées garantira la traçabilité et la durabilité, tout en valorisant la forêt comme capital économique et écologique.

Walikale (Nord-Kivu) — Mines 3T et renaissance verte

Walikale symbolisera la transition d'une économie minière grise vers une économie formelle et régénératrice. La formalisation des exploitations d'étain, tantale et tungstène s'accompagnera de la création de coopératives traçables, comptoirs agréés et brigades de reboisement. Une fonderie pilote et des crédits carbone communautaires ancreront la valeur ajoutée sur place. Le maillage sécuritaire — armée, police, justice mobile — constituera la première infrastructure de confiance, préalable à tout investissement. Reliée à l'anneau Walikale–Masisi–Rutshuru–Lubero–Bafwasende, la province redeviendra un acteur économique et écologique majeur.

Mbandaka (Équateur) — Forêt-bois durable et bioéconomie bleue

Mbandaka, à la confluence du fleuve et de la forêt, porte la promesse d'une bioéconomie bleue. La transformation locale du bois et la pêche continentale durable s'y conjuguent pour créer de nouveaux emplois verts. La modernisation des scieries et la mise en place d'une chaîne du froid pour le poisson ouvriront la voie à un centre d'excellence sur la forêt tropicale et à un mécanisme provincial de crédits carbone. Grâce au dragage et au balisage des voies navigables, Mbandaka deviendra un maillon clé de la compétitivité fluviale du pays. La présence d'une direction générale Forêts et d'une Garde fluviale y incarnera l'État dans sa mission de régulation et de protection.

Kabalo (Tanganyika) — Carrefour multimodal du centre-sud

À Kabalo, les rails rejoignent les eaux. Ce nœud stratégique rail–route–fleuve reconnecte le Katanga productif au reste du pays. Les quais modernisés, les ponts bascule et les hangars préfigurent un terminal fluvial de conteneurs, soutenu par des ateliers de maintenance du matériel roulant. Ce maillon central du réseau SNCC redonnera à la logistique congolaise une compétitivité perdue, notamment pour les vracs agricoles et miniers. Le déploiement d'une direction technique ferroviaire et d'une base logistique militaire assurera la pérennité de cette plateforme de transit national.

Uvira–Fizi (Sud-Kivu) — Agro-industrie et économie bleue du Tanganyika

Sur la rive du Tanganyika, Uvira et Fizi s'uniront pour bâtir une économie littorale résiliente fondée sur la pêche, l'agro-irrigation et les industries légères. Les débarcadères modernisés, les périmètres irrigués et les centres de métiers locaux structureront une chaîne poisson–lait–horticulture à forte valeur ajoutée. À terme, un parc agro-industriel pour le jus, le lait et la farine de poisson dynamisera l'emploi local. L'électrification, assurée par des micro-barrages et le solaire, renforcera cette autonomie productive. L'anneau Sud-Kivu (Fizi–Uvira–Walungu–Kabare–Kalehe) fait de ce territoire un pont économique provincial, soutenu par une base navale et une direction de l'hydraulique rurale.

Ces dix territoires ne sont pas des exceptions : ils sont les éclaireurs d'un nouveau modèle territorial. Leur spécialisation ne les isole pas ; elle les relie. Ensemble, ils dessinent la carte d'un pays où l'énergie de Moanda rejoint la logistique de Lomela, où les forêts de Mbandaka nourrissent les industries vertes de Kasongo, où les corridors miniers de Sakania croisent les chaînes agricoles de Bosobolo et les routes du commerce d'Aru.

Ce réseau, soutenu par les forces publiques, les infrastructures et la gouvernance locale, incarne une idée simple mais puissante : le développement n'est pas une addition de projets, mais une architecture d'équilibres. À mesure que l'État se déploie — ses services, ses forces, ses savoirs —, il réaffirme que chaque territoire compte, que chaque pôle porte une part de la souveraineté commune. Ainsi se dessine une trajectoire nationale où la proximité devient puissance, la diversité devient cohésion, et la géographie devient destin collectif.

Conclusion

Penser la spécialisation territoriale de la RDC sans tomber dans la fragmentation est un pari à la fois audacieux et nécessaire. À travers cette proposition visionnaire, il ne s'agit pas simplement de redistribuer les rôles économiques entre les provinces, mais de repenser en profondeur l'organisation de l'espace national. Ce modèle polycentrique, fondé sur la complémentarité des vocations provinciales et l'interconnexion fonctionnelle, rompt avec le schéma centralisé hérité du passé. Il redonne sens à l'idée d'unité dans la diversité, en substituant à une capitale surpuissante un archipel de pôles dynamiques, connectés et solidaires.

Cette approche exige toutefois plus qu'une réforme des infrastructures : elle appelle une transformation de la gouvernance, une présence accrue de l'État au plus près des citoyens, et une répartition stratégique des institutions. Car ce n'est qu'en assurant un maillage équitable – administratif, logistique, numérique et sécuritaire – que les provinces pourront se sentir pleinement intégrées dans le projet national.

En somme, la RDC a l'opportunité de se doter d'un modèle de développement profondément moderne, capable de conjuguer efficacité économique et cohésion nationale. Un pays où chaque territoire, fort de sa vocation propre, participe à une construction collective, harmonieuse et souveraine. Face aux risques de marginalisation, voire de fragmentation, c'est bien dans l'intelligence de l'organisation territoriale que réside la clé de la stabilité et de la prospérité futures du Congo.

GOUVERNANCE FINANCIÈRE ET LUTTE CONTRE LES FLUX ILLICITES

La corruption, le blanchiment de capitaux, le financement du terrorisme, le financement de la prolifération et l'évasion fiscale sont parmi les principaux obstacles au développement économique et social durable de la RDC. Ces pratiques illicites affectent les institutions publiques, freinent les investissements étrangers, et exacerbent les inégalités sociales. La RDC figure parmi les pays les plus corrompus au monde, selon l'indice de perception de la corruption publié par Transparency International en 2021, un problème qui sape la confiance des citoyens dans leurs institutions. Le Groupe d'Action Financière (GAFI) mène l'action mondiale pour lutter contre le blanchiment de capitaux, le financement du terrorisme et le financement de la prolifération. Le GAFI, dans sa liste grise, identifie la RDC parmi les pays dont les mesures de lutte contre ces pratiques illicites sont faibles. Pour combattre ces fléaux, il est essentiel de mettre en place des stratégies anti-corruption robustes, anti-blanchiment de capitaux, anti-financement du terrorisme, anti-financement de la prolifération, anti-évasion fiscale tout en promouvant la redevabilité à travers des mécanismes institutionnels et participatifs. Cette section explore les dimensions du problème, analyse les initiatives en cours, et propose des pistes pour renforcer la lutte contre la corruption, le blanchiment de capitaux, le financement du terrorisme, le financement de la prolifération et l'évasion fiscale et la promotion de la redevabilité.

L'impact de la corruption, du blanchiment de capitaux, du financement du terrorisme, du financement de la prolifération, et d'évasion fiscale sur le développement durable en RDC

La corruption en RDC est systémique, affectant tous les secteurs de la société. Elle se manifeste sous diverses formes, notamment le détournement des fonds publics, les pots-de-vin, et le favoritisme. La corruption, le blanchiment de capitaux, le financement du terrorisme, le financement de la prolifération, et l'évasion fiscale sapent l'efficacité des institutions publiques en détournant des ressources essentielles destinées à des secteurs prioritaires comme la santé, l'éducation et les infrastructures. Par exemple, des projets d'infrastructures, bien que financés, restent souvent inachevés ou mal réalisés en raison de la mauvaise gestion des fonds alloués (Banque Mondiale, 2021). De plus, la corruption, le blanchiment de capitaux, le financement du terrorisme, le financement de la prolifération, et l'évasion fiscale entravent les investissements étrangers, car les entreprises internationales hésitent à opérer dans un environnement caractérisé par une réglementation opaque et des pratiques douteuses. Enfin, ces pratiques aggravent les inégalités sociales, car les ressources publiques sont souvent monopolisées par une élite restreinte au détriment de la majorité de la population.

Initiatives existantes et leurs limites

La RDC procède aux réformes nécessaires pour remédier à ses faiblesses et a adopté plusieurs initiatives pour lutter contre la corruption, le blanchiment de capitaux, le financement du terrorisme, le financement de la prolifération, et l'évasion fiscale. Parmi celles-ci figure la mise en place de la Commission de lutte contre la corruption, le blanchiment des capitaux et le financement du terrorisme (CENAREF), qui vise à surveiller les flux financiers et à prévenir les pratiques illicites tel que recommander par le GAFI. En outre, des lois anti-corruption ont été promulguées, notamment la loi portant prévention et répression de la corruption. Des partenariats avec des organisations internationales, comme le FMI, ont également permis de renforcer la surveillance des finances publiques. Cependant, ces initiatives souffrent de plusieurs limites. La faiblesse des institutions judiciaires, marquée par un manque d'indépendance et des ingérences politiques, empêche souvent l'application des lois. De plus, le manque de volonté politique compromet l'efficacité des réformes, car les élites politiques bénéficient souvent de la corruption, le blanchiment de capitaux, le financement du terrorisme, le financement de la prolifération, et l'évasion fiscale qu'elles prétendent combattre.

Stratégies pour renforcer la lutte contre la corruption, le blanchiment de capitaux, le financement du terrorisme, le financement de la prolifération, et l'évasion fiscale

Pour éradiquer la corruption, le blanchiment de capitaux, le financement du terrorisme, le financement de la prolifération, et l'évasion fiscale ; et être retiré de la liste grise de GAFI, il est nécessaire d'adopter une approche multidimensionnelle et systémique. Premièrement, il est crucial de renforcer les institutions judiciaires. L'indépendance du pouvoir judiciaire doit être garantie afin de permettre des enquêtes et des poursuites impartiales contre les auteurs d'actes de corruption, de blanchiment de capitaux, de financement du terrorisme, de financement de la prolifération, et d'évasion fiscale, y compris ceux occupant de hautes fonctions publiques. En outre, il est nécessaire d'améliorer les conditions de travail et de rémunération des agents publics pour réduire leur vulnérabilité aux pots-de-vin.

Deuxièmement, la transparence doit être placée au cœur des processus de gouvernance. L'utilisation des technologies numériques pour suivre les dépenses publiques, collecter les impôts et surveiller les marchés publics peut réduire les opportunités de corruption, de blanchiment de capitaux, de financement du terrorisme, de financement de la prolifération, et d'évasion fiscale. Par exemple, des plateformes en ligne permettant la transparence des marchés publics et des paiements pourraient minimiser les contacts directs entre les citoyens et les fonctionnaires, réduisant ainsi les risques de pratiques illicites.

Troisièmement, il est essentiel de promouvoir la participation citoyenne. Les citoyens doivent être impliqués dans la surveillance des politiques publiques et des finances publiques à travers des mécanismes comme les conseils citoyens ou les budgets participatifs. Ces outils permettent de responsabiliser les gouvernants et d'assurer que les ressources publiques sont utilisées de manière équitable et efficace.

Quatrièmement, la coopération internationale doit être renforcée. Les pratiques transnationales impliquant la corruption, le blanchiment de capitaux, le financement du terrorisme, le financement de la prolifération, et l'évasion fiscale, nécessitent une collaboration entre la RDC et ses partenaires internationaux. Des accords bilatéraux ou multilatéraux pourraient être signés pour faciliter le rapatriement des fonds détournés et la poursuite des responsables au niveau international.

Promotion de la redevabilité

La redevabilité est un pilier essentiel dans la lutte contre la corruption, le blanchiment de capitaux, le financement du terrorisme, le financement de la prolifération, et l'évasion fiscale. Pour renforcer la redevabilité en RDC, il est impératif de mettre en place des mécanismes de contrôle solides. Les institutions comme la Cour des comptes doivent être dotées de ressources et d'une autonomie suffisante pour surveiller efficacement l'utilisation des fonds publics. Par ailleurs, les rapports produits par ces institutions doivent être accessibles au public pour garantir une transparence totale.

Le rôle des médias et de la société civile est également crucial. Une presse libre peut jouer un rôle de chien de garde en exposant les cas de corruption, de blanchiment de capitaux, de financement du terrorisme, de financement de la prolifération, et d'évasion fiscale, tandis que les organisations de la société civile peuvent sensibiliser le public et plaider pour des réformes. Enfin, la redevabilité peut être renforcée par l'introduction de sanctions claires et dissuasives contre les responsables d'actes de corruption, de blanchiment de capitaux, de financement du terrorisme, de financement de la prolifération, et d'évasion fiscale. Ces sanctions doivent s'appliquer de manière égale, quel que soit le statut social ou politique des contrevenants.

La corruption, le blanchiment de capitaux, le financement du terrorisme, le financement de la prolifération, et l'évasion fiscale sont des obstacles majeurs au développement durable en RDC. Bien que des initiatives aient été prises pour y faire face, leur efficacité reste limitée en raison de faiblesses institutionnelles, d'un manque de volonté politique et de l'absence de mécanismes solides de redevabilité. Pour surmonter ces obstacles, il est nécessaire d'adopter une approche systémique qui combine le renforcement des institutions judiciaires, la transparence dans la gouvernance, la participation citoyenne et la coopération internationale. En parallèle, la promotion de la redevabilité à travers des mécanismes institutionnels et participatifs peut restaurer la confiance des citoyens dans les institutions publiques et ouvrir la voie à un développement durable et inclusif. La RDC dispose des ressources et des opportunités nécessaires pour éradiquer la corruption, le blanchiment de capitaux, le financement du terrorisme, le financement de la prolifération, et l'évasion fiscale, mais cela exige un engagement fort de la part de toutes les parties prenantes, tant nationales qu'internationales.

PARTIE 6

RÉFLEXIONS ET PERSPECTIVES POUR L'AVENIR

SCENARIOS POUR LA TRANSITION DE LA RDC VERS UN PAYS À REVENU INTERMÉDIAIRE

La RDC, riche en ressources naturelles mais classée parmi les pays à faible revenu par la Banque Mondiale et classée parmi les Pays les Moins Avancés (PAM) par les Nations Unies, aspire à se positionner comme un pays à revenu intermédiaire dans les décennies à venir.

Ces deux institutions classent les pays en tenant compte de leurs économies, particulièrement le niveau de revenu par habitant, à des fins de rendre compte du niveau de leur développement durable.

La RDC disposait officiellement d'un Plan National Stratégique de Développement (PNSD) tel qu'annoncé par le gouvernement le lundi 26 septembre 2016. Le PNSD donnait le reflet d'une vision et d'un cadre stratégique pour affronter les défis du développement durable à l'horizon 2050 incluant les stratégies globales et sectorielles à mettre en œuvre aussi bien dans le court terme que dans le moyen terme et le long terme.

Le PNSD déclinait la trajectoire de la RDC en trois séquences : (1) conduire la RDC au niveau des pays à revenu intermédiaire en 2021 ; (2) promouvoir la RDC à atteindre le rang d'un pays émergeant en 2030 ; et la troisième séquence (3) aurait classé la RDC parmi les pays développés en 2050.

Malheureusement, le premier PNSD 2017-2021 correspondant au premier plan quinquennal n'a pas pu transcender les mandats politiques quinquennaux successifs. La RDC n'a pas pu suivre la trajectoire déclinée dans la première séquence de la programmation de son développement durable.

Cette transition, bien qu'ambitieuse, exige des réformes structurelles profondes, des investissements stratégiques, un leadership visionnaire, et une gouvernance efficace.

Cette partie explore plusieurs piliers possibles pour guider la RDC vers cet objectif, en tenant compte des défis actuels, des opportunités disponibles et des approches réussies observées dans d'autres pays.

Pilier 1 : Exploitation durable des ressources naturelles

La RDC possède un potentiel immense en termes des ressources naturelles, notamment le cobalt, le cuivre, l'or, et les diamants. Ce pilier repose sur la gestion durable et équitable de ces richesses. Actuellement, l'exploitation des ressources naturelles contribue de manière significative au PIB, mais les revenus générés sont mal redistribués, limitant leur impact sur le développement économique et social durable. Pour maximiser le bénéfice des ressources naturelles, la RDC pourrait s'inspirer du modèle du Botswana, qui a utilisé ses revenus diamantaires pour financer des infrastructures, l'éducation et les services publics.

Une gouvernance efficace des ressources naturelles implique la mise en place d'une transparence totale dans les contrats miniers, la révision des régimes fiscaux pour s'assurer que les revenus profitent à la population, et la lutte contre la corruption qui mine le secteur. Le maintien dans des initiatives telles que l'Initiative pour la Transparence dans les Industries Extractives (ITIE) peut renforcer la crédibilité internationale de la RDC et attirer davantage d'investissements responsables. Par ailleurs, diversifier l'économie en investissant dans des secteurs comme l'agriculture ou l'industrie manufacturière permettrait de réduire la dépendance excessive aux minerais.

Pilier 2 : Transformation des infrastructures économiques

L'amélioration des infrastructures est une condition sine qua non pour une transition vers un statut de pays à revenu intermédiaire. Le réseau de transport en RDC est largement sous-développé, entravant la mobilité des biens et des personnes. Ce pilier envisage un programme d'investissement massif dans les infrastructures, en particulier dans les routes, les chemins de fer, les aéroports, les ports et l'électricité.

Une coopération avec des partenaires internationaux, notamment la Banque Mondiale, la Banque Africaine de Développement (BAD), et des investisseurs privés, peut fournir les financements nécessaires. Par exemple, des partenariats public-privé (PPP) pourraient être mis en place pour construire des routes et des ponts dans les zones stratégiques. En parallèle, le renforcement des infrastructures numériques, tel que l'expansion de la couverture Internet, pourrait catalyser le développement d'une économie numérique et attirer les entreprises du secteur technologique.

Pilier 3 : Investissement dans le capital humain

Aucun pays ne peut atteindre le statut de revenu intermédiaire sans investir dans son capital humain. Ce pilier met l'accent sur le développement de l'éducation, de la santé et des compétences professionnelles. Le système éducatif en RDC souffre de nombreuses faiblesses, notamment un faible taux de scolarisation secondaire et une qualité d'enseignement inadéquate. Il est crucial de réformer ce secteur pour former une main-d'œuvre qualifiée capable de répondre aux besoins d'une économie en transition.

De même, l'amélioration des services de santé est essentielle pour garantir que la population soit en bonne santé et productive. Cela nécessite une augmentation des investissements dans les infrastructures sanitaires, le recrutement de personnel qualifié, et la lutte contre les maladies endémiques telles que le paludisme. Enfin, des programmes de formation professionnelle et technique adaptés aux secteurs en croissance, comme les technologies de l'information ou l'agro-industrie, peuvent améliorer l'employabilité des jeunes et stimuler l'innovation.

Pilier 4 : Diversification économique et promotion de l'entrepreneuriat

La diversification économique est indispensable pour réduire la dépendance de la RDC à ses ressources naturelles. Ce pilier repose sur le développement de secteurs tels que l'agriculture, le tourisme, et l'industrie manufacturière. L'agriculture, en particulier, offre un potentiel énorme en raison des vastes terres arables et de la diversité climatique du pays. Une modernisation de ce secteur pourrait transformer la RDC en un exportateur net de produits agricoles, tout en améliorant la sécurité alimentaire.

En outre, le développement de l'entrepreneuriat est un levier clé pour stimuler la croissance économique. Les jeunes entrepreneurs doivent être soutenus par des politiques publiques favorables, des incitations fiscales et un accès facilité aux financements. La mise en place de zones économiques spéciales (ZES) pourrait également attirer des investissements dans des industries spécifiques, tout en créant des emplois et en stimulant les exportations.

Pilier 5 : Renforcement de la gouvernance et de la stabilité politique

La stabilité politique et une gouvernance efficace sont des prérequis pour attirer les investissements et assurer une croissance soutenue. Ce pilier met l'accent sur la promotion de la démocratie, la lutte contre la corruption et le renforcement de l'État de droit. Une justice indépendante et une administration publique compétente sont essentielles pour garantir la confiance des investisseurs et des citoyens.

De plus, la résolution des conflits dans les provinces touchées notamment dans l'Est du pays est impérative pour créer un environnement propice au développement durable. Cela nécessite une approche multidimensionnelle combinant des initiatives de désarmement, de réintégration des ex-combattants, et de développement économique durable dans les zones touchées par les conflits. La décentralisation des pouvoirs peut également jouer un rôle crucial en rapprochant les décisions des réalités locales et en renforçant l'efficacité de la gouvernance régionale.

La transition de la RDC vers un pays à revenu intermédiaire n'est pas une tâche aisée, mais elle est réalisable si des stratégies bien définies et cohérentes sont adoptées. L'exploitation durable des ressources naturelles, la transformation des infrastructures, l'investissement dans le capital humain, la diversification économique et le renforcement de la gouvernance sont autant de piliers qui, mis en œuvre de manière intégrée, peuvent propulser la RDC sur la voie du progrès. Chacun de ces scénarios exige un engagement fort de la part des dirigeants, des partenaires internationaux et de la société civile. En adoptant ces approches, la RDC peut non seulement améliorer les conditions de vie de ses citoyens, mais aussi s'imposer comme un acteur clé du développement durable en Afrique subsaharienne.

L'EXPLOITATION DES RESSOURCES MINIÈRES EN RDC : ALIGNEMENT AVEC UNE VISION DE DÉVELOPPEMENT DURABLE

En 2024, les 9 principaux pays riche en ressources minières sont : (1) l'Australie, (2) le Chili, (3) la Chine, (4) la Russie, (5) le Canada, (6) le Brésil, (7) la RDC, (8) l'Afrique du Sud, et (9) les Etats Unis. Les exploitations minières dans ces 9 pays sont essentielles pour fournir à l'échelle mondiale les matières essentielles nécessaires aux infrastructures, à la technologie, au smartphone ou téléphone intelligent, aux appareils électroménagers, aux véhicules (électriques et non électriques), et aux biens de consommation.

Les pays dans ce classement par leurs exceptionnelles richesses ont réalisé une mutation économique décisive et ont supplanté les autres pays en développement durable.

La RDC ne leur ressemble guère. Et pourtant le pays est souvent qualifié de « scandale géologique » en raison de l'abondance de ses ressources minières, qui incluent le cobalt, le cuivre, l'or, le diamant, l'étain, le tantale, le tungstène, et bien d'autres minerais stratégiques. Ces ressources représentent une opportunité immense pour stimuler le développement économique et social durable du pays. Cependant, l'exploitation minière en RDC a historiquement été associée à des défis majeurs tels que l'instabilité politique, les accords gouvernementaux opaques notamment autour du secteur minier, la corruption gouvernementale généralisée, un manque de transparence, l'inégalité dans la répartition des bénéfices avec les communautés locales vivant à proximité des sites miniers, des infrastructures inadéquates, des pratiques minières contraires à l'éthique, des conflits armés et rebellions financés par le contrôle des mines, l'inefficacité des mesures pour éradiquer l'exploitation minière illégale endémique, et les impacts environnementaux et sociaux négatifs qui entravent l'exploitation responsable de ces ressources minières. Alors que la RDC aspire à devenir un pays à revenu intermédiaire, il est crucial que l'exploitation minière soit alignée avec une vision de développement durable qui profite à l'ensemble de la population tout en préservant l'environnement.

Ressources minières et leur rôle économique en RDC

Les minerais représentent une part significative des exportations de la RDC et contribuent de manière importante au PIB national. Le cobalt et le cuivre, en particulier, sont des matières premières stratégiques pour les technologies modernes, notamment les batteries pour véhicules électriques et les énergies renouvelables. En 2022, la RDC a produit plus de 70 % de l'approvisionnement mondial en cobalt, consolidant sa position comme acteur clé dans les chaînes d'approvisionnement mondiales (Banque Mondiale, 2023). Ces richesses offrent un potentiel unique pour transformer l'économie congolaise, en générant des revenus substantiels pour le gouvernement, en attirant des investissements étrangers, et en créant des emplois directs et indirects pour des centaines de milliers de congolais.

Cependant, malgré cette contribution économique, les communautés locales vivant à proximité des sites miniers bénéficient rarement des avantages générés par ces activités. Une grande partie des revenus miniers est captée par l'élite politique et économique, ou échappe au contrôle de l'État en raison de la contrebande et de la fraude fiscale. Par ailleurs, le secteur informel, où les conditions de travail sont souvent précaires, domine l'exploitation artisanale des minerais, exacerbant les inégalités économiques et sociales.

Défis liés à l'exploitation minière

L'exploitation minière en RDC est confrontée à plusieurs défis qui ne permettent pas un investissement minier responsable et entravent son alignement avec une vision de développement durable. Le premier défi est lié à la gouvernance. Le manque de transparence dans l'attribution des licences et la gestion des revenus miniers est un problème récurrent. Bien que le pays soit membre de l'Initiative pour la Transparence dans les Industries Extractives (ITIE), des progrès restent à faire pour garantir une reddition des comptes complète et fiable.

Le second défi est l'impact environnemental. L'exploitation minière, qu'elle soit industrielle ou artisanale, provoque la déforestation, la pollution des cours d'eau et la dégradation des terres. Ces impacts affectent directement les moyens de subsistance des communautés locales, en particulier celles qui dépendent de l'agriculture et de la pêche.

Enfin, l'exploitation minière est souvent associée à des violations des droits humains. Dans le secteur artisanal, les conditions de travail sont souvent dangereuses, et des pratiques telles que le travail des enfants persiste. Dans certaines régions, les conflits armés autour du contrôle des ressources minières exacerbent l'insécurité et les déplacements de populations.

La RDC et la révolution technologique grâce à ses ressources minières

Les ressources minières de la RDC, notamment le cobalt, le lithium, le tantale, le tungstène, et le cuivre, jouent un rôle central dans la révolution technologique et digitale mondiale. Ces minerais sont essentiels pour la fabrication de batteries, les circuits électroniques et d'autres composants critiques des technologies modernes. Dans ce contexte, la RDC a une opportunité unique de positionner son secteur minier à l'échelle mondiale comme un moteur de transformation technologique.

Pour participer pleinement à cette révolution, la RDC doit adopter une approche stratégique visant à maximiser la valeur ajoutée locale. Cela pourrait inclure la création de chaînes de valeur locales pour le traitement et la transformation des minerais. Par exemple, plutôt que d'exporter des minerais bruts, le pays pourrait investir dans des usines de raffinage pour produire des composants intermédiaires tels que le sulfate de cobalt ou des alliages de cuivre. De telles initiatives stimuleraient l'industrie locale et créeraient des emplois qualifiés.

En outre, la RDC pourrait établir des partenariats avec des entreprises technologiques mondiales pour attirer des investissements dans le pays. Ces collaborations pourraient inclure des transferts de technologie et la formation d'une main-d'œuvre locale qualifiée pour travailler dans des secteurs tels que la fabrication de batteries et les technologies d'énergie renouvelable. L'Indonésie, par exemple, a imposé une interdiction d'exportation de nickel brut pour encourager les investissements dans le raffinage local, un modèle dont la RDC pourrait s'inspirer.

La numérisation du secteur minier pourrait également jouer un rôle crucial. En adoptant des technologies telles que la blockchain pour tracer l'origine des minerais, la RDC peut améliorer la transparence et garantir que ses minerais répondent aux normes internationales en matière de durabilité et d'éthique. Cela renforcerait la compétitivité de ses produits sur le marché mondial, en particulier dans un contexte où les consommateurs et les entreprises recherchent des matériaux "propres".

Enfin, une partie des revenus générés par l'exploitation minière pourrait être réinvestie dans le développement des infrastructures numériques. L'amélioration de l'accès à Internet et la formation dans les technologies de l'information et de la communication (TIC) contribueraient à la création d'un écosystème technologique dynamique en RDC. Cela permettrait au pays de se diversifier économiquement et de réduire sa dépendance au secteur minier.

Aligner l'exploitation minière avec une vision de développement durable

Pour que l'exploitation minière contribue véritablement au développement durable en RDC, plusieurs réformes et politiques doivent être mises en œuvre. Tout d'abord, il est essentiel d'améliorer la gouvernance du secteur. Cela inclut une transparence totale dans la gestion des revenus miniers, la mise à jour des politiques minières et les codes miniers, et une utilisation efficace de ces fonds pour financer les infrastructures, l'éducation, et le secteur de santé. L'introduction de systèmes numériques pour suivre les flux financiers dans le secteur minier pourrait réduire la corruption et la fraude.

Ensuite, la réglementation environnementale doit être renforcée. Les entreprises minières doivent être tenues responsables des impacts environnementaux de leurs activités, et des mécanismes de compensation doivent être mis en place pour restaurer les écosystèmes affectés. Par exemple, les entreprises pourraient être obligées de contribuer à des fonds destinés à la reforestation ou à la dépollution des cours d'eau.

La formalisation du secteur artisanal est une autre priorité. Cela inclut la fourniture d'équipements de sécurité aux mineurs artisanaux, la régulation de leurs activités et la création de coopératives pour améliorer leur pouvoir de négociation. En parallèle, des programmes de sensibilisation et de formation devraient être mis en place pour aider ces mineurs à adopter des pratiques miniers plus conforme à l'éthique et respectueuses de l'environnement et des droits humains.

L'exploitation minière en RDC offre un potentiel énorme pour transformer le pays et améliorer les conditions de vie de sa population. Cependant, pour réaliser cette vision, il est impératif de surmonter les défis liés à la gouvernance, à l'environnement et aux droits humains. En adoptant des politiques inclusives, transparentes et respectueuses de l'environnement, la RDC peut aligner son secteur minier avec une vision de développement durable. Si le pays exploite intelligemment son rôle central dans la révolution technologique mondiale, il pourrait non seulement devenir un acteur clé dans les chaînes d'approvisionnement globales, mais aussi stimuler son propre développement industriel et technologique. Cela nécessitera un engagement fort de la part du gouvernement, des entreprises et de la communauté locale et internationale.

TRANSFORMER LE SYSTÈME ALIMENTAIRE

La RDC possède un potentiel agricole immense grâce à ses vastes terres arables, ses ressources en eau abondantes, et sa biodiversité. Pourtant, le système alimentaire du pays reste sous-développé, avec une production agricole insuffisante pour répondre aux besoins alimentaires de la population. L'insécurité alimentaire touche plus de 26 millions de Congolais, exacerbée par des conflits, un faible accès aux infrastructures, et le changement climatique (FAO, 2023). Dans ce contexte, transformer le système alimentaire devient essentiel pour aligner le développement agricole avec une vision de croissance durable et inclusive, tout en garantissant la sécurité alimentaire pour tous.

Les Défis du Système Alimentaire Actuel

Le système alimentaire en RDC est confronté à plusieurs défis structurels. Premièrement, l'agriculture est principalement de subsistance, pratiquée par de petits exploitants agricoles avec un accès limité à des technologies modernes, à des intrants de qualité, et aux marchés. Les rendements agricoles restent faibles, et les cycles de production sont souvent interrompus par l'instabilité politique, des facteurs climatiques ou des conflits armés dans certaines régions.

Deuxièmement, les infrastructures rurales, telles que les routes et les entrepôts, sont inadéquates ou inexistantes, ce qui entraîne des pertes post-récolte importantes. Ces pertes, qui atteignent parfois 30 % de la production, limitent l'approvisionnement en produits alimentaires et augmentent les prix pour les consommateurs urbains.

Troisièmement, l'accès au financement agricole est extrêmement limité. Les petits agriculteurs, qui constituent la majorité des producteurs, ont rarement accès à des crédits ou à des subventions pour moderniser leurs équipements ou diversifier leurs cultures. Ce problème est aggravé par l'absence de politiques publiques cohérentes pour soutenir le secteur.

Enfin, le changement climatique exacerbe l'insécurité alimentaire en réduisant la productivité agricole et en perturbant les saisons de plantation et de récolte. Des inondations récurrentes et des sécheresses prolongées affectent les zones agricoles clés, rendant les communautés rurales encore plus vulnérables.

Transformer le Système Alimentaire pour un Développement Durable

Pour aligner le système alimentaire sur une vision de développement durable, la RDC doit entreprendre des réformes ambitieuses qui ciblent à la fois l'offre agricole, la demande alimentaire, et les chaînes de valeur agroalimentaires.

La première priorité est d'améliorer la productivité agricole en modernisant les pratiques agricoles. Cela nécessite l'introduction de technologies innovantes, telles que l'irrigation à petite échelle, les semences résistantes aux maladies, et les engrais adaptés aux conditions locales. Des programmes de formation pour les agriculteurs, financés par des partenariats public-privé, peuvent accélérer l'adoption de ces technologies. Par exemple, le développement d'applications numériques pour fournir des informations sur les prévisions météorologiques et les prix des marchés pourrait augmenter l'efficacité des producteurs.

Ensuite, des investissements dans les infrastructures rurales sont essentiels pour réduire les pertes post-récolte et améliorer l'accès aux marchés. Construire des routes rurales, des entrepôts de stockage, et des centres de transformation agricole permettrait d'intégrer les petits agriculteurs dans les chaînes de valeur. Ces infrastructures peuvent être financées par des partenariats public-privé ou par des programmes de développement rural soutenus par la Banque Mondiale et la Banque Africaine de Développement.

Une autre stratégie clé consisterait à promouvoir la diversification des cultures et à développer l'agro-industrie. Actuellement, une grande partie des terres agricoles est consacrée à des cultures de subsistance comme le manioc et le maïs, limitant la variété alimentaire et les opportunités économiques. La diversification vers des cultures à forte valeur ajoutée, comme le cacao, le café, et les fruits tropicaux, peut accroître les revenus des agriculteurs tout en stimulant les exportations. Parallèlement, le développement d'unités locales de transformation agroalimentaire pourrait ajouter de la valeur aux produits bruts, créer des emplois et réduire la dépendance aux importations alimentaires.

Le renforcement des politiques publiques est également indispensable. Le gouvernement doit mettre en place un cadre réglementaire qui soutienne les petits producteurs, réduise les barrières à l'entrée pour les investisseurs agricoles, et garantisse un financement adéquat pour le secteur. Par exemple, des subventions ciblées pour l'achat d'intrants agricoles ou des mécanismes de crédit à faible coût peuvent encourager les agriculteurs à augmenter leur production.

Enfin, la promotion de la durabilité environnementale doit être intégrée dans la transformation du système alimentaire. Cela inclut la conservation des sols, la gestion durable des ressources en eau, et l'adoption de pratiques agricoles respectueuses de l'environnement. Des programmes de reboisement et de protection des écosystèmes agricoles pourraient aider à atténuer les impacts du changement climatique tout en maintenant la biodiversité.

La RDC et Ses Aliments Autochtones

La RDC, pays doté de la plus grande population jeune d'Afrique, fait également face à un paradoxe alarmant : une insécurité alimentaire persistante touchant une part importante de sa population. À cela s'ajoute la diminution des ressources naturelles, la perte de diversité des ingrédients alimentaires, la disparition progressive des petits agriculteurs, et une dépendance croissante vis-à-vis des aliments importés. Ces défis sont exacerbés par des monopoles croissants contrôlés par les grandes entreprises de semences, de pesticides et d'engrais, ainsi que par la perte progressive des connaissances traditionnelles liées aux aliments autochtones.

La détérioration des régimes alimentaires en RDC, marquée par l'abandon des pratiques alimentaires traditionnelles, a entraîné une recrudescence des problèmes de santé tels que la malnutrition chronique et les carences nutritionnelles.

Cette situation met en lumière l'importance de promouvoir les aliments autochtones à travers :

- La mise en œuvre de politiques agricoles adaptées.
- Le développement des capacités locales pour la production durable.
- Des recherches approfondies sur la composition et les avantages des aliments autochtones.

Des études ont montré que l'intégration des aliments autochtones dans les régimes alimentaires peut non seulement améliorer la sécurité alimentaire, mais aussi préserver la biodiversité locale et renforcer les connaissances ancestrales. Par exemple, des recherches ont démontré que les aliments à base d'ingrédients autochtones, tels que les légumes-feuilles traditionnels, les tubercules ou encore les insectes comestibles, peuvent contribuer significativement à l'amélioration de la nutrition dans les ménages vulnérables (FAO, 2021).

Les ressources alimentaires autochtones de la RDC, notamment les plantes sauvages (racines, tubercules, légumes/feuilles, fruits), ainsi que les sources animales telles que les insectes comestibles, les amphibiens, les reptiles, les oiseaux et les mammifères, sont largement sous-exploitées. Ces aliments, bien que souvent négligés, possèdent une valeur nutritionnelle élevée et une importance locale qui pourraient contribuer à la lutte contre l'insécurité alimentaire, tout en ayant un potentiel global.

Une étude menée par la FAO a souligné que les aliments autochtones, en raison de leur adaptabilité aux conditions environnementales locales, pourraient offrir une solution durable face aux défis liés au changement climatique et à la sécurité alimentaire (FAO, 2022).

La promotion des aliments autochtones en RDC est essentielle pour améliorer la sécurité alimentaire et nutritionnelle, préserver la biodiversité et valoriser les connaissances ancestrales. En investissant dans la recherche et les politiques de soutien à ces ressources autochtones, la RDC peut transformer ces aliments négligés en atouts majeurs pour le développement durable et la résilience alimentaire.

Intégrer la RDC dans les Chaînes de Valeur Globales

La RDC peut également jouer un rôle plus important dans les chaînes de valeur alimentaires et agricoles mondiales. En exploitant son potentiel agricole inexploité, le pays peut devenir un exportateur majeur de produits agricoles tropicaux, tout en répondant à la demande croissante pour d'autres produits alimentaires. Pour cela, il est essentiel d'obtenir des certifications internationales pour les produits agricoles, garantissant leur qualité et leur conformité avec les normes environnementales et sociales.

De plus, le pays peut s'intégrer dans les marchés régionaux en renforçant sa coopération avec les pays voisins dans le cadre de la Communauté Économique des États de l'Afrique Centrale (CEEAC). Des corridors commerciaux régionaux bien développés peuvent faciliter les échanges transfrontaliers de produits alimentaires, réduisant ainsi les coûts de transport et augmentant la compétitivité des produits congolais.

L'impact social et économique attendu

Une transformation réussie du système alimentaire en RDC pourrait avoir des effets transformateurs sur la société et l'économie. Elle améliorerait la sécurité alimentaire, réduirait la pauvreté rurale et renforcerait la résilience des communautés face aux crises climatiques. En outre, l'augmentation des revenus agricoles stimulerait la demande intérieure, favorisant la croissance économique globale. Enfin, en créant des emplois dans l'agro-industrie, le secteur alimentaire pourrait offrir des opportunités d'emploi direct à des centaines de millier des jeunes et des femmes, contribuant ainsi à une baisse du taux de chômage chez les jeunes et les femmes et à une inclusion sociale accrue.

La Nécessité d'un Programme Universel de Cantines Scolaires

Un programme universel de cantines scolaires, alimenté par des producteurs locaux, représente une solution intégrée pour répondre simultanément à plusieurs défis du système alimentaire de la RDC. Ce type de programme, en s'appuyant sur l'achat local, peut améliorer la sécurité alimentaire, stimuler l'économie rurale et urbaine, et encourager la scolarisation.

La mise en œuvre d'un tel programme pourrait se structurer autour de trois axes principaux. Premièrement, il offrirait un repas nutritif quotidien à tous les élèves inscrits dans les écoles publiques et privées agréées, en ciblant particulièrement les régions les plus vulnérables à l'insécurité alimentaire. Cela contribuerait directement à améliorer la nutrition des enfants, réduisant ainsi la malnutrition chronique qui affecte une grande partie des enfants congolais.

Deuxièmement, ce programme pourrait dynamiser l'agriculture locale en achetant les produits nécessaires directement auprès des petits exploitants agricoles. En offrant une demande stable et prévisible, il encouragerait les producteurs locaux à accroître leur production et à diversifier leurs cultures. Cela stimulerait non seulement la productivité agricole, mais aussi les revenus des familles rurales et urbaines.

Troisièmement, le programme renforcerait les taux de scolarisation, en particulier dans les zones rurales, où de nombreux enfants abandonnent l'école en raison de la pauvreté. Les cantines scolaires constituent un puissant incitatif pour les familles vulnérables, en réduisant les dépenses alimentaires des ménages et en garantissant que leurs enfants reçoivent au moins un repas nutritif par jour.

Des programmes similaires ont montré des résultats impressionnants dans d'autres pays africains. Au Ghana, le Programme National de Cantines Scolaires a permis d'améliorer la nutrition des élèves tout en dynamisant les petites exploitations agricoles locales (FAO, 2021). De même, le Programme Alimentaire Mondial (PAM) a soutenu des initiatives en Éthiopie et au Kenya qui relient directement les agriculteurs locaux aux écoles, réduisant ainsi les pertes alimentaires et augmentant les revenus des agriculteurs.

Cependant, la mise en œuvre d'un programme universel de cantines scolaires en RDC nécessitera de surmonter plusieurs défis. Les infrastructures de transport et de stockage doivent être renforcées pour garantir la livraison régulière de produits alimentaires, même dans les régions reculées. En outre, une gouvernance transparente est essentielle pour éviter le détournement des fonds destinés au programme. Enfin, une sensibilisation des communautés locales sera nécessaire pour garantir une adhésion totale et encourager une participation active des agriculteurs locaux.

Un programme universel de cantines scolaires pourrait avoir un impact transformateur sur la RDC. Il améliorerait la santé et le bien-être des enfants, renforcerait les opportunités économiques pour les agriculteurs, et contribuerait à réduire la pauvreté dans les communautés rurales. En intégrant cette initiative dans une vision plus large de développement durable, la RDC pourrait créer une synergie entre le secteur agricole, le système éducatif et les objectifs de sécurité alimentaire.

La transformation du système alimentaire en RDC nécessite des solutions innovantes et inclusives, et un programme universel de cantines scolaires représente une étape cruciale dans cette direction. En associant les besoins nutritionnels des enfants avec le développement de l'agriculture locale, ce programme pourrait contribuer à bâtir un avenir plus équitable et prospère. En mobilisant des ressources nationales et internationales, et en s'inspirant des réussites d'autres pays, la RDC peut tirer parti de cette approche pour stimuler son développement économique et social durable.

LE DÉVELOPPEMENT DU SECTEUR DE L'ÉNERGIE

La RDC dispose d'un potentiel énergétique immense, notamment à travers ses ressources hydroélectriques, solaires, éoliennes et géothermiques. Avec des cours d'eau puissants comme le fleuve Congo, le pays abrite la deuxième plus grande capacité hydroélectrique mondiale, estimée à 100 000 MW, dont seulement une fraction (environ 3 %) est exploitée (Banque Mondiale, 2023). Pourtant, le taux d'accès à l'électricité reste extrêmement faible, à environ 19 % au niveau national, et chute à moins de 5 % dans les zones rurales. Le développement du secteur de l'énergie est donc crucial pour transformer l'économie congolaise, améliorer les conditions de vie et aligner le pays sur une trajectoire de croissance durable et inclusive.

Cette section explore les défis actuels du secteur énergétique en RDC, les opportunités offertes par ses ressources abondantes, et les stratégies nécessaires pour le transformer en un moteur de développement économique et social.

Les Défis du Secteur de l'Énergie

Malgré son potentiel énergétique, la RDC fait face à des défis structurels et institutionnels qui limitent la croissance du secteur. L'un des principaux obstacles est le manque d'infrastructures adéquates pour la production, la transmission et la distribution de l'électricité. Les centrales électriques existantes, comme celles d'Inga I et II, fonctionnent bien en dessous de leur capacité en raison d'un manque d'entretien et d'investissements.

Le deuxième défi majeur est l'absence d'un cadre réglementaire et institutionnel clair pour attirer les investissements privés. La Société Nationale d'Électricité (SNEL), en quasi-situation de monopole même après la libéralisation du secteur, est confrontée à des difficultés financières chroniques et manque de capacité pour moderniser ses infrastructures ou étendre son réseau.

Enfin, les disparités régionales dans l'accès à l'énergie exacerbent les inégalités économiques et sociales. Alors que certaines zones urbaines comme Kinshasa, Lubumbashi, et Goma bénéficient d'une meilleure couverture, les régions rurales et enclavées sont largement exclues, freinant ainsi leur développement économique et social durable.

Une Vision pour le Développement Énergétique

Le développement du secteur de l'énergie doit s'inscrire dans une vision intégrée et durable, alignée sur les objectifs de développement national et les besoins croissants en énergie. Une telle vision pourrait se structurer autour de trois axes stratégiques : maximiser la production énergétique, diversifier les sources d'énergie, et promouvoir l'accès universel à l'électricité.

Maximiser la Production Énergétique

L'hydroélectricité représente une opportunité majeure pour la RDC. Le projet Grand Inga, souvent cité comme le plus grand projet hydroélectrique au monde, pourrait à terme produire jusqu'à 44 000 MW, soit suffisamment pour répondre non seulement aux besoins du pays, mais aussi à ceux de plusieurs nations africaines. Toutefois, la mise en œuvre de ce projet nécessite une coordination efficace entre les parties prenantes, y compris les investisseurs étrangers, les gouvernements régionaux, et les organisations internationales.

Outre l'hydroélectricité, le pays doit moderniser ses infrastructures existantes. La réhabilitation des centrales d'Inga I et II, ainsi que le développement de nouvelles capacités sur des sites plus petits, peut permettre de répondre à court terme à la demande croissante en électricité.

Diversifier les Sources d'Énergie

Bien que l'hydroélectricité soit dominante, la RDC doit diversifier son bouquet énergétique pour améliorer la résilience du secteur. Les énergies renouvelables, telles que l'énergie solaire, éolienne et biomasse, offrent des solutions adaptées aux réalités locales, notamment dans les zones rurales où l'extension du réseau électrique national est coûteuse. Par exemple, des mini-réseaux solaires ou des systèmes photovoltaïques hors réseau pourraient fournir une électricité fiable aux communautés isolées.

De plus, l'énergie géothermique, particulièrement présente dans la région des Grands Lacs, représente une autre opportunité inexploitée. Le développement de projets pilotes dans cette région pourrait contribuer à diversifier les sources d'énergie et à réduire la dépendance à l'hydroélectricité.

Promouvoir l'Accès Universel à l'Électricité

Pour réduire les inégalités et favoriser une croissance inclusive, il est essentiel de garantir un accès équitable à l'électricité. Cela implique des investissements dans les réseaux de distribution et des politiques ciblées pour subventionner l'accès des ménages à faible revenu. Par ailleurs, des programmes de microfinancement pourraient être mis en place pour aider les petites entreprises et les ménages ruraux à acquérir des systèmes d'énergie renouvelable.

L'Énergie comme Catalyseur de Développement Économique

Le développement du secteur énergétique peut avoir un impact transformateur sur l'économie congolaise. Une énergie fiable et abordable est un moteur essentiel pour les industries, en particulier les secteurs manufacturiers, miniers et agro-industriels. Par exemple, un accès accru à l'électricité pourrait réduire les coûts de production pour les entreprises minières, augmentant ainsi leur compétitivité et leurs contributions fiscales.

Dans l'agriculture, l'électricité permettrait de moderniser les systèmes d'irrigation, de stockage et de transformation des produits agricoles, réduisant ainsi les pertes post-récolte et augmentant les revenus des agriculteurs. De plus, une énergie abordable est essentielle pour développer des services sociaux tels que l'éducation et la santé. Les écoles et les centres de santé équipés en électricité peuvent offrir de meilleures conditions d'apprentissage et de soins, améliorant ainsi le capital humain.

Attirer les Investissements Privés et Partenariats Public-Privé

Pour financer le développement du secteur énergétique, la RDC doit renforcer son cadre réglementaire pour attirer les investisseurs privés. Cela inclut la création de mécanismes de garantie des investissements, la simplification des processus administratifs, et la transparence dans l'attribution des contrats. Des partenariats public-privé (PPP) peuvent également jouer un rôle clé dans le développement des infrastructures énergétiques, en combinant les ressources publiques avec les capitaux et l'expertise du secteur privé.

Promouvoir la Durabilité Environnementale

Le développement énergétique doit être guidé par des principes de durabilité environnementale. Cela inclut la gestion responsable des ressources hydriques pour éviter les impacts négatifs sur les écosystèmes et les communautés locales. Par ailleurs, les énergies renouvelables, en particulier le solaire et l'éolien, doivent être promues pour réduire l'empreinte carbone du pays et contribuer à la lutte contre le changement climatique.

Le développement du secteur de l'énergie est une condition essentielle pour transformer la RDC en une économie dynamique et inclusive. En maximisant la production énergétique, en diversifiant les sources d'énergie et en promouvant l'accès universel à l'électricité, le pays peut non seulement répondre à ses besoins internes, mais aussi jouer un rôle clé dans l'intégration énergétique régionale. Toutefois, la réalisation de cette vision nécessite des investissements substantiels, une gouvernance renforcée, et une collaboration efficace entre les acteurs publics, privés et internationaux. Avec une stratégie bien conçue, le secteur énergétique pourrait devenir un moteur de croissance durable pour la RDC et une source de prospérité pour sa population.

UN SYSTÈME DE TRANSPORT INTÉGRÉ POUR LA RDC

Le système de transport de la RDC constitue une composante essentielle pour connecter ses vastes territoires, stimuler son économie et intégrer les communautés isolées. Avec ses 2,345 millions de km², la RDC est un pays où l'interconnectivité est essentielle pour le développement durable.

Depuis les années 1910, le système de transport multimodal a été conçu par les colons belges pour faciliter l'extraction et l'exploitation des ressources minières et agricoles. Le pays n'avait pas un système de transport pour assurer le déplacement des personnes et de leurs biens ou pour le tourisme local permettant aux congolais de visiter et de valoriser leur propre pays. En 2025, l'infrastructure de transport en RDC reste fragmentée et insuffisante, limitant l'accès aux marchés, aux services sociaux, et à l'intégration régionale. Cette section propose une approche intégrée qui combine le transport aérien, ferroviaire, fluvial et routier pour répondre aux besoins croissants du pays tout en soutenant sa vision de transformation économique et sociale.

État de Lieu[3]

En RDC, le système de transport avait été conçu comme un réseau multimodal intégré d'aéroports, de routes, de rivières et de chemins de fer reliant toutes les provinces du pays pour assurer l'extraction et l'exploitation des ressources minières et agricoles ainsi qu'une circulation optimale des biens et services dans ce vaste territoire. Malheureusement, l'érosion de la qualité des institutions et ses fonctions réglementaires depuis les années 1970 a conduit à une dégradation avancée du système de transport. La densité du réseau routier national n'est que de 25 km pour 1 000 km², soit 0,9 km pour 1 000 habitants, contre une moyenne Africaine de 204 km et 3,4 km, respectivement. Seulement quatre des 26 nouvelles capitales provinciales sont accessibles par la route à partir de la capitale nationale -Kinshasa.

Les piètres performances du pays dans le domaine des transports entravent les activités de production et sont l'une des principales causes

[3] De la Banque mondiale. 2018. République démocratique du Congo Diagnostic systématique des pays : priorités politiques pour la réduction de la pauvreté et une prospérité partagée dans un pays sortant d'un conflit et un État fragile Banque mondiale : Washington, DC.

de la pauvreté persistante à travers le pays. Le coût de transport d'une tonne de marchandises sur 1 kilomètre de route est en moyenne de 0,20 USD en RDC contre seulement 0,05 dollar en Afrique australe. Le temps de séjour des containers au port de Matadi est en moyenne de 25 jours, soit cinq fois la moyenne régionale. La mobilité et l'accessibilité sont des enjeux majeurs plus dans les zones urbaines que rurales. Plus de 60% de la population rurale n'a pas d'accès acceptable, défini comme vivant dans un rayon de 2 kilomètres d'une route toutes saisons. Des problèmes majeurs de mobilité urbaine, l'augmentation du nombre de véhicules, la difficulté de la circulation routière, notamment les kilomètres d'embouteillages incessants causés par divers facteurs tels que le mauvais état des infrastructures routières, le manque de discipline des conducteurs et le stationnement illégal sont rencontrés dans les grandes villes du pays. Kinshasa, la capitale congolaise est sujette à des inondations urbaines surtout pendant la saison des pluies et les crues du fleuve Congo qui atteignent leur pic entre décembre et janvier. L'expansion rapide de la ville, souvent sans planification adéquate avec l'occupation des zones inondables. Le système de drainage est dépassé. C'est le calvaire, où plus de 60% des déplacements se font à pied, ce qui réduit fortement l'accès aux opportunités d'emploi, à la santé ainsi qu'à l'éducation. En outre, Kinshasa a une densité de routes pavées inférieure à celle des autres villes de la sous-région. Alors qu'Addis-Abeba et Dar-es-Salaam ont plus de 120 mètres (m) de route goudronnée pour 1 000 habitants, Kinshasa n'en compte que 54 m (contre 318 m en Afrique subsaharienne et 1 000 m dans les autres pays en développement) rendant la circulation très difficile.

La RDC a un bilan particulièrement médiocre en matière de sécurité des transports, et les défis à relever pour amener le système de transport à des normes modernes et contemporaines acceptables sont énormes. Les problèmes de sécurité sont très accentués dans le secteur du transport fluvial, le trafic routier et le transport aérien. Toutes les compagnies aériennes basées dans le pays figuraient sur une liste noire de l'Union européenne et le système d'aviation civile ne répond qu'à moins de 30 % des normes et pratiques de sécurité internationales recommandées. Le financement nécessaire pour combler les lacunes les plus urgentes en matière d'infrastructures et rattraper les autres pays en développement durable est estimé à 1,4 milliard de dollars par an sur 10 ans. Des décennies de mauvaise gestion ont entraîné le vieillissement de la main-d'œuvre dans le secteur public, dans les diverses entreprises d'État, et dans le secteur des transports. Il n'y a pratiquement plus de jeunes cadres avec des qualifications suffisantes, en particulier dans des domaines spécialisés tels que l'aviation civile, les chemins de fer, les voies navigables et les transports urbains.

Le Transport Routier : Un Pilier pour la Connectivité Interne

Le réseau routier de la RDC est sous-développé, avec seulement environ 3 000 km de routes pavées (environ 5%) sur un total de plus de 153 000 km de routes en dépit des milliards de dollar américain investis. Un linéaire de 58 000 km dans le réseau routier national est d'intérêt général. La majorité des routes sont impraticables pendant les saisons des pluies et aurait besoin de réhabilitation, ce qui limite considérablement les échanges commerciaux et l'accès aux services publics. Les régions enclavées, particulièrement dans l'est et le nord du pays et les zones rurales, souffrent d'un isolement économique et social exacerbé par le mauvais état des infrastructures.

Pour moderniser le transport routier, il est impératif d'investir dans la construction et la réhabilitation des routes principales reliant les grandes villes comme Kinshasa, Lubumbashi, Kisangani et Goma.

Félix Tshisekedi a pris l'engagement pour l'année 2025, à réhabiliter 38 000 km dans le réseau routier national de dessertes agricoles. Le gouvernement a pris des mesures pour faire face au problème de mobilité urbaine dans les grandes villes du pays en finançant quelques projets de modernisation des infrastructures routières. Le développement de corridors routiers régionaux, comme, en Afrique australe dans le cadre de la SADC, les corridors de Maputo et de Nacala qui relient la Zambie et le Malawi aux ports maritimes mozambicains de Maputo et Nacala. Le corridor qui relie la Zambie et le Zimbabwe jusqu'au port maritime de Durban en Afrique du Sud. En Afrique de l'Est, le corridor qui relie la Zambie à la Tanzanie jusqu'aux ports maritimes de Dar Es Salaam et de Zanzibar. En Afrique centrale, comme le corridor qui relie la capitale de la République centrafricaine, Bangui à Kisangani dans le nord de la RDC, pour le commerce intra-africain, renforcerait également l'intégration régionale. Les corridors routiers transfrontaliers jouent un rôle essentiel dans le soutien à l'intégration économique régionale de l'Afrique. Ils améliorent les communications de transport entre les pays voisins et permettent aux pays enclavés d'accéder à l'océan et aux ports maritimes. En outre, la maintenance régulière des routes doit devenir une priorité, nécessitant la mise en place de partenariats public-privé (PPP) pour garantir un financement durable.

Le Transport Fluvial : Exploiter le Fleuve Congo et ses Affluents

Le réseau fluvial de la RDC est l'un des plus vastes et des plus stratégiques au monde. Le fleuve Congo et ses affluents, comme la rivière Kasai et l'Ubangui, totalisent 25000 km de voies navigables et offrent un potentiel immense pour le transport de marchandises et de passagers. Historiquement, les voies fluviales ont été des artères vitales pour le commerce et la mobilité, mais elles sont aujourd'hui sous-utilisées en raison du manque d'entretien des infrastructures portuaires, des balises et des bateaux.

Le transport fluvial en RDC se développe autour du fleuve Congo. Avec une longueur de 4 700 km, c'est le deuxième plus long fleuve du continent, après le Nil. Il prend sa source dans les hautes terres du nord-est de la Zambie entre les lacs Tanganyika et Nyasa au Malawi sous le nom de rivière Chambeshi à une altitude de 1 760 m au-dessus du niveau de la mer et à une distance d'environ 700 km de l'océan Indien. Son cours prend ensuite la forme d'un arc géant dans le sens inverse des aiguilles d'une montre, coulant vers le nord-ouest, l'ouest et le sud-ouest avant de se jeter dans l'océan Atlantique à Banana (Kongo Central) en RDC. Son bassin versant, d'une superficie de 3 457 000 km², couvre presque tout le territoire de la RDC, ainsi que la majeure partie de la République du Congo, de la République centrafricaine, de l'est de la Zambie et du nord de l'Angola et de certaines parties du Cameroun et de la Tanzanie.

Avec ses nombreux affluents, le fleuve Congo forme le plus grand réseau de voies navigables du continent qui devrait être un facteur clé du développement durable du pays : l'utilisation stratégique de sa richesse permet de nombreuses possibilités en termes de transport et de production d'électricité.

Avec plus de 25 000 km navigables, les voies navigables constituent l'épine dorsale potentielle du système de transport, mais des obstacles institutionnels empêchent le développement du transport fluvial.

Le réseau de navigation intérieures de la RDC totalise plus ou moins 16 000 km de long et est basé sur le fleuve Congo et ses principaux lacs. Il est divisé en quatre sections souvent reliées par chemin de fer, notamment :

- Le cours inférieur du fleuve Congo ou maritime à l'ouest qui totalise 140 km de Banana (embouchure) au port maritime de Matadi sur l'océan Atlantique ;
- Le milieu atteint au nord et au centre du bassin du fleuve Congo avec ses deux axes (Kisangani-Kwamouth et Ilebo-Kwamouth) comprenant deux lacs (Maindombe et Tumba) et menant à la capitale de la RDC, Kinshasa ;
- Le cours supérieur à l'est qui va d'Ubundu à l'ancienne province orientale jusqu'au lac Moero (ancienne province du Katanga) avec deux axes principaux Ubundu-Kindu et Kongolo-Bukama;
- La chaîne de lacs comprend les lacs Moero, Tanganyika, Kivu, Edward et Albert.

Pour revitaliser le transport fluvial, il est crucial de moderniser les ports existants, tels que les ports fluviaux de Kinshasa et de Kisangani. Le fret en vrac venant du tronçons Kinshasa-Matadi via le réseau ferroviaire. De Kinshasa, des nombreuses entreprises préfèrent expédier leur fret de Kinshasa à Lubumbashi dans le Katanga par la voie fluviale ou aérienne plutôt que par le rail ou la route. Le transport de fret s'est donc historiquement fait par la liaison fluviale de Kinshasa à Ilebo, où débute le réseau SNCC ou par avion. Il est aussi crucial de construire de nouveaux ports fluviaux dans les régions sous-desservies. Des investissements dans des bateaux modernes et durables, adaptés au transport de marchandises et de passagers, sont également nécessaires. Par ailleurs, une régulation stricte de la navigation fluviale, combinée à la mise en place de systèmes de sécurité modernes, améliorerait la fiabilité et la sécurité de ce mode de transport.

Le développement du transport fluvial pourrait jouer un rôle clé dans l'intégration des zones rurales, réduisant les coûts de transport pour les produits agricoles et facilitant leur acheminement vers les marchés urbains. De plus, ce mode de transport a un impact environnemental moindre par rapport au transport routier, ce qui en fait une option stratégique dans une perspective de développement durable.

Le Transport Aérien : Connecter les Zones Enclavées et Stimuler le Commerce

Le transport aérien en RDC est particulièrement crucial pour connecter les régions enclavées, notamment dans l'est du pays, où l'insécurité et le manque de routes limitent les options de transport terrestre. Avec plus de 50 aéroports et aérodromes, le potentiel du transport aérien est important, mais le secteur souffre de nombreux défis, notamment des infrastructures vétustes, un faible niveau de sécurité et un coût élevé des vols. Les infrastructures de transport aérien se sont délabrées au fil des ans et l'espace aérien de la RDC présente des risques élevés pour la navigation aérienne.

Pour moderniser le transport aérien, des investissements sont nécessaires pour améliorer les aéroports existants, en particulier les aéroports internationaux comme ceux de Kinshasa, Lubumbashi et Goma, ainsi que pour développer des infrastructures dans les régions stratégiques. Des partenariats avec des compagnies aériennes régionales et internationales peuvent également aider à réduire les coûts et à améliorer la qualité des services.

Le développement du transport aérien peut jouer un rôle clé dans le commerce international, facilitant l'exportation de produits agricoles et miniers vers les marchés mondiaux. Par ailleurs, il offre une solution rapide pour l'acheminement de produits de première nécessité, notamment en cas de crise humanitaire ou de catastrophe naturelle.

Le Transport Ferroviaire : Un héritage de l'époque coloniale Belge pour l'acheminement des ressources naturelles pour atteindre l'océan

Le réseau ferroviaire est en grande partie hérité de l'époque coloniale belge et a été conçu pour faciliter l'extraction de ressources naturelles et leurs acheminements pour atteindre l'océan. Avec un réseau ferroviaire de 3 500 km au sud et de 400 km à l'ouest, il a été rénové dans certaines zones au cours des années 1970 sous Mobutu pour relier les 4 sections du réseau de navigation intérieures de la RDC qui totalise plus ou moins 16 000 km de long et qui est basé sur le fleuve Congo et ses principaux lacs. Trois entreprises publiques : (1) la Société Commerciale des Transports et des Ports (SCTP), les Chemins de fer de l'Uélé, et la Société Nationale des Chemins de fer du Congo (SNCC) basée à Lubumbashi dans l'ancienne province du Katanga, assurent la gestion, l'exploitation des infrastructures existantes, et les investissements sur les 5 033 km de voies ferrées non interconnectées.

La Société Commerciale des Transports et des Ports (SCTP)

La SCTP gère la ligne de chemin de fer Matadi-Kinshasa qui totalise 366 km de long et relie le Port maritime de Matadi sur l'océan Atlantique au port fluvial de Kinshasa construit dans les années 1890. Le chemin de fer du Mayombe entre la ville estuaire de Boma à la ville

Tshela (une longueur de 140 km), avec la vision d'atteindre un bief navigable à la frontière avec la République du Congo.

La Société Nationale des Chemins de fer du Congo (SNCC)

La SNCC gère un système de transport multimodal (le transport fluvial et routier, et la gestion et l'exploitation de ports fluviaux) qui relie les anciennes provinces du Katanga (les villes de Kalemie, Likasi, Kamina) aux deux Kasaï (Les villes de Mbujimayi et Kananga) au centre du pays, à la province de l'Est au nord, l'ancienne province orientale (le tronçon entre la gare de la ville de Kisangani et Ubundu longueur d'environ 125 km d'une voie unique non électrifiée) et aux anciennes provinces du Nord-Kivu, du Sud-Kivu et du Maniema (la ville de Kindu) à l'est de la RDC incluant un réseau ferroviaire interconnecté de 3 641 km (dont 858 km électrifiés).

Le réseau ferroviaire géré par la SNCC est de 4007 km dont 858 km électrifiés. Il représente la voie ferrée dans l'ancienne province orientale, le tronçon entre la gare de la ville de Kisangani et Ubundu d'une voie unique non électrifiée. Le chemin de fer Kamina-Kindu (une longueur de 888 km) et Kabalo-Kalemie (une longueur de 273 km) dans l'ancienne province du Katanga. Le réseau de la SNCC est interconnecté au sud avec les réseaux de l'Afrique Australe via la ville de Ndola en Zambie connectant le chemin de fer Lubumbashi à Sakania à la frontière avec la Zambie (une longueur de 255 km) ou Lubumbashi à Ilebo (une longueur de 1578 km), à l'ouest par le chemin de fer entre la ville de Dilolo à Tenke avec le chemin de fer de Katanga-Benguela (une longueur de 608 km). Avec le corridor de Lobito, cette voie ferrée deviendra la plus importante voie du sud-ouest de l'Afrique, au nord avec la SCTP à travers la voie fluviale et à l'est par Kalemie sur le lac Tanganyika.

Le réseau de la SNCC est le mode de transport naturel des exportations de cuivre au départ de la RDC vers les ports maritimes de Durban en Afrique du sud, de Maputo et Nacala au Mozambique, et offrira également à terme la possibilité d'exporter du cuivre via Lobito en Angola via le chemin de fer de Katanga-Benguela actuellement faisant partie du corridor de Lobito dont la RDC fait partie telle qu'annoncée lors de la visite du Président des Etats Unis, Joe Biden en Angola du 2 au 4 décembre 2024. Le système ferroviaire gérer par la SNCC rejoint le système ferroviaire de la Zambie et de la Tanzanie via la ligne ferroviaire connue sous l'acronyme TAZARA (Tanzania-Zambia Railway Authority) qui relie le réseau de transport régional d'Afrique australe à l'Afrique de l'Est et au reste du monde via le port maritime Est-Africain de Dar es-Salaam en Tanzanie. Dans un avenir proche, la SNCC gérera et exploitera la branche la plus importante du réseau de transport multimodal de la RDC.

Les Chemins de fer des Uélé

Les Chemins de fer des Uélé gèrent le réseau ferroviaire qui relie l'ancienne province de l'Equateur (La ville de Bumba) à l'ancienne province Orientale (La ville de Bondo) reliant les mines d'or de Kilo Moto au fleuve Congo.

En 2025, l'infrastructure ferroviaire existante est en mauvais état, mais le réseau ferroviaire parvient à fonctionner malgré des retards considérables et de nombreux incidents. Les chemins de fers appartenant à la SNCC et à la SCTP (le Chemin de fer Matadi-Kinshasa) sont les deux voies ferrées d'importance significative pour la RDC. Le chemin de fer Matadi-Kinshasa est le mode de transport naturel pour les exportations de bois et d'autres trafics en vrac qui ne sont pas sensibles au temps, y compris les importations vers la ville de Kinshasa.

Depuis les années 1970, des interruptions périodiques des chemins de fer sur le tronçon Kinshasa-Matadi et le tronçon Kisangani-Ubundu en raison de leur état général se dégradant au courant des années, la morphologie du terrain, des conditions climatiques difficiles, ou simplement par manque de carburant pour les trains. En 2010, la RDC a lancé les travaux de la réhabilitation et la modernisation de 1 200 km et 487 km respectivement du réseau ferroviaire de la SNCC sur les sections entre la zone de production de cuivre (dans la zone de Kolwezi et Tenke) et Sakania à la frontière congolaise avec la Zambie ainsi qu'entre Kamina et Kabalo et Kamina et Mwene Ditu afin de préserver et de renforcer la connectivité des sections Nord/Centre et Est du réseau SNCC grâce au financement de la Banque Mondiale. La Banque Mondiale à engager 631 millions de dollars américains pour le renouvellement des voies, des trains, des locomotives neuves en provenance de Chine, et des bateaux afin d'améliorer la compétitivité de la SNCC en matière d'exportation de biens et de minéraux.

Le réseau de transport multimodal : voies ferrées, lacustres et fluviales est actuellement dans un état de délabrement avancé en raison de la vétusté des infrastructures, les mineurs artisanaux dans l'ancienne province de Katanga creusant sous les voies ferrées pour récupérer la terre contenant les matières premières, de matériel roulant dégradé avec une vitesse limitée de 5 à 50 km/h, et la qualité de service a baissé, une forte concurrence des transports routiers et fluviaux, et d'une culture de gestion historiquement défaillante. Présentement, le réseau ferroviaire assure environ un dixième du trafic qu'il accueillait en 1970. Pour améliorer le transport multimodal en RDC, le plus grand défi à relever présentement sont des problèmes structurels hérités du passé, tels que le recrutement du personnel, le volume des effectifs et la gestion déficiente à tous les niveaux (leadership éthique, gouvernance, financier, technique, commercial, planification, etc).

Vers un Système de Transport Intégré : La vision pour un réseau de transport efficient and performant

Riche en ressources naturelles et dotée d'un potentiel économique immense, la RDC reste néanmoins freinée par un réseau de transport inadéquat. L'intégration des modes de transport routier, ferroviaire, fluvial et aérien est essentielle pour maximiser leur impact économique et social. Un système de transport intégré permettrait d'assurer une connectivité fluide entre les différents modes, réduisant les coûts logistiques et améliorant l'efficacité des échanges commerciaux.

En RDC, le développement des infrastructures doit être conçu comme une plate-forme pour construire des villes intelligentes et modernes le long des principaux fleuves/rivières de la RDC, soutenues par des activités de production viables ayant le potentiel de générer des flux de revenus durables tout au long de l'année. Par conséquent, en plus des investissements dans le transport fluvial, la viabilité de chaque ville nécessitera des investissements dans les mines, le tourisme, l'agriculture, des infrastructures supplémentaires (reliant les routes et les chemins de fer), l'énergie et dans les secteurs sociaux (éducation, santé, eau). Chaque développement le long des rivières deviendra donc une plate-forme multi-acteurs impliquant le gouvernement, le secteur privé, les partenaires de développement, les ONG, les institutions locales, les organisations de la société civile. Il est essentiel de construire cette plate-forme tôt dans le processus. Par conséquent, une cartographie appropriée de « qui fait quoi et où » sera très importante.

Pour chaque rivière sélectionnée, il doit y avoir une étude de faisabilité détaillée qui comprend une évaluation de l'impact environnemental et une analyse de rentabilité. Encore une fois, il s'agit de développer des villes intelligentes le long des rivières. Chaque étude doit également aborder explicitement la question de la connexion de la population locale aux chaînes de valeur en cours de développement dans les secteurs minier, agricole, touristique, forestier et énergétique.

Une fois les études de faisabilité validées et les plans d'affaires élaborés, il est essentiel d'obtenir un financement sur le long terme. À moins qu'elle ne soit axée sur les entreprises, l'ensemble de la stratégie ne sera pas durable. Par conséquent, il devrait être clair que l'argent des partenaires de développement (s'il est disponible) soit alloué aux infrastructures et aux investissements sociaux, et laisser le développement des chaînes de valeur (dans les mines, l'agriculture, le tourisme, etc.) au secteur privé.

Par conséquent, il sera important de :

i) organiser un forum d'investissement pour le développement du transport fluvial en RDC ;
ii) mettre en place un système de financement à vocation spéciale visant à aider à créer un environnement propice à la collaboration du secteur des entreprises avec le gouvernement, les banques multilatérales de développement, les organisations de développement, les organismes donateurs, les fondations, les organisations non gouvernementales et de la société civile, les petits agriculteurs et les organisations communautaires locales afin d'améliorer la compétitivité des activités à développer le long des rivières, attirer des investisseurs et des fonds d'aide solides, contribuant ainsi à une croissance durable et à une prospérité partagée en RDC.

La construction et l'entretien des routes et chemins de fer reposent aujourd'hui sur des techniques largement standardisées, consignées dans des manuels et handbooks universels. Cela permettrait à la RDC de mobiliser ses millions d'ingénieurs et techniciens pour la réhabilitation des infrastructures existantes. Sous la supervision d'experts nationaux et expatriés expérimentés, ces professionnels congolais, bien qu'inexpérimentés, pourraient acquérir les compétences nécessaires pour mener à bien ces projets.

L'objectif est clair : la RDC doit s'affranchir des modèles traditionnels de dépendance pour se tourner vers des partenariats équilibrés avec des donateurs internationaux et des investisseurs privés. Ces collaborations devraient favoriser des projets d'infrastructures alignés sur les objectifs nationaux de reconstruction et de développement économique.

La vision présentée ici aspire à transformer la RDC en une puissance économique régionale grâce à un réseau stratégique d'infrastructures de transport, intégrant routes, chemins de fer et voies navigables, tout en favorisant une utilisation durable des ressources naturelles.

Le Rôle des Partenaires Internationaux

Le développement du système de transport intégré en RDC nécessitera un soutien substantiel de la communauté internationale. Des organisations comme la Banque Mondiale, la Banque Africaine de Développement (BAD) et des investisseurs privés, dont la quête d'intégration de l'Afrique est l'une des grandes priorités stratégiques, peuvent jouer un rôle crucial en fournissant des financements, une expertise technique et des partenariats stratégiques. Par ailleurs, des initiatives régionales telles que le Programme pour le Développement des Infrastructures en Afrique (PIDA) offrent une plateforme pour coordonner les investissements et les projets transfrontaliers (Baoubadi, d'Errico, et Ulimwengu, 2024).

Impact sur le Développement Durable

Un système de transport intégré aura un impact significatif sur le développement durable en RDC. Il améliorera l'accès aux marchés pour les agriculteurs, augmentant leurs revenus et renforçant la sécurité alimentaire. Les entreprises bénéficieront de coûts logistiques réduits, stimulant ainsi les investissements et la croissance économique. En outre, une connectivité accrue facilitera l'accès aux services sociaux, tels que l'éducation et la santé, réduisant les inégalités régionales.

Par ailleurs, en promouvant des modes de transport durables, tels que le transport fluvial, et en modernisant les infrastructures pour réduire leur empreinte écologique, la RDC peut aligner son développement sur les objectifs de durabilité environnementale.

Le développement d'un système de transport intégré est essentiel pour libérer le potentiel économique et social de la RDC. En combinant efficacement les modes routier, ferroviaire, fluvial et aérien, le pays peut non seulement surmonter ses défis logistiques, mais aussi transformer son économie et améliorer la qualité de vie de sa population. Pour réussir cette transition, un leadership visionnaire, un engagement fort du gouvernement, une mobilisation des partenaires internationaux, et une planification stratégique sont indispensables. La RDC avec son système de transport intégré pourra offrir des services logistiques intégrés aux 9 pays limitrophes, conformément à son plan pour devenir un important relais de la chaine d'approvisionnement et du commerce international. En intégrant ses infrastructures de transport, la RDC peut bâtir un avenir prospère et durable pour tous ses citoyens.

ÉDUCATION, RECHERCHE SCIENTIFIQUE ET TECHNOLOGIQUE

L'éducation et la recherche scientifique et technologique constituent des piliers essentiels pour le développement durable et la compétitivité économique d'un pays. En RDC, le système éducatif et de la recherche scientifique et technologique reste confronté à de nombreux défis, notamment le faible accès à une éducation de qualité, le manque d'infrastructures modernes et l'insuffisance de financement pour la recherche scientifique et technologique. Le système éducatif et de la recherche scientifique et technologique ne semblent pas bénéficier d'une attention des gouvernements successifs depuis les années 1960, car le budget leur alloué est insignifiant. Le budget alloué à la recherche scientifique et technologique est passé de 0.5% à 3% du budget national. En 2024, le ministre de la recherche scientifique et innovation technologique a annoncé devant le Forum national du génie scientifique congolais la mise en place par l'État d'un fonds souverain et un incubateur à la disposition de tous les scientifiques, ingénieurs, génies et autres congolais. A la même occasion, il a lancé un appel de réconfort à l'endroit des tous les scientifiques, ingénieurs, génies et autres congolais qui étaient lauréats du Conclave du génie scientifique congolais organisé en août 2023 qui n'avaient pas reçu leurs primes, ni les prix et médailles qui leur étaient annoncés à cause des problèmes budgétaires. Pourtant, avec ses vastes ressources humaines et naturelles, le pays dispose d'un potentiel considérable pour transformer ces secteurs en moteurs de croissance et d'innovation. Cette section explore les défis et opportunités de l'éducation et de la recherche scientifique et technologique en RDC, tout en proposant des stratégies pour les aligner sur une vision de développement durable.

Le Système Éducatif en RDC : Défis et Opportunités

Défis du Système Éducatif

Le système éducatif de la RDC est marqué par des défis structurels et institutionnels. Premièrement, le taux de scolarisation, bien qu'en progression, reste faible, en particulier dans les zones rurales. Selon l'UNICEF, environ 4,5 millions d'enfants en âge d'aller à l'école primaire ne sont pas scolarisés, en grande partie à cause de la pauvreté et du manque d'infrastructures scolaires.

Deuxièmement, la qualité de l'enseignement est compromise par le manque de formation des enseignants et professeurs, le surpeuplement des salles de classe, et le déficit en matériel pédagogique. Les écoles et universités publiques, qui accueillent la majorité des élèves et étudiants, fonctionnent souvent avec des ressources limitées, affectant la qualité de l'apprentissage.

Enfin, l'accès à l'éducation supérieure et universitaire reste élitiste et concentré dans les grandes villes comme Kinshasa, Lubumbashi, Kindu, Mbujimayi, Kisangani, Boma, Bukavu, Kananga, Mbanza-Ngungu, Mbandaka, et Goma. De plus, les universités et établissements d'enseignement supérieur souffrent d'un sous-financement chronique, ce qui limite leur capacité à mener des recherches pertinentes et à former des professionnels compétents.

Les meilleures universités et établissements d'enseignement supérieur dans le monde sont désignés sur la base d'une dizaine d'indicateurs, dont la réputation académique, l'employabilité des diplômés, le ratio étudiants-professeurs, les publications scientifiques, et la durabilité.

La RDC, en particulier, et l'Afrique subsaharienne francophone en large, n'enregistre aucun représentant dans les classements majeurs d'universités et d'établissements d'enseignement supérieur dans le monde.

Dans le tableau I, l'Afrique du Sud maintient sa domination et compte 11 universités au classement mondial. Trois universités sud-africaines figurent parmi les 300 meilleurs universités et établissements d'enseignement supérieur dans le monde. L'Université du Cap est à la première place du classement africain et 171e mondial. Elle est suivie de Université de Witwatersrand qui est aussi 276e mondial. L'Université de Stellenbosch est à la troisième place du classement africain et 296e mondial.

Avec 15 universités, l'Égypte est le pays le plus représenté dans le classement mondial. L'Université du Caire est à la cinquième place du classement africain et 350e mondial. Elle est suivie de L'Université américaine du Caire qui est septième et aussi 410e mondial. L'Université Ain Shams est à la neuvième place du classement africain et 592e mondial.

L'Université d'Addis Abeba en Ethiopie est à la dixième place du classement africain et 771e mondial et ferme ce podium de top 10 pays qui figures dans les classements des meilleures universités.

Tableau I
Classement 2025 des 10 top universités et établissements d'enseignement supérieur africains selon *QS World University Rankings*

Classement en Afrique	Classement mondial	Nom de l'université	Pays
1	171	Université du Cap,	Afrique du Sud
2	267	Université de Witwatersrand	Afrique du Sud
3	296	Université de Stellenbosch	Afrique du Sud
4	312	Université de Johannesbourg	Afrique du Sud
5	350	Université du Caire	Egypte
6	354	Université de Pretoria	Afrique du Sud
7	410	Université américaine du Caire	Egypte
8	587	Université du KwaZulu-Natal	Afrique du Sud
9	592	Université Ain Shams	Egypte
10	771	Université d'Addis Abeba	Ethiopie

Source : Adapter par les Auteurs à partir du Classement 2025 des 10 top universités africaines selon *QS World University Rankings.*

Vient ensuite la Tunisie avec 4 universités, puis le Ghana, le Kenya, et le Nigeria avec respectivement deux universités chacun dans le classement 2025 des top universités et établissements d'enseignement supérieur dans le monde selon *QS World University Rankings*.

La RDC peut s'inspirer de l'Afrique du Sud et de l'Egypte qui sont reconnues pour leurs nombreuses grandes institutions universitaires et établissements d'enseignement supérieur de prestige sur le continent africain.

La Banque mondiale a indiqué que l'enseignement supérieur et universitaire est un instrument clé pour promouvoir le développement durable (World Bank 1999). Étant donné que la promotion du développement durable est essentielle pour soutenir la croissance économique et la création d'emplois, ces objectifs macroéconomiques sont étroitement liés et doivent être considérés comme un tout (OECD, 1996). La RDC a besoin davantage de diplômés universitaires capables de s'adapter et de fonctionner dans une économie axée et dépendante de la connaissance scientifique. L'élévation du niveau de réussite de l'enseignement supérieur et universitaire est donc essentielle pour atteindre les objectifs macroéconomiques de la RDC et promouvoir le développement durable.

Les universités et établissements d'enseignement supérieur ont trois sources de financement. La première est le financement public direct du gouvernement congolais. Les deux autres sources de financement sont les frais de scolarité des étudiants et les revenus du troisième flux. Le système d'enseignement supérieur et universitaire a connu une croissance plus rapide que les ressources disponibles. La croissance de la population estudiantine et les changements structurels à grande échelle augmentent les coûts, tandis que les contraintes budgétaires aggravent les déficits de financement de l'État aux universités et établissements d'enseignement supérieur. Les financements publics, qui représentent l'essentiel des revenus des universités et établissements d'enseignement supérieur, l'infrastructure du système éducatif et le nombre d'enseignants et professeurs, n'ont pas suivi le rythme de la croissance rapide de la population estudiantine et de son impact sur les universités et établissements d'enseignement supérieur, exerçant une pression pour augmenter les frais de scolarité des étudiants et les revenus du troisième flux.

À l'échelle mondiale, les universités et établissements d'enseignement supérieur fonctionnent comme des entreprises, garantissant une viabilité financière à long terme pour survivre. Si l'on considère le chemin parcouru depuis les années 1960, le changement structurel à grande échelle apportés au système d'enseignement supérieur et universitaire, et les financements des universités et établissements d'enseignement supérieur en RDC n'ont pas eu l'effet escompté et ont considérablement contrecarré l'efficacité des universités et établissements d'enseignement supérieur. La croissance de la population estudiantine n'a pas été accompagnée d'une croissance des professeurs, du personnel universitaire, et des infrastructures du système éducatif. Les universités et établissements d'enseignement supérieur ont connu de fortes contraintes financières au fil des ans en raison de la différence entre la demande réelle de financement et les fonds publics alloués, ce qui a exacerbé les tensions préexistantes sur leurs finances et leurs budgets. Le déficit de financement qui en résulte exerce une forte pression sur les infrastructures et le personnel des universités et établissements d'enseignement supérieur, compromettant leur capacité à s'acquitter de leur mandat d'enseignement et de recherche. Actuellement, le système d'enseignement supérieur et universitaire fonctionne à plein régime avec des infrastructures délabrées et, par exemple, les bureaux des professeurs, les amphithéâtres, et les espaces de laboratoire sont limités. Il n'y aura tout simplement pas assez de laboratoires ni d'amphithéâtres suffisamment grands pour accueillir de nouveaux étudiants.

Les acteurs de l'enseignement supérieur et universitaire ont exprimé la tension entre un accès accru à l'enseignement supérieur et universitaire et la nécessité de veiller à ce que le secteur de l'enseignement supérieur et universitaire conserve sa capacité à produire le type de connaissances de haut niveau et à contribuer à la recherche scientifique et à l'innovation, ainsi qu'à produire les ressources humaines hautement qualifiées nécessaires pour faire avancer le pays et être compétitif à l'échelle mondiale. Cette articulation a de profondes implications en matière de politiques publiques sur la manière dont les universités et établissements d'enseignement supérieur sont planifiées, gérées, financées et dont la qualité est assurée – qualité, normes et réglementation, et politiques publiques sur l'enseignement supérieur.

Les universités et établissements d'enseignement supérieur en RDC sont mises à rude épreuve et continueront de le faire face à l'insuffisance du financement public direct du gouvernement au cours des décennies à venir, ce qui aura un impact à la fois sur les professeurs, les chercheurs, les étudiants, le travail universitaire, et sur les indicateurs de performance. En outre, la compression des financements public direct du gouvernement menace la capacité des universités et établissements d'enseignement supérieur à atteindre leurs objectifs académiques et scientifiques. Cela a des implications des politiques publiques importantes (Bokana, 2015).

Le gouvernement congolais doit renforcer la bonne gouvernance et l'administration des écoles, des universités et établissements d'enseignement supérieur et reconnaître l'importance de leurs missions d'accompagnement et d'orientation des élèves et étudiants tout au long de la vie. Au-delà de la formation à la sortie d'écoles, d'universités et d'établissements d'enseignement supérieur, l'action du gouvernement doit s'attacher également au continuum avec l'emploi pour une meilleure adéquation avec les besoins de la RDC de demain mais surtout pour améliorer l'insertion professionnelle des élèves, étudiants et diplômés. La formation tout au long de la vie professionnelle doit demeurer un axe important de l'investissement du gouvernement congolais.

Le gouvernement congolais doit mettre en œuvre une revalorisation importante de la rémunération des enseignants et professeurs et faire de sorte que cette rémunération connaisse la plus importante progression dans le budget de l'État afin notamment de répondre aux attentes de congolais et des professionnels dans le secteur de l'éducation.

Opportunités pour l'Éducation

Malgré ces défis, l'éducation en RDC offre de nombreuses opportunités. La mise en œuvre de la gratuité de l'enseignement primaire, initiée en 2019, représente une avancée significative pour améliorer l'accès à l'éducation de base. Par ailleurs, la jeunesse congolaise, qui représente plus de 60 % de la population, constitue une ressource précieuse pour transformer le pays à travers une éducation ciblée sur les compétences modernes et les besoins du marché.

Le gouvernement et les experts congolais doivent commencer à s'inspirer des classements mondiaux des universités et établissements d'enseignement supérieur et à leurs implications pour l'enseignement supérieur et universitaire en RDC, d'autant plus que les universités et établissements d'enseignement supérieur du pays ne figurent pas plus en évidence dans plusieurs systèmes mondiaux de classement des universités et établissements d'enseignement supérieur.

Comme dans d'autres pays tels que l'Afrique du Sud, l'Egypte, et l'Ethiopie, il y a des points de vue divergent quant à l'importance des classements universitaires en RDC. Plus précisément, il existe un débat sur ce que ces classements signifient par rapport à la promotion d'un enseignement supérieur et universitaire de qualité et sur la manière dont ils contribuent à la réalisation d'autres priorités dans le plan national stratégique de développement durable.

La Recherche Scientifique et Technologique en RDC

État Actuel de la Recherche

La recherche scientifique et technologique en RDC reste marginalisée, avec un financement limité et une faible reconnaissance de son rôle dans le plan national stratégique de développement durable. Les chercheurs font face à un manque d'équipements, de laboratoires modernes et d'accès aux publications scientifiques internationales. En conséquence, la production scientifique congolaise est faible, tant en quantité qu'en qualité.

De plus, il existe peu de liens entre les institutions de recherche, le secteur privé et les décideurs politiques. Cela limite l'application des résultats de recherche dans des secteurs stratégiques tels que l'agriculture, la santé, l'énergie et les technologies de l'information.

Opportunités dans la Recherche Scientifique et Technologique

La RDC possède un potentiel immense pour développer la recherche, notamment dans les domaines liés à ses ressources naturelles. Par exemple, la recherche en agriculture pourrait se concentrer sur l'amélioration des rendements et la gestion durable des terres. De même, les secteurs des énergies renouvelables et des minerais stratégiques offrent des opportunités pour développer des technologies innovantes adaptées aux besoins locaux et globaux.

En outre, l'essor des technologies numériques ouvre de nouvelles perspectives pour renforcer la recherche. Des plateformes numériques peuvent faciliter la collaboration entre chercheurs, tandis que des partenariats internationaux peuvent fournir un accès à des financements et des ressources.

Aligner l'Éducation et la Recherche avec une Vision de Développement Durable

La RDC pourrait s'inspirer du modèle de l'Afrique du Sud et de l'Egypte qui sont aujourd'hui les deux pays Africains qui ont les meilleures universités classées parmi les meilleures en Afrique et sur le plan mondial regroupant de nombreux professeurs établis de renommer mondial, les chercheurs postdoctoraux, les doctorants exceptionnels, les chercheurs en début de carrière, les étudiants élites, et tous les autres universitaires talentueux.

Le gouvernement sud-africain dispose de programmes d'incitation directe, des classements, de reconnaissances et de récompenses pour mener à bien la tâche complexe d'enseignement, d'apprentissage et de diffusion de la recherche, en promouvant les comportements bénéfiques pour la recherche scientifiques et les chercheurs établis.

Le programme d'incitation à la publication, qui offre des paiements en espèces pour la publication d'articles de revues, d'actes de conférence, des livres éducatifs, et de chapitres de livres dans des revues accréditées, est le plus grand fonds de financement de la recherche scientifique du pays, d'une valeur estimée à 2,4 milliards rands sud-africains (160 millions dollars américains) chaque année.

Dans le cadre du programme d'incitation à la publication, les chercheurs peuvent recevoir 120 000 rands sud-africains par article publié (8 000 dollars américains) et l'université de l'auteur reçoit 240 000 rands sud-africains par article publié (16 000 dollars américains).

La Fondation Nationale de Recherche (National Research Foundation (NRF)) est un organisme statutaire indépendant créé en 1998 dans le but de contribuer au Plan National de Développement (PND) à l'horizon 2030 – *National Development Plan (NDP) 2030* – en finançant la recherche scientifique, en développant des capacités humaines de haut niveau et des infrastructures de recherche scientifique essentielles pour promouvoir la production de connaissances et stimuler la production universitaire dans tous les domaines disciplinaires. La Fondation Nationale de Recherche promeut l'intégrité de la recherche scientifique, des approches de recherche scientifique transdisciplinaires qui abordent efficacement des questions interconnectées qui sont d'une importance cruciale pour l'avenir de l'Afrique du Sud et cela a fonctionné.

Le financement pouvant atteindre 2,5 millions de rands sud-africains par chercheur (167 000 dollars américains), comprend un volet de développement des capacités permettant aux professeurs, aux chercheurs et aux étudiants d'améliorer leurs compétences en leadership (élargir leurs réseaux, s'engager avec des modèles, recevoir un mentorat et apprendre les exigences de l'engagement public).

Les candidats professeurs établis, les chercheurs postdoctoraux, les doctorants exceptionnels, les chercheurs en début de carrière, les étudiants, et tous les autres universitaires de tous les universités et les établissements d'enseignement supérieur sud-africains doivent démontrer qu'ils ont commencé à se constituer une expérience dans le domaine qu'ils ont choisi et qu'ils sont un futur leader prometteur.

Le financement peut être utilisé pour les activités suivantes (y compris 10 % maximum de frais généraux) :

- Salaires, voyages, hébergement, séjour, et frais de publication ;

- Programmes de formation et ateliers et opportunités d'expérience internationale dans le programme de recherche scientifique et d'éducation des doctorants exceptionnels, des chercheurs postdoctoraux et des chercheurs en début de carrière, des professeurs établis financés par la Fondation Nationale de Recherche ;
- Achat d'équipements et de ressources scientifiques (bases de données, coûts d'enquête, consommables, accès et abonnements à des revues, etc.)
- Accélérer les parcours professionnels des doctorants exceptionnels, des chercheurs postdoctoraux et des chercheurs en début de carrière, des professeurs établis financés par la Fondation Nationale de Recherche pour devenir des chercheurs internationaux de premier plan avec une rigueur académique et une compétitivité renforcées grâce à une exposition internationale accrue, à des opportunités de collaboration et de mentorat ;
- Renforcer la capacité de la Fondation Nationale comme un incubateur à identifier et à entretenir des partenariats qui améliorent les opportunités internationales pour les doctorants exceptionnels, les chercheurs postdoctoraux et les chercheurs en début de carrière, les professeurs établis financés par la Fondation Nationale de Recherche, en travaillant en étroite collaboration avec les universités et les établissements d'enseignement supérieur et de recherche ;
- Créer des plateformes qui augmentent les opportunités de réseautage international pour une cohorte engagée à l'échelle mondiale d'étudiants en doctorat exceptionnels, de chercheurs postdoctoraux et de chercheurs en début de carrière, de professeurs établis financés par la Fondation Nationale de Recherche ; et
- Contribuer aux impératifs de transformation de l'Afrique du Sud, comme le guide le Cadre de transformation approuvé dans le Plan de développement national à l'horizon 2030.

Les élites et prestigieuses universités Africaines et mondiales regroupent, aujourd'hui à la fois des professeurs établis, chercheurs établis, et étudiants locaux et elles accueillent un nombre considérable des professeurs établis, des chercheurs établis, et d'étudiants talentueux internationaux.

Pour maximiser l'impact de l'éducation et de la recherche en RDC, plusieurs réformes et stratégies doivent être mises en œuvre :

- **Améliorer l'accès et la qualité de l'éducation** : Cela inclut la construction de nouvelles écoles et universités, en particulier dans les zones rurales, et la formation continue des enseignants et professeurs. Le gouvernement doit également investir dans des infrastructures modernes, comme les laboratoires et les bibliothèques, pour améliorer l'apprentissage.
- **Réformer l'enseignement supérieur et technique** : Les universités et instituts supérieurs doivent adopter des programmes alignés sur les besoins du marché du travail et les priorités nationales. Par exemple, des formations en TIC, en ingénierie et en gestion des ressources naturelles pourraient renforcer la compétitivité des diplômés.
- **Créer des centres d'excellence en recherche** : Ces centres pourraient se concentrer sur des domaines prioritaires, tels que l'agriculture durable, la santé publique et les technologies minières. Ils devraient être équipés d'infrastructures modernes et soutenus par des financements publics et privés.
- **Favoriser les partenariats public-privé** : Les entreprises peuvent jouer un rôle clé dans le financement de la recherche et le développement des compétences. Par exemple, des partenariats avec le secteur minier pourraient soutenir des projets de recherche appliquée sur l'extraction durable et la valorisation des minerais.
- **Encourager l'innovation et l'entrepreneuriat** : La RDC doit créer un écosystème favorable à l'innovation, en soutenant les start-ups technologiques et en facilitant l'accès aux financements pour les jeunes entrepreneurs. Des incubateurs d'entreprises dans les universités pourraient aider à transformer les idées innovantes en solutions pratiques.
- **Intégrer les TIC dans l'éducation et la recherche** : La numérisation du système éducatif et l'utilisation des technologies numériques dans la recherche peuvent améliorer l'efficacité et élargir l'accès. Cela inclut la mise en place de plateformes d'apprentissage en ligne et la fourniture d'accès à Internet pour les écoles et les universités.

Impact Anticipé

Investir dans l'éducation et la recherche scientifique et technologique pourrait transformer la RDC en un centre d'innovation et de développement en Afrique centrale. Une population mieux éduquée et qualifiée serait en mesure de relever les défis socio-économiques, d'accroître la productivité et de stimuler l'entrepreneuriat. Par ailleurs, une recherche scientifique renforcée permettrait de développer des solutions locales pour des problèmes tels que la sécurité alimentaire, les maladies endémiques et l'accès à l'énergie.

L'éducation et la recherche scientifique et technologique représentent des leviers essentiels pour le développement durable de la RDC. En investissant dans ces secteurs, le pays peut libérer le potentiel de sa population jeune et dynamique tout en s'insérant dans l'économie mondiale de la connaissance. Cela nécessite une vision stratégique, un engagement politique fort et une mobilisation des ressources nationales et internationales. Avec des réformes bien ciblées, la RDC peut transformer ces secteurs en moteurs de croissance et d'innovation, contribuant ainsi à bâtir une société prospère et inclusive.

PROMOUVOIR LA REVOLUTION TECHNOLOGIQUE ET DIGITALE

La révolution technologique et digitale constitue une transformation majeure dans le monde actuel, offrant des opportunités uniques pour accélérer la croissance économique, améliorer les services publics et réduire les inégalités. En RDC, l'intégration de la technologie et du numérique pourrait jouer un rôle clé dans la réalisation des ODD. Toutefois, le pays fait face à des défis importants, notamment des infrastructures limitées, un accès inégal aux services numériques et un manque de cadre réglementaire adapté (Banque Mondiale, 2023). Cette section examine l'état actuel du secteur technologique en RDC, les défis à relever et les opportunités à saisir, tout en proposant une stratégie pour aligner la révolution digitale avec une vision nationale de développement durable.

L'État Actuel de la Technologie et du Numérique en RDC

La RDC, malgré ses vastes ressources humaines et naturelles, reste sous-développée dans le domaine de la technologie et du numérique. Le taux de pénétration d'Internet est estimé à seulement 19 %, une situation qui s'explique par le coût élevé des services, des infrastructures inégalement réparties et une faible couverture dans les zones rurales (UIT, 2022). La fracture numérique est particulièrement marquée entre les zones urbaines comme Kinshasa, Lubumbashi, et Goma qui bénéficient d'un accès relativement meilleur, et les régions rurales où l'accès au numérique est quasi inexistant. De plus, le manque de compétences numériques parmi la population, y compris les jeunes, limite la capacité du pays à tirer parti des technologies émergentes (PNUD, 2020). Ces défis sont aggravés par un cadre institutionnel et réglementaire inadéquat, qui ne favorise ni l'investissement privé ni l'innovation.

Les Opportunités de la Révolution Digitale

Malgré ces défis, les opportunités sont nombreuses. La RDC abrite une population jeune et dynamique qui pourrait devenir un moteur de transformation technologique, si elle est dotée des compétences nécessaires (Banque Mondiale, 2023). Par ailleurs, le pays dispose de ressources naturelles stratégiques, comme le cobalt, essentielles pour l'industrie des technologies numériques (Observatoire Congolais du

Développement Durable, 2021). Ces atouts offrent à la RDC une position stratégique dans les chaînes de valeur mondiales des technologies numériques. De plus, l'urbanisation rapide et l'expansion des classes moyennes créent une demande croissante pour les services numériques, renforçant ainsi le potentiel du marché.

Investir dans les Infrastructures Numériques

Pour transformer ces opportunités en résultats concrets, la RDC doit investir dans les infrastructures numériques, un préalable essentiel à l'expansion de la connectivité. Cela inclut l'installation de réseaux de fibre optique pour améliorer l'accès à Internet dans les zones urbaines et l'utilisation de technologies sans fil et satellitaires pour connecter les zones rurales (UIT, 2022). Une alimentation électrique fiable est également essentielle pour soutenir les technologies numériques. Dans ce contexte, la collaboration entre le secteur public et les entreprises privées, à travers des partenariats public-privé, pourrait mobiliser les ressources nécessaires pour financer ces infrastructures (Banque Africaine de Développement, 2022).

Renforcer les Compétences et Former une Main-d'œuvre Numérique

Outre les infrastructures, le renforcement des compétences numériques est crucial. L'intégration des technologies de l'information et de la communication (TIC) dans le système éducatif est une étape essentielle pour former une population prête à s'adapter à l'économie numérique (PNUD, 2020). Cela implique de fournir un accès aux outils numériques dans les écoles, de développer des programmes de formation aux compétences technologiques et de promouvoir l'entrepreneuriat numérique parmi les jeunes. Les universités et centres de formation professionnelle doivent jouer un rôle clé en formant une main-d'œuvre capable de répondre aux besoins du marché technologique, que ce soit dans le développement de logiciels, la gestion des données ou la maintenance des infrastructures numériques.

Encourager l'Innovation et l'Entrepreneuriat Technologique

Pour dynamiser l'écosystème technologique, le gouvernement doit encourager l'innovation et l'entrepreneuriat. Cela pourrait se faire en facilitant l'accès au financement, en fournissant des subventions et des incitations fiscales, et en établissant des hubs technologiques dans les grandes villes comme Kinshasa, Lubumbashi, et Goma (Observatoire Congolais du Développement Durable, 2021). Ces hubs pourraient servir de plateformes de collaboration entre les entrepreneurs, les investisseurs et les chercheurs. De plus, des collaborations internationales avec des entreprises technologiques établies pourraient permettre des transferts de compétences et de technologies vers le pays.

La RDC pourrait s'inspirer du modèle de l'Afrique du Sud ou les professeurs établis, les chercheurs postdoctoraux, les doctorants exceptionnels, les chercheurs en début de carrière, les étudiants, et tous les autres universitaires de tous les universités et les établissements d'enseignement supérieur sud-africains reçoivent le fonds de pré-amorçage de l'Agence D'Innovation Technologique (TIA) de 800 000 rands sud-africains (53 334 dollars américains) par professeur, étudiant, ou autres universitaires par année. Ce flux de financement soutient les professeurs, les étudiants et tous les autres universitaires innovateurs aux premiers stades du développement technologique, en aidant à combler le fossé entre l'idée, la preuve de conceptualisation, un plan de projet avec des buts et objectifs spécifiques, un budget détaillé, le développement d'un prototype, des jalons définis, et les livrables attendus.

Pour tous les professeurs établis, les chercheurs postdoctoraux, les doctorants exceptionnels, les chercheurs en début de carrière, les étudiants, et tous les autres universitaires innovateurs éligibles travaillant sur une nouvelle technologie, ayant le potentiel de répondre aux besoins du monde réel, le fonds de pré-amorçage fournit un soutien essentiel pour les aider à progresser dans les premières étapes critiques du développement de Niveaux de Maturité Technologique (TRL) 3-4.

Le gouvernement sud-africain encourage tous les professeurs établis, les chercheurs postdoctoraux, les doctorants exceptionnels, les chercheurs en début de carrière, les étudiants, et tous les autres universitaires innovateurs éligibles à postuler et à franchir cette première étape pour transformer des idées innovantes en solutions percutantes.

L'Afrique du Sud et l'Egypte n'ont pas seulement des millions de prototypes mais commercialisent aujourd'hui les technologies de pointe dans plusieurs industries et équipements révolutionnaires. L'Afrique du Sud grâce à son industrie de la défense, exporte de matériel militaire tel que les blindés de transport de troupes (BTT), les missiles, les bombes, les roquettes, les mortiers, les armes de calibre 40 mm, les munitions, et les capteurs. L'industrie manufacturière exporte l'électronique, le logiciels, les pièces détachées et accessoires de véhicules. Sans compter les exportations des industries de l'agro-alimentaire, l'alimentation et des boissons qui se classent parmi les premières industries mondiales.

Développer des Applications Locales

Une autre priorité pour promouvoir la révolution digitale est le développement d'applications technologiques adaptées aux réalités locales. Dans le secteur agricole, par exemple, des applications mobiles fournissant des prévisions météorologiques et des informations sur les prix des marchés pourraient aider les agriculteurs à maximiser leur productivité et leurs revenus (Banque Mondiale, 2023). Dans le domaine de la santé, les plateformes numériques pourraient faciliter la consultation à distance et l'accès aux soins, en particulier dans les régions éloignées. De même, l'éducation en ligne peut élargir l'accès à l'apprentissage pour les étudiants des zones rurales, en compensant le manque d'infrastructures physiques.

Créer un Cadre Réglementaire et Institutionnel Favorable

Le cadre réglementaire et institutionnel doit également être renforcé pour soutenir cette transition numérique. Le développement d'une stratégie nationale pour le numérique est essentiel pour orienter les investissements, réglementer le secteur et protéger les consommateurs (Banque Africaine de Développement, 2022). La mise en place de lois sur la cybersécurité et la protection des données est indispensable pour renforcer la confiance des utilisateurs et des investisseurs. De plus, la numérisation des services publics pourrait améliorer l'efficacité administrative et réduire la corruption, tout en facilitant l'accès des citoyens aux services essentiels.

Les Impacts Anticipés de la Transition Digitale

Les impacts positifs de la révolution technologique et digitale en RDC pourraient être considérables. Sur le plan économique, une intégration réussie des technologies numériques stimulerait la productivité dans des secteurs clés comme l'agriculture, l'industrie et les services. Elle pourrait également générer des milliers d'emplois, en particulier pour les jeunes, et encourager l'entrepreneuriat, réduisant ainsi le chômage et la pauvreté (UIT, 2022). Sur le plan social, la numérisation améliorerait l'accès aux services publics, réduisant les inégalités régionales et sociales. Enfin, la transition numérique renforcerait l'intégration de la RDC dans l'économie mondiale, en augmentant sa compétitivité et en diversifiant ses sources de revenus (PNUD, 2020).

La promotion de la révolution technologique et digitale représente une opportunité sans précédent pour la RDC de transformer son économie et d'améliorer les conditions de vie de sa population. Cependant, cela nécessitera des investissements substantiels dans les infrastructures, la formation, et la gouvernance. En adoptant une approche intégrée et en mobilisant les ressources nationales et internationales, la RDC peut non seulement rattraper son retard numérique, mais aussi devenir un acteur majeur dans l'économie technologique mondiale, contribuant ainsi à la réalisation de sa vision de développement durable.

POLITIQUES POUR RÉDUIRE LES INÉGALITÉS ET SOUTENIR LES COMMUNAUTÉS MARGINALISÉES

Les inégalités économiques, sociales et géographiques en RDC constituent un obstacle majeur au développement durable. Ces inégalités exacerbent la pauvreté, alimentent les tensions sociales et compromettent la stabilité nationale. Les communautés marginalisées, notamment celles vivant dans des régions éloignées ou touchées par des conflits, sont souvent les plus durement affectées. Face à cette réalité, des politiques publiques inclusives et ciblées sont nécessaires pour réduire ces disparités et soutenir les populations les plus vulnérables. Cette section explore les causes des inégalités en RDC, analyse les initiatives existantes et propose des mesures stratégiques pour promouvoir l'équité sociale et économique.

Les causes des inégalités en RDC

Les inégalités en RDC trouvent leur origine dans des facteurs historiques, économiques et politiques. L'héritage colonial a établi des structures socio-économiques favorisant l'extraction des ressources au détriment du développement humain et des infrastructures. Cette dynamique s'est perpétuée après l'indépendance, notamment sous les régimes autoritaires et la gestion centralisée des pouvoirs et des ressources. Les régions riches en ressources naturelles, telles que les anciennes provinces du Katanga, du Kivu, et du Kasaï ont bénéficié d'investissements disproportionnés par rapport à des provinces moins dotées, comme les anciennes provinces du Bandundu ou de l'Équateur.

La faiblesse des institutions publiques aggrave ces inégalités. L'accès aux services essentiels tels que l'éducation, la santé et l'eau potable reste inégalement réparti. En outre, les conflits armés dans l'est du pays ont amplifié la marginalisation des populations locales, créant des millions de déplacés internes et des conditions de vie précaires. Enfin, le manque de diversification économique limite les opportunités d'emploi, en particulier pour les jeunes et les femmes, renforçant les écarts de revenus et les inégalités de genre.

Initiatives existantes pour réduire les inégalités

La RDC a adopté plusieurs programmes et politiques pour lutter contre les inégalités. Par exemple, le Programme de Développement Local des 145 Territoires, lancé en 2021, vise à améliorer les infrastructures, l'éducation et la santé dans les zones rurales qui pourraient changer la face du pays. De plus, des initiatives telles que les transferts monétaires conditionnels, soutenus par des partenaires internationaux, ont été introduites pour renforcer la sécurité alimentaire et l'accès à l'éducation pour les ménages pauvres. Cependant, ces initiatives manquent souvent de cohérence et de coordination, ce qui limite leur impact probable.

Politiques pour réduire les inégalités

Pour lutter efficacement contre les inégalités et soutenir les communautés marginalisées, la RDC doit adopter une approche intégrée et multidimensionnelle.

Une première priorité est l'investissement dans l'éducation et la santé. L'éducation est un moteur essentiel de l'égalité sociale et économique. Le gouvernement doit augmenter les investissements dans les écoles et universités publiques, en particulier dans les zones rurales, pour garantir un accès équitable à une éducation de qualité. Cela inclut la formation des enseignants et des professeurs, la fourniture de matériel scolaire et l'extension des programmes d'alphabétisation pour les adultes. Par ailleurs, le secteur de la santé nécessite des investissements pour améliorer l'accès aux soins primaires, réduire la mortalité infantile et combattre les maladies endémiques telles que le paludisme. La mise en place de cliniques mobiles pourrait être une solution pour les communautés éloignées ou touchées par les conflits.

Une deuxième priorité est l'amélioration des infrastructures. Le manque d'infrastructures de base, telles que les routes, l'électricité et l'eau potable, limite l'accès des communautés marginalisées aux opportunités économiques et sociales. Des investissements stratégiques dans les infrastructures rurales permettraient de désenclaver ces régions, facilitant ainsi l'accès aux marchés, aux écoles et aux centres de santé.

La troisième priorité est l'autonomisation économique des groupes vulnérables. Les femmes et les jeunes, qui représentent une part importante de la population marginalisée, doivent bénéficier de programmes spécifiques de formation professionnelle et d'accès au crédit. Par exemple, des coopératives agricoles et des programmes de microfinance pourraient être développés pour soutenir les femmes entrepreneures et les jeunes agriculteurs. En outre, la promotion de l'entrepreneuriat par le biais de subventions et d'incitations fiscales peut créer des opportunités d'emploi et réduire les écarts de revenus.

Une quatrième priorité est la mise en œuvre de politiques de protection sociale. Les transferts monétaires non conditionnels ou conditionnels peuvent jouer un rôle important pour atténuer les effets de la pauvreté. Ces politiques doivent être associées à des programmes de soutien alimentaire, notamment pour les ménages touchés par les conflits ou les catastrophes naturelles. De plus, des initiatives ciblées pour les déplacés internes et les réfugiés pourraient inclure des aides au logement et des programmes de réintégration économique.

Enfin, la cinquième priorité est la promotion de la gouvernance inclusive. Une gouvernance transparente et participative est essentielle pour réduire les inégalités. Les citoyens, en particulier ceux des communautés marginalisées, doivent être impliqués dans la prise de décision à travers des mécanismes comme les forums communautaires et les budgets participatifs. De plus, une décentralisation effective des pouvoirs pourrait permettre aux autorités locales de mieux répondre aux besoins spécifiques de leurs populations.

Impact attendu des politiques

La mise en œuvre de ces politiques aurait un impact significatif sur la réduction des inégalités en RDC. Un meilleur accès à l'éducation et à la santé améliorerait les conditions de vie des populations marginalisées et renforcerait le capital humain. Les investissements dans les infrastructures et l'autonomisation économique créeraient des opportunités d'emploi et stimuleraient la croissance économique. Enfin, une gouvernance inclusive et des politiques de protection sociale renforceraient la cohésion sociale et réduiraient les tensions liées aux disparités régionales et sociales.

La réduction des inégalités et le soutien aux communautés marginalisées en RDC nécessitent une approche intégrée, centrée sur l'éducation, la santé, les infrastructures, l'autonomisation économique et la gouvernance inclusive. Bien que des initiatives existent, leur impact reste limité en raison d'un manque de coordination et de ressources. En adoptant des politiques ciblées et en mobilisant des partenariats nationaux et internationaux, la RDC peut s'attaquer efficacement aux causes profondes des inégalités et bâtir une société plus équitable et inclusive. Ces réformes ne sont pas seulement une exigence morale, mais aussi une condition essentielle pour garantir la stabilité et le développement durable du pays.

STRATÉGIES POUR FAIRE FACE AUX CHANGEMENTS CLIMATIQUES ET AUX DÉFIS ENVIRONNEMENTAUX

La RDC est un acteur clé dans la lutte contre les changements climatiques et les défis environnementaux mondiaux en raison de son immense biodiversité et de ses vastes ressources naturelles. Avec environ 60 % des forêts du bassin du Congo, le pays joue un rôle crucial dans l'atténuation des émissions de gaz à effet de serre et le maintien des équilibres climatiques mondiaux (Observatoire Congolais du Développement Durable, 2021). Cependant, la RDC est confrontée à des défis majeurs, notamment la déforestation, l'exploitation minière non durable, et les impacts croissants du changement climatique. Ces problèmes nécessitent des solutions stratégiques alignées sur une vision de développement durable.

Les Défis Environnementaux en RDC

Le premier défi est la déforestation massive due à l'exploitation forestière illégale, à l'agriculture itinérante et à l'utilisation du bois comme principale source d'énergie. Cette déforestation entraîne une perte importante de biodiversité et libère d'importantes quantités de carbone dans l'atmosphère (Banque Mondiale, 2023). Par ailleurs, l'exploitation minière, qui est souvent pratiquée de manière non réglementée, contribue à la dégradation des sols, à la pollution des cours d'eau et à la destruction des habitats naturels.

Le changement climatique exacerbe ces problèmes en modifiant les régimes de précipitations et en augmentant la fréquence des phénomènes météorologiques extrêmes, ce qui affecte directement les moyens de subsistance des populations rurales (Programme des Nations Unies pour l'Environnement, 2020). Enfin, la faible capacité institutionnelle et le manque de politiques environnementales cohérentes limitent la réponse de la RDC à ces défis, aggravant les inégalités et la vulnérabilité des communautés locales.

Stratégies pour Faire Face aux Changements Climatiques et aux Défis Environnementaux

Renforcer la Gestion Durable des Forêts

La gestion durable des forêts est essentielle pour atténuer les effets du changement climatique et préserver les écosystèmes critiques. La

RDC doit adopter des mesures rigoureuses pour réduire la déforestation. Cela inclut la création de zones protégées et l'encouragement de pratiques agroforestières qui intègrent l'agriculture et la conservation (REDD+, 2021). Les mécanismes financiers internationaux, comme le programme REDD+ (Réduction des Émissions dues à la Déforestation et à la Dégradation des Forêts), peuvent fournir des ressources pour soutenir ces initiatives.

Adopter des Pratiques Minières Responsables

L'exploitation minière doit être régulée pour limiter ses impacts environnementaux. Cela inclut la réhabilitation des sites après exploitation, la gestion appropriée des déchets miniers et la réduction de la pollution des cours d'eau (Observatoire Congolais du Développement Durable, 2021). Formaliser l'exploitation artisanale et à petite échelle est crucial pour minimiser son impact et améliorer les conditions de travail des mineurs.

Promouvoir les Énergies Renouvelables

Le développement des énergies renouvelables peut réduire la dépendance au bois de chauffage et au charbon de bois, principaux moteurs de la déforestation. La RDC, riche en ressources hydriques, a le potentiel de devenir un leader en hydroélectricité. Parallèlement, des solutions comme les mini-réseaux solaires peuvent fournir une énergie propre et abordable aux zones rurales, contribuant ainsi à une transition énergétique durable (Banque Africaine de Développement, 2022).

Renforcer la Résilience Agricole

L'agriculture, qui emploie la majorité de la population, est particulièrement vulnérable au changement climatique. Le gouvernement doit promouvoir des pratiques agricoles climato-intelligentes, telles que l'irrigation efficace, l'utilisation de semences résistantes et la diversification des cultures. En parallèle, des systèmes d'alerte précoce pour les catastrophes naturelles peuvent réduire les impacts des phénomènes climatiques extrêmes sur les agriculteurs (Banque Mondiale, 2023).

Intégrer les Communautés Locales dans les Initiatives Environnementales

Les communautés locales doivent être au cœur des efforts de conservation. Des programmes participatifs, comme les projets communautaires de gestion des forêts et l'écotourisme, peuvent renforcer la responsabilité locale tout en générant des revenus durables (REDD+, 2021). Par ailleurs, l'éducation environnementale et la sensibilisation sont essentielles pour encourager des pratiques respectueuses de l'environnement.

Renforcer le Cadre Institutionnel et Réglementaire

Le renforcement des institutions et des politiques environnementales est indispensable pour assurer une gestion durable des ressources naturelles.

Des études ont montré une tendance évidente : les revenus nets des entreprises atteignent leur niveau maximum lorsqu'elles sont dans un processus de production « libre d'impôt pigouvien ». Un régime fiscal à la dynamique pigouvienne a un impact disproportionné sur la consommation d'eau, la diminution du niveau de pollution et de dommages environnementaux, ainsi que sur les revenus nets des entreprises. Un régime fiscal à la dynamique pigouvienne semble avoir considérablement atténué le niveau des dommages environnementaux et tous les revenus nets ont chuté. Cela semble avoir des implications importantes en matière de politique publique pour la protection de l'environnement, notamment en ce qui concerne la manière dont les entreprises de la RDC réagiraient à une éventuelle politique fiscale intégrant l'impôt pigouvien (Bokana, 2013).

La RDC doit élaborer et appliquer des lois strictes pour protéger les écosystèmes sensibles, tout en collaborant avec des partenaires internationaux pour obtenir un soutien technique et financier (Programme des Nations Unies pour l'Environnement, 2020).

Impact Attendu des Stratégies

La mise en œuvre de ces stratégies pourrait transformer la gestion environnementale en RDC. La réduction de la déforestation et l'adoption d'énergies renouvelables contribueraient à atténuer les émissions de gaz à effet de serre. De plus, l'agriculture climato-intelligente renforcerait la résilience des communautés rurales face au changement climatique. En régulant le secteur minier, le pays limiterait ses impacts négatifs sur les écosystèmes tout en garantissant un développement économique durable. Enfin, un cadre institutionnel renforcé assurerait une gestion efficace des ressources naturelles, améliorant ainsi la qualité de vie des populations locales.

En conclusion, la RDC est confrontée à des défis environnementaux majeurs, mais elle dispose également d'opportunités significatives pour transformer ces défis en leviers de développement durable. En adoptant des stratégies intégrées et en mobilisant tous les acteurs – gouvernement, communautés locales, secteur privé et partenaires internationaux – le pays peut protéger ses ressources naturelles, atténuer les impacts du changement climatique et garantir un avenir prospère pour ses citoyens. Avec une action déterminée et coordonnée, la RDC peut jouer un rôle clé dans la lutte contre les changements climatiques à l'échelle mondiale.

PROMOUVOIR LES ÎLOTS D'INNOVATION COMME PLATEFORMES DE CONVERGENCE DES INTELLIGENCES CONGOLAISES

1. Introduction

Il est aujourd'hui largement reconnu que les pays qui progressent en développement sont ceux qui investissent dans des produits à forte intensité technologique et cognitive. Dans ce contexte, le concept de complexité économique, développé par Ricardo Hausmann et ses collègues, offre un cadre analytique pertinent. La complexité économique désigne le niveau de sophistication et de diversité productive d'un pays. Elle reflète la quantité de savoir-faire, de technologies et de coordination nécessaires pour produire et exporter des biens. Autrement dit, plus une économie est capable de produire une grande variété de biens complexes que peu d'autres pays peuvent fabriquer, plus elle est dite *économiquement complexe* — et plus son développement tend à s'accélérer. À l'inverse, une économie qui n'exporte que quelques produits bruts peu diversifiés aura un indice de complexité très bas, signe d'un tissu productif limité.

Ce concept aide à expliquer pourquoi un pays comme la RDC, pourtant extrêmement riche en ressources naturelles, peine à décoller en termes de développement. En effet, la structure productive de la RDC demeure très peu diversifiée : plus de *90%* des exportations de biens du pays proviennent d'un petit nombre de minerais bruts (notamment le cuivre, le cobalt et le zinc). Comme le souligne Hausmann, les sociétés les plus avancées exploitent un savoir-faire collectif très large pour obtenir une gamme variée de produits complexes, alors que « *les pays pauvres sont capables de fabriquer un petit nombre de produits simples* ».

La situation de la RDC illustre parfaitement ce constat : malgré d'immenses richesses minières et agricoles, ses capacités productives actuelles sont limitées à des produits primaires peu transformés. En conséquence, le pays se classe parmi les derniers au monde en matière de complexité économique, et cette faiblesse structurelle freine son développement socio-économique.

2. PIB par habitant et Indice de Complexité Économique

Le tableau ci-dessous présente, pour un panel de pays représentatif, l'évolution du PIB par habitant (en dollars US courants) et de l'Indice de complexité économique (Economic Complexity Index, ECI) de 2019 à 2023. Le PIB par habitant mesure le niveau moyen de revenu, tandis que l'ECI mesure la sophistication et la diversification de l'économie d'un pays (calculé à partir de la diversité et la complexité des produits exportés – un ECI plus élevé indique une économie exportant des produits plus variés et technologiquement complexes).

Tableau II
L'évolution du PIB par habitant (en dollars US courants) et de l'Indice de complexité économique (*Economic Complexity Index*, ECI) de 2019 à 2023

Pays	**2019** PIB/hab. ($) – ECI	**2020** PIB/hab. ($) – ECI	**2021** PIB/hab. ($) – ECI	**2022** PIB/hab. ($) – ECI	**2023** PIB/hab. ($) – ECI
RDC	479 – -1.84	472 – -1.86	485 – -1.85	511 – -1.85	537 – -1.84
Inde	1 936 – 0.45	1 807 – 0.47	1 965 – 0.48	2 086 – 0.49	2 236 – 0.50
Chine	10 043 – 1.30	10 249 – 1.32	11 113 – 1.33	11 450 – 1.34	12 074 – 1.35
Brésil	8 771 – -0.14	8 435 – -0.16	8 799 – -0.16	9 032 – -0.16	9 258 – -0.16
Allemagne	43 961 – 1.95	42 126 – 1.94	43 636 – 1.94	44 029 – 1.95	43 672 – 1.96
États-Unis	59 681 – 1.45	58 107 – 1.44	61 494 – 1.42	62 786 – 1.41	64 233 – 1.40
Japon	36 025 – 2.27	34 639 – 2.27	35 702 – 2.27	36 240 – 2.27	37 034 – 2.28

Sources : Données de PIB par habitant en dollars courants issues de la Banque mondiale/ONU (via Worldometer). L'indice ECI est calculé annuellement par le *Growth Lab* de Harvard à partir des données d'exportations. Les valeurs d'ECI ci-dessus proviennent des classements Harvard/OEC pour les années indiquées (valeurs approximatives ; par exemple en 2020 : Japon ~2,27, Allemagne ~1,94, Chine ~1,33, Inde ~0,48, Brésil ~-0,16, RDC ~-1,86, États-Unis ~1,40).

De manière générale, dans le tableau II, on observe une corrélation positive entre le PIB par habitant et l'indice de complexité économique. Les pays à revenu élevé tendent à avoir un ECI élevé grâce à une base industrielle diversifiée et sophistiquée. Par exemple, le Japon et l'Allemagne affichent tous deux un PIB/habitant supérieur à 40 000 $ en 2023 et figurent parmi les économies les plus complexes du monde (ECI ~2,3 pour le Japon et ~1,9 pour l'Allemagne, reflétant des exportations très diversifiées dans les hautes technologies). À l'inverse, les pays les plus pauvres ont généralement des ECI fortement négatifs, signe d'une économie peu diversifiée. Ainsi, la RDC a un PIB par habitant dérisoire (quelques centaines de dollars) et un ECI autour de –1,8, l'un des plus bas au monde – son économie dépend principalement de quelques produits de base (minéraux, matières premières) à faible complexité.

L'ECI est une mesure structurelle qui évolue lentement dans le temps. Les économies avancées conservent une complexité stable et élevée : le Japon, par exemple, est resté numéro 1 mondial de la complexité économique tout au long de la période 2015–2023 avec un score autour de 2,27 chaque année (aucun changement significatif). L'Allemagne et d'autres pays industrialisés ont également maintenu des indices ECI élevés et quasi constants.

Sans surprise, le ECI de la RDC demeure extrêmement bas (autour de –1,8) traduisant une économie quasi mono-exportatrice de matières premières (minerais, pétrole brut, etc.). Durant la période sous revue, la complexité de la RDC n'a pas connu d'amélioration notable – ce qui signifie que la structure économique est restée peu diversifiée. Ce manque de complexité économique suggère de faibles perspectives de développement soutenable, car une complexité plus élevée est généralement associée à une croissance future plus rapide et inclusive.

3. Au-delà de la technologie : vers des îlots d'innovation

Hausmann et ses collègues se concentrent principalement sur les innovations technologiques pour expliquer la complexité économique. Cette approche met l'accent sur l'adoption de techniques de production avancées et le développement de produits manufacturés sophistiqués. Or, si cet aspect technologique est indispensable, il ne suffit pas à lui seul. Pour qu'un pays comme la RDC transforme véritablement son économie, il faut élargir la perspective et intégrer d'autres formes d'innovations : institutionnelles, sociétales et financières. Autrement dit, l'innovation ne concerne pas uniquement les machines ou les laboratoires, mais aussi les façons de gouverner, d'organiser la société et de financer les projets.

Une innovation institutionnelle pourrait consister, par exemple, à réformer le cadre réglementaire pour faciliter la création d'entreprises innovantes ou à décentraliser la gouvernance afin de mieux soutenir les initiatives locales. De même, les innovations sociétales impliquent de nouvelles approches sociales (nouvelles formes d'éducation, de collaboration communautaire, de partage des connaissances) qui permettent aux populations d'adopter plus facilement les progrès technologiques dans leur vie quotidienne. Les innovations financières, quant à elles, peuvent inclure la mise en place de fonds d'investissement dédiés aux startups congolaises, de mécanismes de micro-crédit pour les entrepreneurs locaux, ou l'utilisation de solutions fintech (paiements mobiles, crypto-monnaies locales, etc.) pour fluidifier les échanges économiques. L'ensemble de ces innovations créent un environnement propice où les idées novatrices peuvent naître, être financées et se diffuser.

Notre approche, fondée sur le concept d'*îlots d'innovation*, vise précisément à intégrer ces différentes dimensions. L'idée des îlots d'innovation (ou *hubs* d'innovation) est de structurer le territoire national en une constellation de pôles innovants où convergent les intelligences et compétences congolaises de tous horizons. Plutôt que de rester un pays simplement "prêt à l'innovation" dans les discours ou les intentions, il s'agit de devenir un pays *acteur* de l'innovation en créant des lieux concrets où celle-ci se réalise. Ces îlots d'innovation seraient autant de plateformes de convergence des savoirs : on y réunirait des ingénieurs et techniciens, des chercheurs académiques, des entrepreneurs, des innovateurs sociaux, des financiers, et aussi la diaspora congolaise hautement qualifiée disséminée à travers le monde. En faisant collaborer des personnes aux savoir-faire variés sur des projets communs, on recrée à petite échelle le tissu de compétences diversifiées qui fait défaut au niveau national. On passerait ainsi d'une économie passive, basée sur l'exportation de ressources brutes, à une économie *active* où la valeur ajoutée est créée localement grâce au savoir collectif.

4. Des pôles d'innovation ancrés dans les ressources stratégiques

Concrètement, comment faire émerger ces îlots d'innovation à travers la RDC ?

Une stratégie efficace consisterait à s'appuyer sur les ressources naturelles stratégiques du pays comme pivots de développement régional, tout en utilisant le vaste réseau fluvial congolais comme principal vecteur de connexion entre ces pôles.

La RDC dispose d'atouts géographiques et naturels immenses : le pays regorge d'eau (fleuve Congo et rivières, lacs), de forêts tropicales (la deuxième plus grande forêt équatoriale au monde), de minerais (cuivre, cobalt, or, coltan, diamants, etc.), d'un potentiel agricole énorme (terres arables peu exploitées) et de ressources énergétiques considérables (hydroélectricité du barrage Inga, gisements pétroliers et gaziers, ensoleillement propice au solaire...). Chacun de ces secteurs peut servir de base à un pôle d'innovation thématique.

Par exemple : un *îlot d'innovation agricole* pourrait être développé dans une région de savanes ou de plateau fertile, où agronomes, ingénieurs et entrepreneurs testeraient de nouvelles méthodes pour augmenter les rendements, transformer les récoltes sur place et améliorer les filières de distribution. De même, un *hub d'innovation minière* dans le Katanga ou le Kasaï réunirait géologues, ingénieurs miniers et start-ups spécialisées pour développer des techniques d'extraction plus propres, créer des unités locales de raffinage des minerais (plutôt que d'exporter uniquement du concentré), ou concevoir des produits finis à base de ces minerais (par exemple des composants de batteries au lithium à partir du cobalt congolais). Dans le domaine des forêts, un pôle d'innovation forestière, disons dans la province de l'Équateur, pourrait rassembler des spécialistes en gestion durable, en pharmacologie (valorisation des plantes médicinales de la forêt), en économie carbone (crédits carbone pour la conservation forestière) et en éco-tourisme. Un tel hub travaillerait à concilier exploitation économique de la forêt et préservation de la biodiversité, en innovant dans les usages du bois, des plantes ou des services écosystémiques. Enfin, un *îlot d'innovation énergétique* près du site d'Inga ou autour des nombreuses chutes d'eau du pays pourrait catalyser les projets liés à l'hydroélectricité, aux mini-réseaux électriques pour les zones rurales, ou aux énergies renouvelables comme le solaire et la biomasse.

Chacun de ces pôles s'appuierait sur une combinaison de compétences locales et externes. Les universités et centres de recherche congolais y joueraient un rôle clé, en orientant leurs formations et leurs travaux vers les besoins concrets du pôle (par exemple, une université locale pourrait ouvrir des filières en géologie, en métallurgie, ou en science du bois selon la ressource du hub). La diaspora congolaise pourrait être incitée à contribuer par des transferts de connaissances, du mentorat à distance, voire des retours temporaires ou permanents au pays pour encadrer des projets innovants. Des partenariats internationaux pourraient également renforcer chaque îlot (jumelages avec des laboratoires étrangers, programmes d'échange, investissements d'entreprises multinationales responsables dans ces hubs, etc.), tout en veillant à ce que l'intelligence congolaise reste au centre du processus.

Un élément essentiel pour la réussite de cette vision est la connexion entre ces îlots. Étant donné la taille du pays et la faiblesse des infrastructures routières actuelles, le réseau fluvial du Congo doit redevenir l'axe structurant qui relie ces pôles d'innovation entre eux et aux principaux centres urbains. Le fleuve Congo et ses affluents (comme le Kasaï, l'Oubangui, la Tshuapa, etc.) forment un maillage naturel qui traverse le territoire et permet d'atteindre de nombreuses régions enclavées. Déjà aujourd'hui, dans les zones sans routes praticables, le fleuve est vital pour le transport des biens et des personnes. Cependant, environ *9 000 km* de voies navigables ne sont pas balisés, rendant la navigation difficile et dangereuse. De plus, la flotte fluviale est vétuste et insuffisante, ce qui limite les échanges.

Il faudra également veiller à connecter ces pôles sur le plan numérique. L'accès à Internet haut débit et aux télécommunications doit être assuré dans chaque îlot d'innovation, afin de permettre l'échange instantané de connaissances avec le reste du monde, la collaboration à distance (par exemple entre la diaspora et les équipes locales), et l'accès aux données et informations globales. De même, le réseau électrique devra être fiable pour alimenter laboratoires, usines pilotes et bureaux dans ces hubs – ce qui rejoint l'importance d'innover dans l'énergie. En somme, l'infrastructure – à la fois physique (fluviale, logistique) et digitale – forme le squelette sur lequel les îlots d'innovation pourront prospérer et rester interconnectés plutôt que de fonctionner en vase clos.

5. Conclusion et propositions concrètes

En adoptant le modèle des îlots d'innovation, la RDC peut créer les conditions d'une véritable convergence des intelligences congolaises au service du développement. Cette approche territoriale et multi-sectorielle permettrait de catalyser le savoir-faire local, de le fertiliser par des apports extérieurs (diaspora, partenaires) et d'ancrer l'innovation au cœur de l'économie réelle du pays.

Pour passer de la vision à l'action, voici quelques propositions concrètes :

- **Créer un réseau national de pôles d'innovation :** Identifier 5 à 10 sites à travers le pays correspondant à des atouts stratégiques (par exemple : un hub *agritech* dans une région agricole, un hub *mines et matériaux* dans le Katanga, un hub *énergie renouvelable* près d'Inga, etc.) et y établir des centres d'innovation dotés d'infrastructures de base (bureaux, laboratoires, ateliers de prototypage, internet). Chaque pôle serait piloté par un consortium réunissant autorités locales, universités, entreprises privées et représentants de la société civile, afin d'assurer une gouvernance partagée et adaptée aux réalités locales.

- **Développer les compétences et la recherche locales :** Orienter les programmes universitaires et de formation professionnelle vers les besoins des pôles d'innovation (ingénierie minière, science des matériaux, agro-industries tropicales, gestion forestière, etc.). Allouer des financements pour la recherche appliquée dans ces domaines prioritaires, avec des laboratoires vivants (*living labs*) installés au sein même des îlots d'innovation. Il s'agit de doter la jeunesse congolaise des savoirs et savoir-faire pointus nécessaires pour innover dans les secteurs identifiés, au lieu de dépendre uniquement d'expertises étrangères.
- **Mobiliser la diaspora et les partenariats internationaux :** Mettre en place des incitations pour attirer les talents congolais de l'étranger vers les projets des hubs (programmes de *visiting fellows*, facilitation du retour, offres de postes dans les centres d'innovation, etc.). Créer une plateforme numérique où les experts de la diaspora peuvent mentorer des start-ups locales, partager des idées ou investir à distance dans des projets. En parallèle, nouer des partenariats avec des universités et incubateurs étrangers pour bénéficier de transferts de technologie, de formations de formateurs, et d'échanges de bonnes pratiques – tout en gardant une démarche adaptée aux contextes locaux.
- **Améliorer les infrastructures de connexion :** Accélérer la modernisation du transport fluvial et, plus largement, des corridors de transport entre les régions (routes, chemins de fer existants) pour désenclaver les zones d'innovation. Comme évoqué, la navigabilité du fleuve et de ses affluents doit être restaurée en priorité (balisage des 9 000 km de voies navigables, augmentation de la flotte fluviale, sécurisation des ports intérieurs). Parallèlement, garantir l'accès à l'énergie (en développant des mini-réseaux locaux si besoin) et au numérique (réseau fibre ou satellite) dans chaque hub. Ces investissements

auront un effet multiplicateur, car ils bénéficieront non seulement aux pôles d'innovation mais aussi aux populations environnantes et aux activités économiques en général.

- **Mettre en place un fonds d'innovation et des incitations fiscales :** Sur le plan financier, le gouvernement pourrait créer un fonds national d'innovation alimenté par des dotations publiques et des partenaires (banques de développement, investisseurs privés). Ce fonds offrirait des subventions ou prises de participation dans les jeunes entreprises et projets prometteurs issus des îlots d'innovation. En complément, des incitations fiscales ciblées (exonérations temporaires d'impôts, facilitation douanière pour l'importation d'équipements, etc.) pourraient être accordées aux entreprises s'installant dans ces hubs et qui créent de la valeur ajoutée localement. L'objectif est de réduire le risque financier inhérent à l'innovation et d'attirer le capital vers les secteurs encore naissants en RDC.

En résumé, les îlots d'innovation offrent une voie tangible pour que la RDC passe d'une économie de rente basée sur quelques ressources brutes, à une économie de connaissance diversifiée où les Congolais, forts de leurs multiples intelligences, inventent et produisent localement les richesses de demain. En investissant simultanément dans le capital humain, les réformes institutionnelles et les infrastructures, tout en s'appuyant sur les richesses naturelles du pays comme tremplin, la RDC peut enclencher un cercle vertueux de complexification économique. Ce défi est de taille, mais il est à la mesure du potentiel congolais. En faisant converger les talents et en fédérant les énergies autour d'îlots d'innovation, le pays pourrait enfin capitaliser sur ses atouts et accélérer son développement de manière inclusive et durable. Les intelligences congolaises – locales comme issues de la diaspora – n'aspirent qu'à se réunir pour bâtir ces nouveaux hubs d'excellence : c'est en les connectant et en leur donnant les moyens d'agir que la RDC trouvera le chemin d'une prospérité fondée sur l'innovation.

CONCLUSION GÉNÉRALE

I. Le sens d'une refondation nationale

La RDC se trouve à un moment charnière de son histoire contemporaine. Plus de six décennies après son indépendance, le pays reste prisonnier d'un paradoxe qui fascine autant qu'il inquiète : une richesse naturelle inépuisable coexistant avec une pauvreté humaine et institutionnelle profonde. Cette contradiction n'est pas le fruit du hasard. Elle est le résultat d'un enchaînement d'événements politiques, de choix économiques et de ruptures sociales qui ont fragmenté la cohésion nationale et affaibli la légitimité de l'État.

La refondation de la nation congolaise ne saurait donc être envisagée sous le seul prisme de la reconstruction matérielle. Elle doit avant tout être morale et politique. Il s'agit de rebâtir un contrat social rompu entre l'État et les citoyens, en redéfinissant le sens même du service public et du leadership politique. L'expérience de ces dernières décennies a démontré que le développement durable ne peut se bâtir sur l'arbitraire ni sur la prédation, mais sur la justice, la transparence et la redevabilité.

Repenser la République, c'est réhabiliter la valeur de l'éthique publique. Cela suppose que les dirigeants reconsidèrent le pouvoir non comme un instrument de privilège, mais comme un mandat sacré de responsabilité collective. Dans le même esprit, la société civile et les citoyens doivent dépasser la posture d'observateurs passifs pour devenir acteurs de la transformation. La renaissance du Congo dépend de cette réconciliation morale entre gouvernants et gouvernés, d'une volonté partagée de placer le bien commun au-dessus des intérêts particuliers.

La corruption, l'impunité et le clientélisme ont gangrené les institutions et étouffé la créativité nationale. Les surmonter implique de repenser les mécanismes de gouvernance, d'instaurer une culture de transparence et de mettre fin à la banalisation du détournement de fonds publics. Le développement ne pourra émerger que dans un État où chaque dirigeant rend des comptes et où chaque citoyen se sent partie prenante d'un projet collectif. La refondation nationale, pour être durable, doit être avant tout un acte de vérité et de confiance retrouvée.

II. Les priorités de la transformation économique

La transformation économique du Congo exige un changement profond de paradigme. Depuis plusieurs décennies, l'économie nationale repose sur un modèle extractif qui, s'il génère des revenus considérables, ne crée ni richesse partagée ni emploi durable. Cette dépendance structurelle vis-à-vis des ressources minières a enfermé le pays dans une logique de rente, soumise aux fluctuations du marché mondial et déconnectée des réalités sociales.

Pour sortir de cette impasse, il est impératif de promouvoir un modèle de croissance endogène et diversifié. La diversification économique doit devenir une priorité nationale. L'agriculture, longtemps marginalisée, doit retrouver sa place au cœur du développement. Non seulement elle garantit la sécurité alimentaire, mais elle représente également une source majeure d'emploi et un levier pour réduire la pauvreté rurale. L'industrialisation, quant à elle, doit s'appuyer sur la transformation locale des ressources naturelles afin de capter davantage de valeur ajoutée.

La valorisation du capital humain constitue le second pilier de cette transformation. Le développement ne peut être durable sans une population instruite, qualifiée et en bonne santé. Investir dans l'éducation, la recherche et la santé, c'est préparer les bases d'une économie de la connaissance capable de rivaliser dans un monde en mutation rapide. Le capital humain est la première richesse d'une nation, et c'est à travers lui que la RDC pourra convertir son potentiel économique en progrès social.

Enfin, la réussite économique du pays dépendra aussi de son intégration régionale et de sa gouvernance économique. Par sa position géographique au cœur du continent, la RDC est appelée à devenir un pivot stratégique du commerce africain. Mais cette ambition requiert la stabilité politique, la modernisation des infrastructures et une diplomatie économique active. L'avenir du Congo se joue autant dans sa capacité à s'ouvrir au monde que dans son aptitude à renforcer ses fondations internes.

III. Le renforcement institutionnel et la gouvernance démocratique

Les réformes économiques, aussi ambitieuses soient-elles, resteront vaines si elles ne s'appuient pas sur des institutions solides et crédibles.

La faiblesse institutionnelle demeure l'un des plus grands obstacles au développement du pays. Trop souvent, les institutions ont été instrumentalisées par des intérêts partisans, détournées de leur mission première : servir le citoyen.

Le renforcement de l'État de droit doit donc être au centre du renouveau national. Une justice indépendante et efficace est indispensable pour garantir la sécurité juridique et restaurer la confiance des citoyens. Sans justice, il ne peut y avoir ni paix durable ni investissement productif. Cela suppose une réforme profonde du système judiciaire : professionnalisation des magistrats, modernisation des procédures et digitalisation de l'administration judiciaire.

La gouvernance démocratique, quant à elle, ne doit pas se limiter à des élections périodiques. Elle doit s'enraciner dans une culture de participation citoyenne, de reddition de comptes et de respect des libertés fondamentales. La décentralisation, si elle est bien conçue et financée, peut devenir un instrument puissant pour rapprocher l'État du citoyen. En donnant plus d'autonomie aux provinces et en favorisant la participation des communautés locales, le pays pourrait renforcer la cohésion nationale et la responsabilité collective.

La société civile et les médias ont un rôle essentiel à jouer dans ce processus. Ils doivent continuer à exercer leur mission de veille et de plaidoyer, tout en favorisant un dialogue constructif entre les institutions et les citoyens. Le développement de la RDC dépendra en grande partie de la capacité du pays à construire un État inclusif, fondé sur la transparence, la justice et le respect de la diversité.

IV. Les défis sociaux : éducation, santé et emploi des jeunes

Le progrès économique et institutionnel ne saurait être durable sans une transformation sociale profonde. Les défis de l'éducation, de la santé et de l'emploi des jeunes sont au cœur du destin national. Ils ne relèvent pas seulement de la politique sectorielle, mais de la survie même du contrat social.

L'éducation constitue la clé de voûte du développement humain. Bien que la gratuité de l'enseignement primaire instaurée en 2019 ait marqué un tournant historique, l'accès à une éducation de qualité demeure inégal. Les infrastructures scolaires sont insuffisantes, les enseignants sous-formés et sous-payés, et les contenus pédagogiques souvent inadaptés aux exigences contemporaines. Repenser l'éducation, c'est investir dans la créativité, l'innovation et la citoyenneté. C'est aussi redonner espoir à une jeunesse souvent marginalisée et désabusée.

Le système de santé, pour sa part, reste fragile et inégalitaire. Les crises sanitaires récentes ont mis en évidence la vulnérabilité du pays face aux pandémies et aux urgences humanitaires. Une réforme en profondeur s'impose pour garantir un accès équitable aux soins, moderniser les infrastructures médicales et améliorer la formation du personnel de santé. L'objectif à long terme doit être d'établir une couverture sanitaire universelle, fondée sur la solidarité nationale et le recours raisonné aux innovations numériques.

Mais c'est sans doute la question de l'emploi des jeunes qui résume le mieux le défi congolais. Chaque année, des centaines de milliers de jeunes arrivent sur un marché du travail déjà saturé, sans perspectives réelles. Le chômage massif, combiné à l'économie informelle, engendre frustration et instabilité sociale. La RDC doit urgemment promouvoir l'entrepreneuriat des jeunes, faciliter l'accès au crédit, encourager la formation professionnelle et reconnaître les initiatives locales. Le futur du pays dépendra de la manière dont il parviendra à transformer cette jeunesse en moteur de croissance plutôt qu'en victime du désespoir.

V. Recommandations stratégiques

La reconstruction de la République démocratique du Congo nécessite une approche cohérente et multidimensionnelle. Pour avancer, il faut d'abord restaurer la gouvernance et la redevabilité publiques. Cela passe par la transparence budgétaire, la digitalisation des finances de l'État et la création de mécanismes indépendants de contrôle. Chaque franc dépensé doit pouvoir être tracé, chaque responsable tenu de rendre compte de son action.

Sur le plan économique, la diversification reste une condition de survie. Le pays doit réduire sa dépendance vis-à-vis des exportations minières et développer d'autres moteurs de croissance, notamment dans l'agriculture, les services et les industries manufacturières. La transformation locale des ressources naturelles doit être encouragée, tout comme la mise en place de zones économiques spéciales favorisant l'investissement privé et l'innovation technologique.

Le renforcement du capital humain demeure une priorité absolue. Il ne suffit pas d'ouvrir des écoles ou des hôpitaux ; il faut garantir leur qualité, leur accessibilité et leur pérennité. Un système éducatif performant, une santé publique efficace et une politique de formation continue forment la base d'une nation compétitive.

La décentralisation, elle aussi, doit être repensée non comme une simple redistribution administrative, mais comme un instrument de développement local. Les provinces doivent disposer de ressources suffisantes et d'une autonomie réelle pour planifier leur développement, tout en étant soumises à des mécanismes de redevabilité clairs.

Enfin, la RDC doit consolider son rôle dans l'intégration régionale. Sa position géostratégique lui confère une responsabilité particulière : celle de devenir un pôle de stabilité, d'énergie et de commerce au cœur du continent africain. Le développement du pays ne se fera pas en isolement, mais dans l'interconnexion avec ses voisins et dans la valorisation des chaînes de valeur africaines.

VI. Pour un nouveau pacte national

Repenser la République démocratique du Congo, c'est avant tout réinventer son pacte national. Ce pacte doit être fondé sur trois piliers : la vérité, la responsabilité et la solidarité. La vérité, parce que le pays doit affronter lucidement son histoire, reconnaître ses erreurs et tirer les leçons de ses échecs. La responsabilité, parce que chaque citoyen, du plus humble au plus haut fonctionnaire, a un rôle à jouer dans la construction du bien commun. Et la solidarité, parce qu'aucune reconstruction n'est possible sans l'unité du peuple autour d'un idéal partagé.

Le renouveau du Congo ne viendra pas d'une génération providentielle, mais d'une conscience collective. Il exige une révolution des mentalités, un sursaut moral et une foi renouvelée dans la possibilité d'un avenir meilleur. La jeunesse, par son dynamisme, son intelligence et son ouverture sur le monde, incarne cette espérance. C'est en elle que réside la promesse d'un Congo réconcilié avec lui-même, maître de ses ressources, fier de son identité et acteur de son destin.

Ainsi, la transformation du pays ne sera ni instantanée ni linéaire. Elle demandera du temps, du courage et une persévérance à toute épreuve. Mais elle est possible. Le Congo possède tout ce qu'il faut pour réussir : un territoire d'une richesse rare, un peuple résilient, une jeunesse prometteuse et une histoire qui, malgré ses blessures, continue d'inspirer.

Le moment est venu de transformer les diagnostics en décisions, les promesses en actions, et les ressources en prospérité. Le Congo du futur se construira sur la vérité, la compétence et la foi dans la dignité humaine. À cette condition, il pourra redevenir ce qu'il a toujours été appelé à être : un pilier de stabilité, de justice et de prospérité au cœur de l'Afrique.

RÉFÉRENCES

Acemoglu, D., & Robinson, J. A. (2012). *Why nations fail: The origins of power, prosperity, and poverty*. Crown Publishers.

Autesserre, S. (2010). *Trouble avec le Congo: La violence locale et l'échec du maintien de la paix international*. Cambridge University Press.

Auty, R. M. (1993). *Sustaining development in mineral economies: The resource curse thesis*. Routledge.

Banque africaine de développement. (2020). *Investissements dans le capital humain en Afrique centrale*. BAD.

———. (2021). *Infrastructure et croissance durable en Afrique*. BAD.

———. (2022). *Perspectives énergétiques en Afrique centrale*. BAD.

———. (2022). *Chaînes de valeur minérales en Afrique*. BAD.

Banque mondiale. (2021). *Rapport sur l'éducation en République démocratique du Congo*. Banque mondiale.

———. (2021). *Rapport sur la gestion des ressources en RDC*.

———. (2021). *Rapport sur les défis structurels de la RDC*.

———. (2021). *Stratégies pour la réduction de la pauvreté en République démocratique du Congo*.

———. (2021). *Réduction des inégalités en Afrique subsaharienne: Études de cas*.

———. (2022). *Infrastructure et développement en République démocratique du Congo*.

———. (2022). *Perspectives démographiques en République démocratique du Congo*.

———. (2022). *Vietnam 2022 economic update*.

———. (2022). *Investir dans l'agriculture pour un avenir durable en RDC*.

———. (2023). *Ressources naturelles et développement économique en RDC*.

———. (2023). *Connectivité et développement en Afrique centrale*.

———. (2023). *Améliorer la recherche et l'innovation en Afrique centrale*.

———. (2023). *Rapport sur l'énergie et le développement en RDC*. Banque mondiale.

———. (2024). *Worldwide Governance Indicators (WGI): République démocratique du Congo, 1996–2023*. The World Bank. https://info.worldbank.org/governance/wgi

Baoubadi, A., d'Errico, M., & Ulimwengu, J. M. (2024). Building resilience through integrated assistance: Evidence from the Democratic Republic of the Congo. *African Journal of Economic Review, 12*(4).

Bélanger, J., & Kuhnlein, H. (2009). Wild plant foods: Contribution to food security and diversity in rural Africa. *Ecology of Food and Nutrition, 48*(5), 438–457.

Bokana, K. G. (2013). Pigovian tax dynamics and net income earnings in commercial timber plantations in South Africa: A general algebraic modeling system analysis. *Journal of Economics, 4*(1), 11–18.

———. (2015). Large-scale structural change, university funding and academia in South Africa. *Alternation Special Edition, 16*, 189–212.

Braeckman, C. (1991). *Le dinosaure: Le Zaïre de Mobutu.* Fayard. Braeckman, C. (2020). *Congo, la transition: Vers un nouveau pacte social?* Fayard.

Cahiers africains. (2019). *La gouvernance minière en RDC*. L'Harmattan.

Coquery-Vidrovitch, C. (2012). *Le Congo au fil de son histoire*. La Découverte.

Constitution de la République démocratique du Congo. (2006).

Cuvelier, J., et al. (2014). *Conflits des ressources et gouvernance en RDC*. Academia–L'Harmattan.

De Failly, D. (2001). *Coltan: Pour comprendre...* L'Harmattan.

De Witte, L. (2001). *L'assassinat de Lumumba*. Karthala.

EDS (Ministère de la Santé, RDC) & ICF. (2022–2023). *Enquête démographique et de santé (EDS) 2022–2023* [Rapport]. Ministère de la Santé & ICF.

EGI-ODD (Observatoire congolais du développement durable). (2020). *Enquête par grappes à indicateurs des ODD 2020: Rapport final* (publié 2021). OCDD.

EITI (Initiative pour la transparence dans les industries extractives). (2021). *Rapport sur la transparence dans le secteur minier en RDC*. EITI RDC.

EITI (Initiative pour la transparence dans les industries extractives). (2022). *Rapport sur la transparence des industries extractives en RDC*. EITI RDC.

Englebert, P. (2019). *Congo: The miserable state*. Zed Books. [Vérifie le titre exact de l'édition citée.]

FAO. (2021). *The state of food and agriculture 2021: Making agri-food systems more resilient to shocks and stresses*.

———. (2022). *Indigenous peoples' food systems: Insights on sustainability and resilience from the frontline of climate change*.

———. (2023). *Rapport sur la sécurité alimentaire en RDC*. FAO.

Fonds mondial de lutte contre le sida, la tuberculose et le paludisme. (2022). *Rapport d'impact en RDC*. Fonds mondial.

Fonds monétaire international. (2020). *Rapport sur la transparence et la gouvernance en RDC*. FMI.

Global Witness. (2017). *Regain in the shadows: Corruption in the Congolese mining sector*. Global Witness.

Greenleaf, R. K. (1977). *Servant leadership: A journey into the nature of legitimate power and greatness*. Paulist Press.

Human Rights Watch. (2020). *Impact des conflits sur le système de santé en RDC*.

———. (2021). *RDC: Rapport sur les abus des forces de sécurité*.

Institut national de la statistique (INS). (2013). *Comptes nationaux (SCN 93): Synthèse de l'activité économique de 2000 à 2009* (pp. 1–47).
———. (2022). *Rapport sur la situation démographique en RDC*. INS.
ITIE. (2021). *Transparence dans le secteur énergétique de la RDC*. ITIE RDC. ITU/UIT (Union internationale des télécommunications). (2022). *Rapport sur la connectivité en RDC*. UIT.
Marysse, S., & Tshimanga, C. (2014). *L'économie de la RDC : Enjeux et paradoxes*. Karthala.
Mbemba, M. K., et al. (2018). The role of local and indigenous foods in enhancing food security in sub-Saharan Africa: The case of the Democratic Republic of Congo. *African Journal of Food, Agriculture, Nutrition and Development, 18*(1), 13029–13045.
Nations Unies. (2011). *Principes directeurs relatifs aux entreprises et aux droits de l'homme*. ONU.
Nzongola-Ntalaja, G. (2002). *The Congo: From Leopold to Kabila: A people's history*. Zed Books.
OCDE. (1996). *The knowledge-based economy*. OECD Publishing.
Observatoire congolais du développement durable (OCDD). (2021). *Enquête par grappes à indicateurs des ODD, 2020: Rapport final*.
———. (2021). *L'énergie et le développement durable en RDC*.
———. (2021). *L'agriculture et le développement durable en RDC*.
———. (2021). *La gestion durable des ressources naturelles en RDC*.
———. (2022). *Rapport sur la gouvernance en RDC: Défis et perspectives*.
———. (2022). *Rapport sur l'accès aux droits sociaux en RDC*.
———. (2022). *Transports et intégration économique en RDC*.
———. (2021). *Le numérique en RDC: Défis et opportunités*.
OIT (Organisation internationale du travail). (2021). *Emploi des jeunes en Afrique subsaharienne: Défis et opportunités*. OIT.
OMS. (2021). *Rapport sur la couverture sanitaire universelle en RDC*. Organisation mondiale de la santé.
PIDA (Programme pour le développement des infrastructures en Afrique). (2021). *Corridors multimodaux en Afrique centrale*. Union africaine/PIDA.
PNUE. (2020). *Stratégies environnementales pour les pays en développement*. PNUE.
PNUD. (2020). *Innovation technologique pour le développement durable*.
———. (2020). *Rapport sur le développement humain en RDC*.
———. (2022). *Rapport sur le développement humain 2022*.
———. (2020). *Programme de développement rural en RDC*. PNUD.
RDC–Institut national de la statistique (INS) & ICF. (2024). *RDC, Enquête démographique et de santé 2023–24: Rapport des indicateurs clés*. INS & ICF.
Reyntjens, F. (2009). *The great African war: Congo and regional geopolitics, 1996–2006*. Cambridge University Press.

SADC. (2021). *Energy development and trade integration report 2021*. SADC.
Termote, C., Meyi, M. B., Dhed'a, B. D., & Van Damme, P. (2012). Wild edible plants used by the Twa communities in the vicinity of the Parc National Kahuzi-Biega, DRC. *Genetic Resources and Crop Evolution, 59*(6), 1285–1296.
Todaro, M. P., & Smith, S. C. (2015). *Economic development* (12th ed.). Addison-Wesley.
Transparency International. (2021). *Indice de perception de la corruption 2021*. Transparency International.
Trefon, T. (2013). *Congo masquerade: The political culture of aid inefficiency and reform failure*. Zed Books.
———. (2021). *Les défis de Félix Tshisekedi: Chroniques d'une présidence turbulente*. L'Harmattan.
Tshonda, J.-C. (2011). *La gouvernance minière en République démocratique du Congo*. Karthala.
Ulimwengu, J. M., & Munzimi, Y. (2014, April 17). *The case for an agricultural development corridor along the Lobito railway* [Communication]. Africa Society, Washington, DC, USA.
UNESCO. (2020). *Éducation et développement en République démocratique du Congo*.
———. (2021). *Rapport mondial sur la recherche scientifique*.
———. (2021). *Rapport mondial sur l'éducation 2021*.
UNICEF. (2021). *L'éducation en République démocratique du Congo*.
———. (2021). *L'éducation des filles en République démocratique du Congo*.
———. (2021). *Rapport sur la santé des enfants en RDC*.
———. (2022). *Éducation en RDC: Défis et perspectives*.
Vansina, J. (1990). *Paths in the rainforests: Toward a history of political tradition in equatorial Africa*. University of Wisconsin Press.
World Bank. (1999). *World development report: Knowledge for development*. Oxford University Press.
Young, C., & Turner, T. (1985). *The rise and decline of the Zairian state*. University of Wisconsin Press.

TABLE DES MATIÈRES

Biographie des auteurs

Gerry Bokana

Gerry Bokana est professeur en sciences économiques et de gestion à l'Université du KwaZulu-Natal, en Afrique du Sud. Il est titulaire d'une licence en économie mathématique de l'Université de Kinshasa (RDC), d'un Bachelor of Commerce (Honours), d'un Master of Economics et d'un doctorat en économie de l'Université du KwaZulu-Natal. Il a également obtenu un baccalauréat en éducation au Campus Saint-Jean de l'Université de l'Alberta (Canada), ainsi que la Certification sur le commerce des valeurs mobilières au Canada (CCVM) du Canadian Securities Institute, l'un des permis professionnels les plus reconnus au pays.

Professeur dans plusieurs universités depuis 2004, il cumule plus de vingt années d'expérience en enseignement supérieur. Son parcours combine l'enseignement, la recherche académique et la participation à des conférences internationales de haut niveau. Il intervient également comme consultant senior en développement durable et en économie de l'éducation auprès de gouvernements, d'organisations multilatérales et d'organisations non gouvernementales (ONG).

Gerry Bokana a occupé des fonctions de leadership importantes, notamment celle de Chairperson à la National Research Foundation (NRF) à Pretoria, en Afrique du Sud. Il a également servi comme expert en gestion et recouvrement des crédits à la Banque Royale du Canada (RBC), la plus grande banque canadienne en termes de capitalisation boursière et la seule institution bancaire du pays classée parmi les dix meilleures banques au monde.

John Ulimwengu

John Ulimwengu est chercheur principal à l'International Food Policy Research Institute (IFPRI) (https://www.ifpri.org/profile/john-ulimwengu). Il est titulaire d'un doctorat en économie de développement. Ses domaines de recherche incluent la résilience, les systèmes alimentaires, la dynamique de la pauvreté et l'analyse des réseaux. Depuis 2007, le Dr Ulimwengu mène des recherches stratégiques sur la transformation du secteur agricole en Afrique dans le cadre du Programme détaillé de développement de l'agriculture en Afrique (PDDAA/CAADP). De 2017 à 2021, il a été le coordinateur panafricain du Système régional d'analyse stratégique et de gestion des connaissances (ReSAKSS, www.resakss.org).

Structures éditoriales du groupe L'Harmattan

L'Harmattan Italie
Via degli Artisti, 15
10124 Torino
harmattan.italia@gmail.com

L'Harmattan Hongrie
Kossuth l. u. 14-16.
1053 Budapest
harmattan@harmattan.hu

L'Harmattan Sénégal
10 VDN SICAP AMITIE 3
BP 45034 Dakar-Fann
direction@senharmattan.com

L'Harmattan Cameroun
Tsinga/Derrière polyclinique FECAFOOT
BP 11486 Yaoundé
Jacques.koukam@harmattan.fr

L'Harmattan Burkina Faso
Villa 281, secteur 23 623, rue 14.32
Ouagadougou
zagbie@outlook.fr

L'Harmattan Guinée
Almamya, rue KA 028 OKB Agency
BP 3470 Conakry
harmattanguinee@yahoo.fr

L'Harmattan RDC
185, avenue Nyangwe
Commune de Lingwala - Kinshasa
matangilamusadila@yahoo.fr

L'Harmattan Congo
219, avenue Nelson Mandela
BP 2874 Brazzaville
deunovmikhael@gmail.com

L'Harmattan Mali
Immeuble Mgr Jean Marie Cissé
Aci Hamadallaye
BP 145 Bamako
syllaka@yahoo.fr

L'Harmattan Togo
Djidjole - Maison Amela
face EPP BATOME
02 BP 20680 Lomé
didieramela11@gmail.com

L'Harmattan Côte d'Ivoire
Résidence Karl - Cité des Arts
Abidjan-Cocody
03 BP 1588 Abidjan
harmattan.ivoire@gmail.com

L'Harmattan Bénin
Rue 604, (Immeuble à l'entrée
de la rue UCAO- Cite de Saint-Jean)
Cotonou
stepcorpus@gmail.com

Nos librairies en France

Librairie internationale
16, rue des Écoles
75005 Paris
librairie.internationale@harmattan.fr
01 40 46 79 11
www.librairieharmattan.com

Librairie des savoirs
21, rue des Écoles
75005 Paris
librairie.sh@harmattan.fr
01 46 34 13 71
www.librairieharmattansh.com

www.ingramcontent.com/pod-product-compliance
Lightning Source LLC
LaVergne TN
LVHW011306061026
849535LV00005B/1423